화려한 패션 숨은 마케팅

이영호 저

 dadambook

화려한 **패션** 숨은 **마케팅**

●

발행일 · 2013년 3월 20일 1쇄 인쇄
지은이 · 이영호
발 행 · 최한호
출 판 · 다담북
본문 디자인 · 포인
표지 디자인 · 포인

●

등 록 · 2012년 10월 16일 제2012-000018호
주 소 · 인천시 부평구 부평동 부평문화로 115번길 54 미성 304
전 화 · 032) 507-6509
팩 스 · 032) 507-6505
e-mail · chh6505@naver.com
ISBN · 978-89-969789-0-9   13320

정 가 · 13,800원

유럽 명품 브랜드 대다수를 한국 기업이 중국 공장에서, 베트남 공장에서 생산하고, 명품으로 알려진 다수의 유럽 브랜드를 중국인들 및 다른 나라 사람들이 소유한다. 그들은 어떻게 성공하고 세계를 지배하는 패션비즈니스를 만들었을까?

우리나라 명품 아웃렛에서 팔리는 물건은 어디서, 어떻게 한국으로 오는지 공개한다.

미국 브랜드와 유럽 브랜드의 유통구조는 어떤지 알아야 하고, 중국의 짝퉁상품 생산은 어떻게 이뤄지고 판매되는지 확인하자.

중국산 의류가 어떻게 홍콩을 거쳐서 한국으로 오는지 파악해서 제품 원산지가 어떻게 바뀌는지 주의를 기울이고 외국에서 기껏 사온 샘플 옷이 라벨을 보니까 한국산이란 황당함을 겪지 마라!

패션 수출기업이라면 한 번쯤 생각해본 홍콩에서 만드는 페이퍼컴퍼니가 무엇인지 아는가?
일본패션기업과 한국기업의 거래가 어떻게 변해왔는지 미리 알아야 승리한다.
패션 무역인들이 패션 비즈니스를 [걸레장사]라고 낮춰 부르는 건 큰 잘못이다!

패션 브랜드가 왜 화려한 이미지를 강조하는지 그 이유를 알아야 시장에서 살아남는다.
화려한 이미지 뒤에 숨긴 불편한 패션인들의 고충과 어려움은 당신만의 고충이 아니다.

잘 나가는 청담동 디자이너들의 화려함 뒤에 숨겨진 그들만의 솔직한 이야기를 듣자.
재벌가 사모님들이 국내 디자이너 옷은 잘 입지 않는 이유와 진짜 부자들이 찾는 진짜 명품은 무엇인지 알아두고 그들의 디자인 대신 가치를 본받아라!

연예인쇼핑몰의 진실, 잘나간다는 인터넷쇼핑몰의 숨겨진 전략을 파헤친다.
연 매출 50억 원의 비밀, 인터넷쇼핑몰이 소비자에게 밝혀지기 꺼리는 눈속임 마케팅과 인터넷쇼핑몰이 착한 소비자를 속이는 나쁜 방법은 따라 하지 않는다.
외국 브랜드 직수입 쇼핑몰의 허와 실을 통해 당신만의 패션비즈니스 강점을 채비하라!

이 글은 필자가 패션 CEO와 디자이너로서 전 세계를 누비고 다니며 겪고, 배운 패션 현장의 치열한 생존 전략과 마케팅 전쟁에서 승리하는 노하우를 담았다.

Part 02 화려한 패션 _패션마케팅에 도움되는 기초 상식

본 내용은 저자가 2000년에 집필한 베스트셀러 [머니 money 머니 해도 옷장사가 최고] 이후에 패션 CEO와 패션디자이너로서 국내/외 세계 패션 무대에서 겪은 경험을 바탕으로 지난 10년간 직접 보고, 듣고, 경험한 국내외 온/오프라인 패션계의 성공 노하우를 담고 있다.
아름답고 예쁜 모델과 스타일리시 아이템으로 겉에선 화려해 보이는 패션 분야에서 그 드러나지 않는 이면에 가려진, 치열한 성공 패션 비즈니스 노하우를 가감 없이 밝혔다.

스스로 일어서야 하는 치열한 경쟁 속에서 살아가야 하는 패션디자이너는 싸울 때도 격렬하다.
극심한 스트레스 탓에 같은 회사, 같은 디자인팀에서 근무하는 동료 사이라도 업무상 이겨야 하는 싸움 같은 내부 경쟁이야말로 성공 영양분이다.

디자인 기획안 때문에 여성 디자이너 두 명이 원단을 자르는 커다란 가위까지 들고 싸웠다는, 아름다운 패션계를 동경하는 당신이 들으면 이해하기 어려운 이야기도 있다.
동시에, 지상파 방송 정규 뉴스에 소개되며 큰돈을 벌었던 유명 패션디자이너가 실제로는 직원들 급여도 못 줄 정도로 열악한 상황이었다는 사실이 드러나는 건 패션의 화려함을 쫓는 성공 스토리의 허구라는 점도 지적한다.

소비자의 시선을 사로잡는 '아름다움' 경쟁에서 서로 더 예뻐야 하는, 치열한 미(BEAUTY)의 경쟁이 벌어지는 패션계에서 각종 패션쇼와 스타일리스트, 패션에디터, 패션디자이너들이 펼치는 공공연한 다툼 이야기 등의 사례를 중심으로 담은 이유는 지금 당신이 바라보는 그 패션 아이템을 만들어 내기 까지 많은 사람이 피를 말리는 경쟁을 해야 한다는 걸 알리기 위함이다.

당신이 꿈꾸던 환상 속 패션은 지금부터 남김없이 속을 드러낼 것이다. 여기서 말하는 패션 비즈니스는 경쟁하는 남과 싸워 이겨야 하는 치열한 현실이다.

디자인 창의력보다는 패션잡지 가위질에 노련한 모방꾼들에게 더는 속지 말라는, 스타일을 사랑하는 당신에게 전하는 진정한 패션디자이너 CEO인 필자 메시지를 담은 동시에 패션비즈니스에 젊음을 걸고 글로벌 무대에서 승리하는 패기만만한 성공전략을 배움으로써 일과 도전 그리고 꿈과 삶에 대해 진실한 패션 성공 스토리를 경험하게 될 것이며 패션 불경기에도 굴하지 않는 '잘 되는 집'의 성공노하우를 통해 무한 감동을 얻게 될 것이다.

화려한 패션비즈니스, 치열한 마케팅

이 책은 당신이 패션인이라면 반드시 알아야 할 패션계의 마케팅 전략과 당신이 명품 브랜드 애호가라면 반드시 알아야 할 명품 브랜드의 진실, 당신이 인터넷쇼핑몰 운영자 또는 고객이어도 반드시 알아야 할 인터넷쇼핑몰의 숨겨진 마케팅 등은 물론, 당신이 오늘 아침 외출 전에 어떤 스타일을 입을지 고민했다면 반드시 알아야 할 스타일과 패션의 스타일링 노하우까지 담았다.

이 책은, 필자가 패션 대기업에 다닌 이후, 동대문시장 패션업체와 외국 수출기업을 거쳐 글로벌 패션 디자이너 CEO로 활동하는 동안 직접 겪고, 보고, 체험한 사실의 기록이기도 하며, 극심한 패션경기 침체에 고민하는 수많은 패션비즈니스 업체와 개인 패션디자이너를 위한 성공 노하우를 소개하고자 한다.

■ 패션의 과거, 그 눈속임 마케팅은 이제 무효

패션은 사람들의 생활 그 자체를 말하며, 각자의 사고방식에 영향을 주는 동시에 보통 사람들의 손목을 잡아 쇼핑몰로 이끄는 정신적인 유혹 호르몬 유발제이기도 하다. 패션은 중독성이 있으며, 때로는 환각제로 작용한다. 휘발성 강한 패션은 소비 욕구가 생기는 동시에 사라지며 또다시 새로운 소비욕으로 이어지는 까닭이다.

지금까지 당신의 패션은 가장 가까운 곳에서 밀접하게 영향력을 끼치면서도 자신의 신분은 철저히 숨겼다. 패션을 잘 모르는 사람들에게는 눈에 보기 좋은 것만 보여주었으며, 당신의 귀에 속삭이기를 패션 그 자체는 처음부터 깨끗하고 예뻤으며, 패션 그 자체가 아름답고 처음부터 고결한 존재라고 위장했다. 패션의 눈속임 마케팅이다.

당신이 패션을 꾸미고 있다면, 그 자체가 거짓이다. 사실을 가리기 때문이다.

당신의 눈에 비친 '나 예뻐요!' 라는 거짓말에서 시작한 패션의 진실은 과연 무엇일까?

과연 패션[fashion]이란, 스타일[style]이란 무엇일까?

진열 판매대에 예쁘게 포장된 그 모습만 있어도 어디에서 온 상품인지 따지는 사람 없고,

누가 어떤 과정을 거쳐 만들었는지 의심하며 궁금하다는 사람도 없다.

그래서 지금까지의 패션은 화장을 짙게 하고, 어두운 조명 아래에 숨은 국적불명 외계인이다.

당신을 포함한 모든 사람은 패션의 거짓에 속았고, 그것도 철저히 속았다.

그러나 속는다는 걸 인정하지 않으며, 남들이 뭐라고 해도 보이는 것만 믿겠다고 한다.

패션비즈니스의 눈속임 마케팅은 그래서 소비자의 동의와 묵인하에 현재도 이어진다.

패션스타일링을 온갖 감언이설과 눈속임으로 점철해온 이유가 당신에게도 있다는 뜻이다.

■ 패션의 현재, 그 치열한 생존 마케팅

패션비즈니스는 철저히 돈에 물들었다. 감성과 도덕성을 숨겼다.

사람들에게 전달해야 할 가치를 부풀리며 '돈만 벌면 된다'는 물질주의에 빠져들었다.

패션이 태어난 곳에서 벗어나, 거짓된 출생지를 표기하기 위해 머나먼 항로를 돌아가며 배를 타는 여행을 서슴지 않는다. 자기보다 잘 생기고 멋진 이미지를 만들기 위해 어둡고 인적 없는 곳에서 이름표를 바꾸기도 한다. 대대적인 카피(COPY)가 이뤄지기도 한다.

오랜 시간 정성을 기울여 디자인을 만드는 이의 눈물과 한숨을 훔쳐 먹고 태어나 자라난 당신의 패션은 무조건 생산 원가를 줄이려는 탐욕에 정신없이 취해있다. 아는 체하고, 잘난 척하기 위해 패션 이야기를 꺼내 유명 인사들의 입에서 나오는 국적 불명의 영어단어에 찌들고, 남들 보기 좋게 온갖 염료로 점철된, 휘황찬란한 오염 물질로 만들어진 옷과 신발, 가방 같은 아이템을 몸에 걸치고 다닌다.

결국, 패션은 디자인과 상품뿐 아니라 패션계 사람들까지 물들였다. 한국에서 패션 좀 한다 하는 패션계 사람들이 프랑스와 이탈리아 미국의 패션계 소식을 카피하기에 바쁘다. 자기주장은 없고, 외국 패션에디터가 갈겨댄 디자인 스타일 평을 훔쳐 옮겨 적기 바쁘다. 패션인이라고 자부하면서도 갖춰야 할 배려와 겸양, 지혜와 헌신을 극구 위장한다.

자신은 한국인이지만 유럽의 패션계 감성을 갖고 있다며 애써 연기한다. 된장찌개에 김치찌개를 먹고 자라고, 청국장과 김치 영양분을 담고 성장한 사람임에도 태생이 유럽인 것처럼 빼기며 빵을 찾을 때 베이글, 면(麵) 음식은 까르보나라를 찾는다. [바케트(baguette)]라고 부르면 패션인처럼 느껴지고, [막대기]라고 말하면 촌스럽다고 손사래를 친다. 어떤 사람은 바케트 의미가 바구니인 줄 착각하는 예도 있다.

겉은 한국인이면서 속은 유럽인의 감성을 지녔다는 그들에게 몇 푼 안 되는 돈만 내면 그들이 몸담고 있는 패션지에 광고를 실어주며, 낯간지러운 칭찬 무제한 기사도 담아주고, 유명한 스타들도 돈만 준다면 몰려들어 스타일과 트렌드에 대해 가짜 포즈를 쏟아낸다. 그들은 패션을 잘 모르는 사람들이 많기를 바라며 돈을 쓰라고 부채질하기에 바쁘다는 뜻이다.

그들이 부르는 패션이란, 패션을 잘 모르는 사람들의 지갑을 단박에 채가고, 남들이 가진 게 비싼 주머니로 보이면 먼지마저도 털어낼 생각만 가득하다. 그들은 목적 달성 후엔 모른 체할 뿐이다. 지금까지의 패션마케팅은 눈속임 마케팅이었다. 예뻐 보이게만 만들면 용서받는 **감성상실의 공간**이었다.

■ 패션비즈니스에 성공하려면 감성과 가치를 담아라.

지금까지 당신을 속이던 거짓 패션은 잊어라. 쓰레기통에 버려라. 당신의 인생을 위해, 당신의 가치를 위해서라면 오직 패션디자이너의 열정과 땀으로 태어난 디자인만으로 감동을 기대하자.

요즘 잘 팔린다는 인기 디자인이라면 무조건 훔치기 위해 다른 브랜드를 기웃거리지 않고, 자신의 가치관과 아이디어를 표현해내기 위한 영감을 먹고, 디자인으로 배설하는 패션디자이너가 오래 간다. 사람들 속에서 숨을 쉬며 디자인으로 생명을 연장하는 디자이너가 된다.

원단을 자르고, 옷을 만드는 한 땀 한 땀에 정성과 행복을 담아야 하고, 디자인에는 디자이너의 정성과 사랑이 담겨야 사람들에게 전달된다. 거짓과 위선으로 점철된 당신의 디자인에 누군가 속아줄 것이라는 환상은 버려라. 이제 패션 소비자는 눈속임 패션마케팅에 속지 않는다.

그래서 이제부터라도 패션디자이너는, 패션디자인은 사람과 사람 사이의 가치관을 담아야 하고, 디자이너 개인의 재능과 사람들을 위한 배려를 담아야 한다. 거짓과 눈속임으로 다른 디자이너 흉내 내어 만드는 디자인은 한 마디로 쓰레기일 뿐이라는 걸 알아챈 소비자들이 패션을 바라보기 때문이다.

■ 패션의 과거와 현재, 미래에 대한 솔직 과감한 마케팅 전략 : 블랙마케팅도 마케팅이다!

이 책에는
당신이 패션디자이너로서 낯 뜨거울 수 있는 이야기도 담겼다.

패션잡지에서 가위질하며 오려낸 사진을 작업지시서에 붙이고 거리낌 없이 수정을 요구하는 그들의 잘못된 업무방식을 지적한다. '하늘 아래 새로운 게 어디 있느냐?' 라고 변명하며 남의 디자인 붙이고 자기 이름을 적어 생산을 맡기는 황당한 사람들에게 이제 STOP을 요구한다. 새로운 가치 중심 패션마케팅을 이야기한다.

한국의 유명 패션디자이너라며 프랑스, 뉴욕, 밀라노에 자기 돈 내면서도 해마다 좋은 타임, 좋은 부스 배정받으려고 기다리는 사람들에게도 따끔한 일침을 전한다. TV와 신문에 얼굴 비추느라 디자인 작업할 시간을 버리고, 자기 패션쇼에 연예인이 안 오면 TV에 소개되지 않을까 봐 쇼할 때마다 연예인들 부르는, 연예인에게 교통비 줘가며 옷 입어달라는 '읍소' 전략 디자이너들에게도 이제 STOP을 말한다. 유명 연예인을 셀레브러티로 등장시켜 자신의 디자인과 브랜드에 유명세를 얹으려는 마케팅은 이제 효능 다했다. 패션소비자는 스스로 생산하고, 직접 가격을 조사하며 자기만의 개성 스타일을 위해 외국에서 직접 구매에 나서는 상황이다. 국내에서 이제 갓 시작한 인터넷쇼핑몰인가? 그렇다면, 지금 바로 시작부터 세계 무대에서 마케팅을 시작하자. 오프라인 마케팅이 국내에 한정된다면 온라인 세상에서 패션 브랜드와 인지도 넓히기에 나서라. 이 책에 담긴 온라인 마케팅 노하우면 충분하다.

이 책에는
일부 잘 나간다는 패션업체들이 들으면 '아니' 라고 부정할 수 없는 블랙마케팅에 대한 정보도 있다.

중국 및 동남아시아에서 저임금으로 생산한 낮은 가격 제품의 가격을 높이려고 한국산 등으로 원산지를 바꾸는 '라벨 갈이' 작업이 있으며, 봉제공장에서 15,000원짜리 제품을 백화점에서는 15만 원에 판매할 수밖에 없는 현실 이야기다.

주택가 지하 열악한 봉제공장에서 밤늦도록 재봉기계를 돌리면서도 매년 오르지 않는 임가공 비용에 의지하는 한숨 섞인 근로자분들의 노고는 나 몰라라 했지만, 어느 순간 제품이 잘 팔리자 대뜸 주상복합 오피스텔 건물부터 짓고 이 역시 거래하는 하청업체들에게 떠넘기기 분양으로 다시 건축비를 챙겨가는 불편한 이야기가 있다. 패션업체가 가치 창출에 도전하지 않고 부동산으로 돈벌이에 급급한 모양새다.

한국인 근로자의 업무환경 요구 수준이 높아지자 생산원가를 내리기 위해 동두천 인근 청바지 워싱 공장에선 동남아시아인들을 채용하고 그들이 일하는 열악한 근로환경에도 나 몰라라 하며 각종 제품을 생산해내기만 바쁘다는 현실을 지적한다. 유명 스타를 모델로 채용하고 소비자들에겐 수십만 원 이상 가격의 청바지이지만 정작 그 생산 원가는 현저히 낮아 생산노동자들에게 수익이 많지 않은 현실을 이야기한다.

백화점에서 판매하는 소비자 가격은 높아져도, 원부자재 가격 상승은 반영하지 않은 채 오히려 생산원가를 깎으려는 불합리한 하청 주문생산 거래에 관해 이야기하고, 원가 대비 높은 가격에 사야 하는 폐해는 고스란히 소비자에게 전가된다는 불편한 진실이다.

유럽 명품으로 알려진 패션 브랜드 제품을 유럽 본사로부터 주문받은 후 OEM, ODM으로 생산하여 납품한 뒤, 다시 한국으로 들어오는 해당 제품들을 보면서도 생산자는 철저히 밝히지 않는 걸 공개하고, 소득 높은 대다수 유럽인조차 사지 않는 제품들을 허영에 들뜬 한국인들만 쇼핑하기에 바쁘도록 명품 소비욕을 부추기는 TV와 신문에 관해 이야기한다.

이 책에는
일부의 명품 브랜드 유통업체들이 들으면 '난 모른다'라고 할 만한 숨겨진 마케팅의 진실도 있다.

없어서 팔지 못한다는 명품 브랜드 제품들에 중국인 소유가 많고, 디자인 개발부터 시작하여 하청 생산을 대행하는 한국 회사도 있으며, 비정기적으로 디스트리뷰터(distributer)에게만 공개되는 비밀세일을 통해 상품을 낮은 단가에 사 와서 국내 명품 시장에 정상 가격에 풀고 있는 까칠한 진실이다.

이 책에는
인터넷쇼핑몰 등에서 쇼핑하는 소비자가 알면 불편한 진실이 담겼다.

인터넷쇼핑몰에서 당신을 속이기 위해 어떤 마케팅을 쓰는지, 일부 업체들은 대표자이름을 돌려가며 간이사업자에서 일반과세자로 갈아타며 세금 줄이고, 인터넷쇼핑몰에서는 당신이 고객상담 전화를 걸 때마다 왜 안 받는지 그 이유를 설명한다.

TV뉴스에서 명품 단속 결과 가짜 상품을 만드는 공장과 유통업체를 단속했는데, 왜 항상 등장하는 브랜드가 같은지, '저 상품이 요즘 인기 있구나.' 하고 알아가는 당신. 혹시 당신도 당했을지 모르는 애드버토리얼(기사화 광고) 마케팅을 소개한다.

끝으로, 이 책에는 진짜 패션 브랜드를 고르는 방법과 개성 넘치는 스타일링 노하우가 있다. [화려한 패션, 숨은 마케팅]을 통해서 제대로 패션스타일링 하는 법을 공개했다. 일상생활에서 나만의 스타일링을 만드는 노하우를 얻고, 패션에 대한 궁금했던 질문을 모아 패션디자이너 빅터 리가 알기 쉽게 설명했다.

[화려한 패션, 숨은 마케팅]을 통해서 그동안 패션에 속고, 당했던 쇼핑의 문제를 해결할 수 있게 되기를 바라며, 매력적인 패션소비자로서 자신에게 어울리는 개성 넘치는 스타일링을 하는데 도움되기를 바란다.

이 영호

패션계의 치열한 마케팅 전략을 담은 [화려한 패션, 숨은 마케팅]은 세 단계로 구분한다. 패션계 종사자와 소비자를 대상으로 구분하여 첫 단계 [숨은 마케팅]에서는 패션계를 구성하는 패션디자이너, 패션 브랜드 업체, 인터넷쇼핑몰, 백화점 등을 대상으로 유통과 상품 생산 등에 대한 소비자가 그동안 모르고 겪었던 숨은 마케팅을 낱낱이 밝힌다.

[갑]과 [을] 거래 관계에서 이뤄지는 불공정한 가격 인하 관행들과 유통업체들이 상품을 판매하기 위해 벌이는 갖가지 마케팅 전략을 공개했다. 그동안 감춰졌던 패션계의 숨은 마케팅 공개를 통해 올바른 상품 정보를 전달하여 합리적인 소비자 선택을 돕기 위함이다.

소비자들의 합리적인 소비를 방해하는 숨은 마케팅 전략 탓에 제 가격을 주고 쇼핑하는 소비자는 찾아보기 어려우며, 소비자 관점에서 다뤄지는 숨은 마케팅 탓에 자기만의 방법에 자기가 넘어가고 결국 쇼핑을 하고야 말게 되는 소비자들의 모순점도 다루었다.

패션
_그리고 숨은 마케팅

PART 01

01 패션 브랜드의 진짜 주인을 숨겨라!

패션 브랜드라면 모르는 게 없는 당신, 자주 들어본 패션 브랜드의 소유주는 누군지 아는가?

패션계의 진실을 꺼내면서 패션 브랜드와 패션기업에 대한 이야기부터 가볍게 시작해보도록 하며 먼저 브랜드의 전개 과정을 알아두자.

패션업체가 어떤 브랜드를 만들고 론칭 할 때는 브랜드의 성장기, 성숙기 등을 거치며 시장에 안착시키려고 노력하고, 성공적으로 안착 되면 회사 규모가 커지는데, 얼마 지나지 않아 만약 브랜드 매출이 답보상태에 이르게 될 무렵에 이르러 패션업체는 세컨 브랜드, 즉 두 번째 브랜드를 만들어 또 론칭한다. 이런 과정을 거쳐 각 패션업체는 하나 이상의 많은 브랜드를 보유하게 된다.

예를 들어, 좋은사람들(www.goodpeople.co.kr 대표 : 윤우환)의 경우에도 2012년 기준으로 보디가드, 예스, 섹시쿠키, 제임스딘, 퍼스트올로, 돈앤돈스, 보니앤클라이드 등의 브랜드를 보유하고 있으며, (주)더베이직하우스(www.basichouse.co.kr, 대표 : 우종완) 역시 마인드브릿지, 베이직하우스 등의 브랜드를 운영 중이다. (주)신원(www.sw.co.kr 대표 : 박성철)은 2012년 이민정 모델의 베스띠벨리, 문채원 모델의 씨, 한효주 모델의 비키, 지이크, 반하트, 김태희 모델의 이사베이 등 다수의 브랜드를 전개 중이기도 하니 말이다.

그럼, 왜 하나의 패션업체는 여러 패션 브랜드를 갖게 될까? 그 이유를 알려면 브랜드의 탄생과 쇠퇴를 이해해야 하는데, 일반적으로 패션 브랜드 본사에서는 브랜드 탄생과 쇠퇴주기를 약 4년 정도로 보고 브랜드 론칭에서 성장기, 성숙기, 쇠퇴기를 대비하는 영업을 준비하는데, 소비자 사이에 인지도를 얻는 과정을 포지셔닝(positioning)이라고 부르며, 포지셔닝이 제대로 된 브랜드의 경우 지속적인 생명력을 유지하게 된다. 그렇지 못한 브랜드는 짧게는 수년 만에 사라지는 브랜드들도 많다. 따라서 패션 브랜드를 운영하는 본사에서 관리하는 브랜드들은 저마다 특정한 론칭 시기가 있는 게 아니라 대중의 기호도와 트렌드에 따라서 필요에 따라 론칭하고 소멸하는 것이다.

이처럼 패션업체들이 브랜드를 많이 보유하는 이유를 설명하자면 한 브랜드를 영업하면서 만든 유통망을 활용하여 다른 브랜드 확대하기가 쉽다는 장점이 있고, 그와 동시에 회사 매출에 늘어나는 도움도 된다. 물론, 소비자로선 한 회사에서 여러 브랜드가 나와도 신경써서 챙겨 살피지 않는 한 알 수도 없으려니와, 생활하는 데도 전혀 관계가 없기에 무심코 지나버리고 말지만 말이다.

맞다. 패션을 소비하는 소비자 입장에서 누구 소유인지 중요하지 않다.

그러나 식품을 살 때 원산지를 살피는 사람이 현명한 소비자이듯 패션 브랜드를 쇼핑할 때도 누구 소유인지, 어떤 브랜드와 같은 회사인지 살펴보는 건 어떨까? 그 이유는 쇼핑에 대한 정의를 안다는 것과 같으니 말이다.

패션 쇼핑이란 내가 입고 싶은, 내게 어울릴 만한 제품의 이미지와 콘셉트를 고르고 단순히 내게 걸친다는 것이 전부가 아니기 때문이다. 어떤 옷을 입고, 어떤 핸드백을 들었느냐에 따라서 그 사람의 가치가 결정되는 자기 스타일링의 시대에서 아무 브랜드나 들고 다닌다면 말이 안 된다. 디자인과 콘셉트, 그리고 그 브랜드의 역사를 소비하는 스타일링 시대가 되었기 때문이다. 이렇게 말해도 여전히 패션 브랜드의 이미지, 디자인만 보고 산다는 사람은 바보다.

생각해보자. 맛있게 생긴 음식 모양만 보고 먹는 사람은 없다. 맛도 좋아야 한다. 음식 맛이 좋은 것은 누가 만드느냐에 따라 다르다. 모두 아는 사실이다.

패션 브랜드도 같다. 디자인만 예쁘게 꾸민다면 세상에 예쁜 옷은 많다. 문제는 그 안에 담긴 브랜드의 가치(VALUE)이다. 브랜드 가치는 디자이너와 브랜드 소유주가 오랜 시간을 공들여 축적하고 쌓는 것이다. 하루아침에 브랜드 디자인을 카피해서 만든다고 그 브랜드가 되는 게 아니다.

알고 있지 않은가? 디자인만 보고 쇼핑을 하면서 같은 디자인에 콘셉트까지 같다면 가짜 상품이라도 행복해야 한다. 과연, 떳떳하고 행복한가? 제대로 쇼핑했다고 말하는가? 아니다.

진정한 브랜드란 유럽의 장인들이 한 땀 한 땀 정성 들여서 만든 작품일까? 아니면, 대량생산공장에서 쉬지 않는 기계들이 만든 부속품을 들고 사람들이 허리도 펴지 않고 만드는 것일까?

그래서 브랜드는 소유주가 중요하다. 각 브랜드의 소유주를 살펴보자. 전혀 다른 브랜드라고 생각했던 아이템들이 같은 회사에서 만드는 제품들이란 사실을 알게 된다. 브랜드를 보고 소비하든 당신이 몰랐던 이야기일 수 있다.

이상과 같은 한국의 패션 브랜드가 있다면, 오히려 국적 불명의 소유주를 드러내지 않은 채 당신의 지갑을 노리는 브랜드들도 많다. 외국 유명 브랜드의 주인은 누굴까?

일례로, 유명 패션 브랜드 베네통은 독특한 광고 홍보 전략으로 세계무대에서 인지도를 만들고 성공한 브랜드 대열에 합류하는 데 성공했지만, 그 시작을 알고 보면 우리나라 빅게이트(Big Gate)와 같은 이탈리아 상인들의 공동 브랜드다. 빅게이트는 우리나라 남대문 시장 상권에서 활동하는 상인들이 만든 공동 브랜드로 인식되었는데, 이러한 방식으로 이탈리아 패션 경기가 나빠지면서 어려워진 이탈리아 임가공 업체들이 공동 브랜드를 만들어 성공시킨 예에 속한다. 옷을 만드는 과정에서 디자이너, 원단공장, 소매상, 도매상 등 여러 단계의 업체가 모여서 하나의 상표를 만들고 이 상표를 홍보하고 브랜드로 유통시키면서 다수 업체가 하나의 브랜드로 통합되는 방식이었던 셈이다. 1990년대 초에 등장한 이런 흐름은 20여 년 후 2012년을 지나며 '컨버전스'라고 불리는 산업별 구조가 하나로 통합된다는 '융합'의 시초가 된 것은 아니었을까 생각된다.

■ LVMH 브랜드
출처 : http://www.lvmh.com/the-group/lvmh-companies-and-brands

　　LVMH그룹은 마크 제이콥스, 도나카란을 비롯하여 펜디, 셀린, 로위, 지방시, 에밀리오 푸치, 토마스 핑크, 나우니스 등의 패션 브랜드는 물론, 태그 호이어, 샤무트, 불가리 등의 시계 브랜드와 다수의 화장품 브랜드 등을 확보하고 있다.

자, 그럼 당신이 좋아하는 명품 브랜드, 이 제품들은 누가 만들까? 이탈리아나 프랑스, 영국 등 유럽 어느 나라의 장인이 일하는 공방에서 만들고 있다고 생각하는가? 본 단락에 이어 소개하는 명품 브랜드 제품을 만드는 업체를 알아보자. 세계의 명품 브랜드들과 일하며 디자인까지 개발하여 기획부터 생산까지 다루는 한국의 기업체가 있다. 유명 브랜드가 있다고 할 때 돈을 주고 생산을 맡겨 판매하는 사람이 주인일까? 아니면 만드는 사람이 진정한 주인일까? 패션 브랜드 소유에 대한 권리와 생산자의 기준에 대해 다시 생각해볼 문제다.

브랜드의 주인은 누굴까 하는 질문은 아니지만, 브랜드 국적과 CEO의 국적이 다른 예도 있다. 바로 샤넬 이야기이다.

🎁 _Point_

우리나라에 식지 않는 명품 열기에 대해 잠깐 짚어 보고 가자.(이 단락을 포함하여, 본 도서에서 말하는 명품이란 '해외 유명 브랜드'를 말하며, 수십 년 이상의 역사를 통해 전문 기술을 지닌 장인이 만드는 진짜 명품은 아니라는 점을 미리 밝힌다.) 이 글을 읽는 독자 여러분도 생각해 보자. 왜 명품을 좋아하는가? 혹시, 명품 브랜드에 대해 관심이 없는 분들도 계실 것이니 질문 대상을 특정해서 명품을 좋아하는 사람일 경우로 한정한다. 명품을 좋아하지 않는 사람은 그렇지 않은 사람들에 대해 생각해보는 시간을 가져보는 것도 좋겠다.

우리나라에서 사람들이 말하는 명품이란 진정한 명품인가? 결론은 '아니다'가 맞다. 외국에서는 '럭셔리 브랜드'라고만 부른다. 즉, 사치 브랜드다. 명품이란 한 분야에서 수십 년, 수백 년 이상을 거쳐 오며 가치와 정신, 영혼을 집중해서 만드는 제품이 명품이다.

예를 들어, 도자기 장인이란 말은 존재하지만, 공장에서 만드는 도자기 그릇을 보고 명품이라고 부르지 않는 것과 같은데, 공장에서 만든 도자기를 명품이라고 생각하며 남에게 자랑할 겸 들고 다니는 사람들이 많으니 이게 문제란 뜻이다.

또 다른 비유로, 노르웨이 같은 나라는 국민소득이 8만 달러에 이른다. 가까운 홍콩만 해도 4만 달러가 넘는다. 그런데 우리나라 대한민국엔 2012년 기준 2만 달러를 바라보는 중이란 걸 생각해 보자.

우리나라 사람들이 '비싸다'라고 말하며 비싼 게 명품이라는 착각 속에 빠진 동안 노르웨이나 다른 나라 사람들은 싼 물건도 있는데 굳이 비싼 물건은 안 산다고 하며 그들과 같지 않은 우리나라 사람들을 보며 고개를 갸웃거린다. 한국이란 나라 사람들은 노르웨이보다 부자나라는 아닌 것 같은데 왜 사치품을 사려고 할까 의아하게 여긴다는 뜻이다. 심지어, 지하철이나 버스를 타고 다니는 사람들이 계단을 오르내릴 때 엉덩이 가림막으로 사용하는 걸 보면 더욱 이상하게 여길 것이다.

이야기가 나온 김에 한국인들이 좋아하는 명품 브랜드에 대해 잠깐 소개를 덧붙이자면, 루이뷔통은 프랑스 파리 근처 '아니에르(Arsniere)'에 소수 고객을 위한 제품공방이 있다. 공장이 아니라 공방인 이유는 정말 특별한 주문만 골라서 받고 생산하기 때문이며 이를 주관하는 사람은 2012년 62세가 된 루이뷔통가의 5대손 '파트리크 루이뷔통'이란 남자로서, 특별주문해서 만드는 제품은 10억 원대에 이르는 것도 있다.

우리나라 사람들이 좋아하는 명품 이야기를 하면서 그 대표적인 예로 루이뷔통를 말하는 이유는 한국과 일본에서 특히 인기를 끄는 브랜드라는 점이기도 한데, 파트리크가 말하는 명품의 조건에 대해 귀담아들어야 하기 때문이다.

파트리크의 말을 빌자면 "장인이란 디자이너가 보여준 창작에 대한 개념을 구체화하는 역할을 담당하므로 남들이 하는 대로 따라 하기에 열중하는 '복제'와는 다르다"고 하는 내용이다. 루이뷔통 5대손의 이야기를 다시 풀이하자면 남들이 하는 대로 따라 하는 건 복제이며, 장인의 정신도 아니라는 것, 즉, 명품도 아니라는 것과 같지 않을까?

루이뷔통 가방이 있는가? 그렇다면, 그 시작은 가방기술자가 아니라 '목수'에서 시작했다는 유래도 알아두자. 그리고 루이뷔통 문양으로 유명한 디자인에서 꽃문양은 아시아의 꽃문양에서 참조되었다는 것도 말이다. 루이뷔통을 이끄는 파트리크가 말하는 장인이란 우리나라의 도자기와 자개를 꼽는다. 우리나라엔 이미 유럽 어디에 내놔도 자랑스러운 명품이 있는 것이다.

샤넬 이야기다. 세계 여성들의 소장품 기호도 우선순위인 [샤넬] 명품백에 열광하는 당신이라면 프랑스 샤넬 본사의 사장이 미국인이 란 것에 대해 어떻게 생각하는가? 프랑스 패션의 대표격인 샤넬의 CEO는 미국인 머린 치켓(Chiquet, Maureen)이다. 2003년 샤넬에 합류한 머린은 프랑스 회사의 미국 담당 사장으로부터 글로벌 CEO 자리에까지 올랐다.

하지만 샤넬 애호가라도 잘 모르는 부분이 있는데 샤넬은 의류 매출보다 향수와 같은 화장품 매출이 더 크다. 마케팅으로 생각해보면 샤넬의 패션 부문은 샤넬이 패션기업이라는 명분을 유지하고 대중에게 이미지를 전달해주며 이어줄 뿐인데, 샤넬의 패션 브랜드 신상품 패션쇼 또한 극히 일부의 고객만 초대해서 좁은 호텔방 같은 공간에서만 진행하면서 희소성, 선택받은 소비자라는 이미지를 만들기도 한다. 극소수를 위한 마케팅이 샤넬의 전략이다. 이러한 브랜드 마케팅 전략을 이어오는 샤넬의 CEO 머린은 말한다. "세상에는 계속 부자가 생길 것이고, 우리 고객은 늘어난다는 뜻이다!"라고 말이다.

02 패션 브랜드는 모델과 '같이' 성공하라!

[주] 본문에서는 불필요한 논란을 방지하기 위해 해당 브랜드와 제조사를 경우에 따라 가명 처리합니다.

먼저 국내 패션 브랜드를 보자. 대다수 브랜드 제품은 백화점 가격이 수십만 원대이지만, 이들 제품을 만드는 서울 자양동 등에 있는 공장에서 만드는 제품의 생산 가격은 1/10 수준이다. 공장도가 1만 5천 원짜리 바지가 백화점에서 15만 원에 팔린다. 정확하게 10배수를 유지한다. 물론, 가격이 비싼 이유는 판매하는 백화점에 주어야 할 수수료도 있기 때문인데 일반적으로 패션 브랜드 제품들은 국내 생산일 경우 공장도가의 5~10배수를 유지한다.

그럼, 패션 브랜드의 가격이 높은 이유는 무엇일까? 그건 각 브랜드에서 내세우는 모델료가 포함된 까닭이기도 하다. 브랜드 이미지에 맞는 모델을 내세우면서 대중의 인지도를 넓혀가는 패션 브랜드들이 많다. 2010년 전후 글로벌 기업들의 SPA 브랜드가 저가 정책을 내세우며 시장을 리드하기도 했지만, 패션 브랜드와 인기 연예인, 유명인 모델 전략은 스타마케팅의 방법으로 변하지 않는 진리이기도 하다. 패션 브랜드가 모델 뒤로 숨는, 은연중에 이미지를 맞추는 전략이다.

예를 들어, A업체의 성공 사례를 알아보자. A업체는 N, M브랜드를 갖고 있다. A업체의 처음 브랜드는 'M 브랜드'이고, 당시 브랜드의 모델은 신인 영화배우였는데, A업체가 패션사업에 성공할 무렵, 필자는 이탈리아 직수입 남성니트를 백화점에서 전개하고 있었는데 국내 공장 관계자들과 미팅을 하던 중 알게 된 일이었다.

공장 관계자들의 이야기를 들어보면, A업체의 M 브랜드는 론칭 초기에 생산처별로 디자인 당 수백 장 단위의 물량을 생산하는 정도였다고 한다. 디자이너들이 공장에 찾아와서 소 품종 다량 생산 방식을 이야기하며, 아직 시장 진입 초기이므로 생산 수량이 적어도 이해해달라는 이야기를 하곤 했는데, 마침 패션 브랜드 모델을 하던 신인 배우가 주연을 맡은 영화가 히트하면서 덩달아 배우의 모델료가 상승하고 덩달아 인기를 얻는 브랜드가 되었다.

안정적인 패션 브랜드 대열에 입성시킨 A업체는 그 이후 돈을 많이 벌어서 동대문 본사 주위에 주상복합 빌딩을 세웠는데 그 건물에 하청업체들이 입주하게 되면서 동일 사업 관련 협업 체제를 이루기도 했다.

 **_Point_**

제품 가격을 정하는데 주문수량이 왜 중요할까?

옷을 만드는 원단은 한 롤로 구성된다. 원단시장에서 볼 수 있는 둥그렇게 말린 상태, 이게 한 롤이다. 그 사이에 중심을 잡아주는 원통형 종이를 '지관'이라고 부르는데, 원단공장에서 하나의 지관에 감아서 만드는 원단 롤의 길이는 보통 300야드에 달한다. 원단 폭은 44인치, 60인치 등으로 나뉘며 옷 한 벌을 만들 때 1.5야드, 2야드를 쓴다고 할 때 대략 200장 정도를 만드는 분량이다.

생각해보자. 옷을 만드는 공장에서는 생산인원에 따라서 하루에 처리할 수 있는 물량이 있다. 직원 수와 작업숙련도에 따라서 하루에 만들 수 있는 옷의 양이 정해지는데, 200~300장 정도면 직원 5명에서 10명 정도의 소형 공장이 하루에 만들 수 있는 물량이다. 그럼, 하루만 만들어주면 되지 않은가? 이렇게 생각할 수도 있다. 하지만 이건 공장 사정을 몰라서 하는 소리다.

공장은 옷본을 뜨는 패턴사, 원단을 자르는 재단사, 봉제하는 미싱사를 비롯한 단춧구멍을 달고 지퍼를 달고, 옷의 마무리에서 실밥을 떼고 다림질을 하는 사람들이 모였다. 이들은 하나의 디자인으로 작업하면 숙련도가 붙어 작업이 빨리 끝나고 처리할 수 있는 물량도 많다. 그래서 대부분 한 달 물량, 고정 물량을 받아서 만드는 거래관계를 트는데, 예를 들어, 200장 디자인 물량이 나왔다고 하면, 어떤 작업을 하다가 딱 하루만 작업을 바꾸고 다음 날부터 다시 해오던 작업을 해야 하는 상황이 벌어진다.

이 말은 재봉기계에 실도 바꾸고, 미싱사 위치도 바꾸며, 바늘도 바꾸고 재단사 역시 새로운 패턴으로 옷본을 다시 잘라야 하는 번거로움이 생긴다. 당연히 숙련도가 낮아지고 일에 능률이 안 오른다. 그래서 공장 측에서는 단발성 주문은 되도록 받지 않게 되는 것인데, 브랜드를 처음 론칭하는 입장에서는 많은 수량을 만들 수 없고 소량을 만들어야 하므로 이해관계가 상충하는 것이다.

지금은 큰 호응을 발휘하진 못하지만 2005~6년대에는 상당히 크게 성장하는 브랜드들이 많았다. 무명의 스타가 인기인이 되면서 모델 계약을 한 패션 브랜드도 덩달아 성장하게 되는 사례가 나오면서 당시 패션 브랜드 마케팅의 주류를 이뤘다. 유명인 모델보다는 신인 연예인과 계약하며 스타탄생과 동시에 패션 브랜드의 성공도 노리는 상호 돕는 마케팅이기도 했다. 신인 연예인으로선 데뷔 초기부터 안정적인 모델료 수입을 받을 수 있고 패션업체에서는 스타의 성공을 기대하며 브랜드 홍보 투자비로 최소한의 비용만을 쓸 수 있었다.

약간 다른 경우이지만 예를 들자면, SM의 보아가 무명에 가까울 때 동대문쇼핑몰 중에서 두타(DOOTA)와 모델 계약을 했을 때가 있었다. 당시 보아의 이미지를 쇼핑몰 모델로 사용했지만, 인지도가 부족한 시절이라서 큰 효과를 얻지 못해 주춤하던 무렵이 있었는데, 얼마 지나지 않아서 보아가 일본과 미국에서도 큰 인기를 얻으면서 톱스타가 되었고, 아직 광고계약 기간이 남아있던 두타에서는 보아 브로마이드를 다시 두타쇼핑몰 전면에 내걸게 되었던 일이다. 기업 입장에선 유망한 신인을 대상으로 모델 계약을 하고 최소 금액을 투자하며 나중에 큰 효과를 얻는 상호 윈윈하는 마케팅 전략의 성공이었다.

물론, 모델전략 외에 다른 방식으로 성장하는 패션 브랜드도 있다. 소비자층을 공략하는 모델 전략 대신 대중적인 인지도 늘리기에 물량으로 미는 업체를 말한다. 모델료를 주는 대신 물량을 더 생산해서 시장에 더 많이 보이게 함으로써 브랜드 인지도를 갖춰간다는 전략이다.

일례로, 국내 패션업체 중에는 한국 패션을 대표하는 성공대열에 올라서 모 업체가 있다. 이 업체의 회장은 사업을 시작하던 초창기 시절 일화를 보자면, 생산을 담당한 직원이 브랜드 매출 계획을 세우고 생산 물량도 방어적으로 소량을 정하고 진행 보고를 하자 "이렇게 만들어서 돈 언제 벌려고 그래?"라며 수량을 더 늘려서 생산을 시작했다는 일화로 유명하다.

그러나 인지도가 낮았던 브랜드 전개 초기에는 물건이 팔리지 않아서 제품을 생산하고도 대금 결제를 해주지 못해서 난감했던 적이 종종 있었는데, 해당 업체 회장은 지시하길 생산처를 담당하는 말단 직원부터 시간 끌기에 돌입해서 담당 과장, 부장, 이사를 거쳐 제일 나중엔 회장이 거래처 사장을 만나야 할 시점까지 이르게 하는 경우가 있었다.

이때 회장은 성난 얼굴로 돈을 받으러 회사에 찾아온 거래처 대표를 환하게 웃는 얼굴로 맞이하며 친절하게 대응하고, 결제가 늦어지는 점에 대해 사과하며 또다시 대금 결제일을 늦추곤 했다는 것이다. 지금 이 업체의 보유 브랜드는 C브랜드, O브랜드, L브랜드 등으로 3050세대를 주력으로 하며 성장하는 중이고, 한국의 패션 브랜드 업체 중에서 단연코 상위권을 차지하고 있다.

이처럼 브랜드 모델과 같이 성공하는 패션 브랜드가 있는가 하면 대중에게 인기를 얻고 성공한 이후 모델을 내세우는 B브랜드의 경우도 있다.

초창기에 톱스타 고소영, 정우성을 모델로 캐스팅, TV 광고 등으로 유명세를 얻은 B브랜드의 대표는 뉴코아백화점에서 근무하던 직원이었다. 회사를 퇴사하고 홍콩 브랜드인 B브랜드를 수입, 동수원 뉴코아점에서 판매대를 빌려서 장사를 시작한 게 최초로 알려진다.

이른바, 앵커 프로덕트(Anchor Product)라고 부르며 브랜드 초기 시장진입을 하기 위해 기획하는 상품을 말한다.

B브랜드에서는 당시에 10,000원에 티셔츠 3장이라는 파격적인 가격 조건을 내세워 판매한 결과 소비자에게 널리 알려지며 큰 매출을 기록, 이후에는 규모를 확대해서 백화점에 매장을 열어 장사를 시작한 게 오늘날의 B브랜드로 성장했는데, 브랜드 전개 초기엔 대중적 인지도가 부족했고 가격 또한 타 브랜드 대비 합리적인 수준으로 낮은 편이어서 다른 브랜드 업체 사람들로부터 무시를 당하는 일이 생기곤 했다. 결국, B브랜드 대표는 판매하는 직원들로부터 이러한 이야기를 전해 듣고 톱스타 모델전략을 구사, 브랜드 인지도와 가치를 높이는 데 성공한 사례다.

03 패션 브랜드는 '이미지 감성'을 팔아라!

도대체 패션기업은 무엇이고 패션 브랜드는 무엇인데 그 가치가 다르고, 가격 차이가 나는 것일까? 왜 패션기업들은 패션 브랜드를 홍보하고 회사는 드러내지 않을까? 패션 브랜드 마케팅에서 이미지란 무엇일까? 소비자가 선택하는 건 제품일까? 아니면, 브랜드를 표시하는 '로고'일까? 이 글을 읽는 당신이 패션사업을 하는 중이라면 잠시 판매자를 벗어나 소비자 신분으로 생각해보자.

당신이 소비하는 패션 브랜드는 대상 소비자를 철저히 파악해서 사람들이 지급할 만한 가격대를 먼저 정하고, 그 가격을 맞춰 제품을 생산한다. 당신이 특정 브랜드를 선택한다면 당신은 그 브랜드 본사에서 지정한 고객군에 포함된 사람이라는 소리와 같다. 당신이 특정 브랜드를 선택한 게 아니라 그 브랜드가 당신을 선택했다는 뜻이다. 그 브랜드를 만드는 기업이 브랜드 뒤에 숨어있어야 하는 이유가 바로 이와 같다.

브랜드를 판매하는 회사는 숨고, 브랜드와 소비자 두 관계만 유지하도록 한다. 소비자와 브랜드와 밀월 관계라도 만들며 브랜드=소비자라는 인식을 주려고 애써야 한다. 브랜드와 가격은 상당히 중요하다. 생각해 보자. 어떤 브랜드 제품의 가격이 비싸다는 건 그만큼 그 물건을 사려는 소비가 없다는 것과 같다. 한정된 수준의 사람들만 소비할 수 있다는 뜻으로 착각하는 소비자가 있지만, 소비가 없으니까 가격이 비싼 게 맞다. 소비가 없다는 건 소비자 수가 소수의 사람으로 한정되었다는 뜻이다.

다시 말하면, 소득이 충분하지 않은 사람이 비싼 제품 브랜드를 사면 다른 사람들은 어떻게 생각할지 몰라도 브랜드 본사에서는 쾌재를 부른다. 그들이 소비자로 공략할 생각을 하지 않은 사람들까지 제품을 사준다니 얼마나 좋은가?

그 브랜드를 만드는 회사가 물건을 사준 사람을 반드시 존중하는 것도 아니다. 심지어 정신이 이상한 사람들만 살 수 있는, 일반 품질 좋은 저가 상품과 크게 다르지 않은 상품인데 다들 돈에 미치거나 그들이 펼친 마케팅에 넘어가서 쇼핑한다고 생각하는 예도 있다.

그래서 브랜드와 이미지는 중요하고, 소비자가 선택하는 브랜드는 감성을 전달해야 하는 마케팅이 중요하다. 패션마케팅에 다루면서 누군가의 본 모습을 들춰내는 것 같아서 그 사람에겐 살짝 자존심 상하는 이야기일 수도 있지만, 요즘 유럽 사치 브랜드에 빠져 있는 한국 소비자들을 보는 유럽 브랜드 본사 사람들의 눈치도 크게 다르지 않다. 가격이 비쌀수록 잘 팔리는 한국 명품 시장에 대해서 그들도 이해하지 못하겠다는 반응을 보이니 말이다.

가령, 패션 명품의 아시아 매출은 홍콩과 일본에서 주로 발생했는데 이 두 나라는 국민소득이 4만 달러가 넘은 국가인데 반해서 우리나라는 이제 2만 달러도 채 안 된 상황이기 때문이다. 유럽 본사 사람들이 보기에 한국 사람들이 과소비에 빠졌다는 조롱 섞인 웃음이 나오는 이유이다.

여기서 말하고자 하는 부분은 사치 브랜드를 명품이라고 쇼핑하는데 열 올리는 한국 소비자들에게 손가락질하자는 게 아니다. 눈여겨봐야 할 부분은 유럽 사치 브랜드 마케팅이 한국 사람들에게 통했다는 부분이고, 이미지 감성을 받아들인 한국 소비자들이 그들의 브랜드를 사들이는 현상을 판단해야 한다는 부분이다.

어떻게 해야 할까? 남들과 다르게 보이고 싶은 사람들의 교만함을 교묘히 파고들어서 지갑을 열게 하는 상술을 배워야 한다. 그 상술이란 이미지 감성을 전달하는 마케팅이다. 소비자는 생산자를 생각해서 쇼핑하지 않는다. 소비자는 이기주의자들이며 철저히 자기 자신을 위해 쇼핑할 뿐이다. 브랜드의 유명세와 인지도, 심지어 높은 가격조차 자기 자신을 위한 투자라고 여긴다. 유명 브랜드를 자기 자신이라고 여기려는 본능이 있다.

결과적으로, 패션 본사조차도 그 패션 브랜드를 소유한 게 아니다. 판매자나 소비자도 모르는 어느 누군가의 인생이 여유롭고 풍요롭도록 도와준 건 브랜드라는 가치가 한 일이다. 가치를 만든 건 판매자나 생산자도 아니고 소비자가 한 일이며, 소비자는 가치를 인정하고, 그 가치를 알게 된 방법이 판매자가 만든 마케팅을 통해서다. 따지고

27

보면 판매자나 생산자, 소비자 모두 하나의 특정 브랜드를 통해서 연결된 소비구조라고 볼 수 있는데 이들을 연결해주는 공통된 연결고리가 마케팅이란 걸 알 수 있다. 그리고 마케팅에서 가장 중요한 건 브랜드의 가치를 한눈에 알게 해주는 이미지 감성이란 부분이다.

04 유럽 명품 브랜드를 만들고 노하우를 배우라!

패션 브랜드를 론칭하고 브랜드 마케팅을 해오면서 패션계 관계자들과 만나는 자리에서 주로 사용하던 말이 있다.

예를 들어, 우리나라 서해에서 잡히는 꽃게가 있는데 가령 연평도 지역에 서식하는 꽃게를 우리나라 사람 대신 중국 사람이 잡으면 그게 중국산인가? 국산인가? 라는 질문을 한다. 또한, 서해에서 꽃게를 잡은 중국 선박에서 일하는 베트남 사람이 다시 꽃게를 관리하면 그게 중국산인가? 베트남산인가?

내 질문에 사람들은 단박에 대답을 못 하고 고개를 갸웃거리기 일쑤였다. 내가 패션계 사람들에게 자주 묻던 이 질문은 패션에서 원산지가 중요하다는 메시지를 전달하기 위해서였다. 원산지의 중요성은 두말할 나위도 없다.

오죽했으면 예전에 미국이나 유럽으로 패션 제품을 수출하려고 할 때 각 국가별로 '수출 쿼터'가 있을 때에는 옮겨싣기라는 불법적인 무역수단까지 시도하면서 일부 패션업체에서는 원산지까지 속이곤 했다. 쿼터란 나라별로 수출 한도를 두어 정해진 물량만 수출할 수 있도록 한 조치인데, 원산지에 따라 수출할 수 있는 물량 제한이 있었다.

예를 들어 원산지를 바꾸는 방법은 다양한데, 러시아산 섬유제품을 우리나라 부산에 들여와서 배에서 내리지 않고 서류만 한국산으로 바꿔서 다시 내보내는 방법 등이 예전에 자주 쓰였다. 미국으로 떠나는 상품은 현지에서 뉴욕항에 들어갈 때 한국산으로 인식되어 이에 해당하는 세금을 내고 현지에도 팔리게 된다. 물론, 러시아에서 상품을 배에 실을 때 이미 한국산이라는 라벨 작업을 다 해둔다.

이처럼 패션 제품에 원산지 규정을 적용하는 이유는 국가와 국가 사이에 무역하면서 특정 국가에 거래가 집중되는 걸 막기 위함인데, 그 이유는 무역 집중으로 소수 국가가 자본을 축적하고 그렇지 못한 다른 나라들은 성장하지 못하게 되는 걸 막고자 하는 이유도 있다. 그래서 미국이나 유럽의 수입국에서는 아시아, 아프리카, 동유럽 등의 여러 국가를 구분해서 수출물량을 제한하게 되는데 이를 쿼터라고 불렀다.

단, 쿼터제의 한계를 이용해서 일부 국가의 무역업자들은 중국, 동남아시아 등지의 제품을 한국산으로 또는 다른 나라 산으로 라벨을 바꿔치기하면서까지 수출물량을 늘리는 방법을 쓰기도 했다. 원산지의 구분이 모호해지는 악영향을 만들었으며 쿼터제의 좋은 의도가 퇴색해버리는 결과를 만들기도 했지만 말이다.

원산지 이야기와 국적을 구분하는 일에 대해 이해했다면, 다음 본론으로 들어와서 유럽 브랜드 제품을 만드는 한국기업 이야기를 해보자. 유럽이나 미국의 유명 브랜드 제품을 누가 만든다고 알고 있는가? 지금도 유럽의 본토 사람들이 오랜 세월 동안 기술을 유지하고 만든다고 생각한다면 그건 착각이다. 소비자에 머무는 사람이라면 모를까, 패션비즈니스를 하는 사람이라면 더더욱 유명 브랜드 생산 국가, 생산공장에 대해 몰라선 안 된다.

먼저 사회적 기업 고마운 손이란 회사가 있다. 이곳에서는 프랑스 브랜드 martin SITBON(마틴 싯봉)을 비롯하여 MCM, MISOPE, 아이삭 등을 만든다.

[주] 본 도서에서 소개하는 브랜드 소유주 또는 브랜드 하청공장은 고정된 것이 아니며 일정 계약 기간 후엔 변경되기도 하고 브랜드를 사고 파는 거래에 따라 소유주가 바뀔 수 있다는 점을 알아두도록 하자.

마틴싯봉(Martine Sitbong)은 패션디자이너, 가수이면서 1951년 모로코 태생으로 프랑스인 아버지와 이탈리아인 어머니를 둔 마틴싯봉이 파리에서 성장하여 이후, 1985부터 자신의 이름을 따서 브랜드 론칭했는데, 트렌드에 민감하면서도 마틴싯봉만의 독특한 스타일로 유명하다. 한국에서는 예전 쌈지 대표를 지낸 천호균 사장이 (주)어린농부를 세워 전개하고 있으며, 신세계 백화점에서 볼 수 있다.

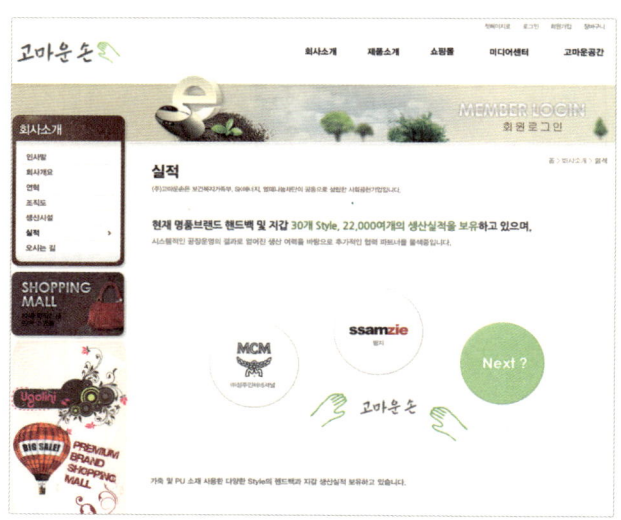

■ 고마운 손
출처: http://www.ghands.co.kr/v1/company/result.html?OKBAG=OKBAG

다시 말해서, '마틴싯봉'이라는 프랑스 브랜드가 한국에서 생산되고 세계로 판매된다는 뜻이다. 이 브랜드가 프랑스에 있으면 사람들은 자세한 내막을 모른 체 프랑스 인기 브랜드를 프랑스에서 쇼핑했다고 즐거워할 것이다.

그 외에도 외국 명품 브랜드를 생산하는 한국 기업 중에는 시몬느가 있다. 시몬느는 유럽 브랜드 본사들과 거래하며 디자인 개발부터 생산까지 일괄 대행해준다.

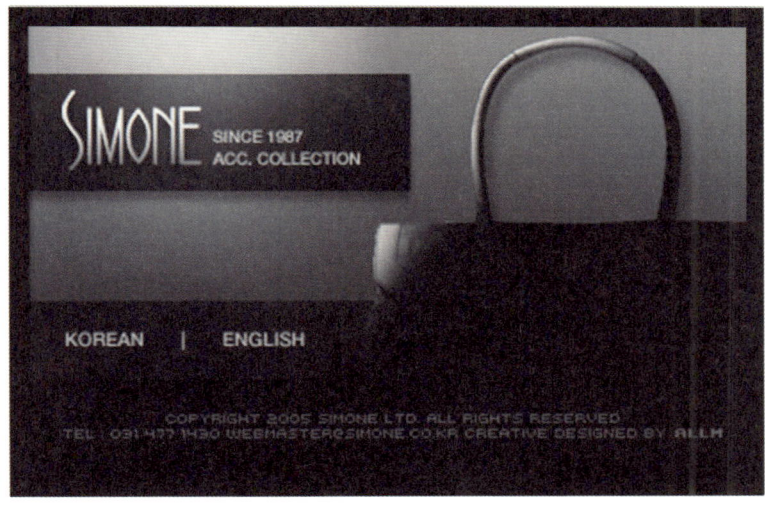

■ 시몬느
출처 : http://www.simone.co.kr/

시몬느가 만드는 브랜드는 버버리, 지방시, 마크 제이콥스, COACH 등 세계 20여 개 브랜드를 생산한다. 중국과 베트남의 자체 공장에서 만들며, 디자인 개발까지 하는데, 상품은 유럽 브랜드이다. 소비자들은 전 세계에서 유럽 패션 브랜드로 인식하고 상품을 산다.

자, 그럼 어떻게 생각해야 할까?

한국 기업이, 한국 디자이너가 중국 등 외국에서 만들어 유럽 본사에 납품한 상품이 다시 한국으로 들어와서 여주아웃렛 등지에 진열되고, 다시 한국 사람들에게 유럽 제품으로 인식되어 팔리니 말이다.

물론, 당신이 알고 있는 명품 브랜드란 진정한 명품이 아니다. 진정한 명품에 대한 설명은 본 도서 후반부에 다시 해두었으니 생략하기로 하고, 이 단락에서는 당신이 명품이라고 부르는 사치 브랜드 제품의 유통 과정을 소개한다.

외국 유명 브랜드 대다수는 신상품을 기획하고 생산량을 정하는 단계에서 백화점 바이어용 제품, 일반 도매상인들을 위한 제품, 제이시페니와 같은 일반 리테일숍 등의 상인들을 위한 제품 라인을 구별하여 주문 수량을 미리 받아서 생산한다.

이런 과정 때문에, 같은 브랜드 본사의 제품이라고 해도 '상품 구매처에 따라서 진품이 아니다'는 이상한 답변을 듣는 때도 있는데, 예를 들면, 편집숍에서 산 브랜드 제품을 백화점 A/S센터에 가서 수선해달라고 할 경우와 같다.

백화점 A/S센터는 자기네가 파는 물건과 약간 다른, 또는 똑같은 상품이 수선 의뢰가 오면 가져온 사람의 쇼핑명세를 확인하게 되는데, 자기네 백화점 고객이 아니라면 일단 본사로 보내어 진품 여부를 확인받으려고 한다.

이때, 현지 본사에서는 상품 인식번호나 디자인을 확인해서 편집숍으로 출고된 상품이었다고 하면 진품 여부 확인을 의뢰한 백화점 쪽으로 '진품이 아니다'는 답변을 보내온다.

이 말은 우리 제품이 아니라는 게 아니라 백화점 라인으로 출고된 진품이 아니라는 뜻이다.

황당한가? 하지만 이 정도는 약과이다. 일부 브랜드는 홍콩, 일본,

한국 등의 국가를 구분하여 상품을 출고하기도 하고, 특정 국가에는 현지 기업에 라이선스를 빌려주고 자체 디자인으로 상품을 제조할 수 있게도 허락한다.

결국, 홍콩에서 핸드백을 샀다가 한국 백화점에 수선을 맡긴 고객은 본사로부터 '진품이 아니다'는 답변을 듣게 될 가능성이 많아지고, 주위 사람들에게 "아니, 홍콩에서 전문 매장에서 샀는데도 가짜가 있어?"라며 분개할 수도 있다. 하지만 이는 엄밀하게 따지면 진품 가품의 분류가 불필요하다. 같은 로고를 붙였기 때문이고 같은 회사에서 출시한 제품이기 때문이다.

❓ _Point_

2012년 전후 시점에서는 명품 브랜드 일부 업체는 정상 유통된 모든 제품에 대해 정품임을 인증해주고 수선을 해주지만, 아직도 대다수 인기 브랜드 업체에서는 유통 경로에 따라 제품을 구분하는 경우가 있다.

이 글을 읽는 당신은 유럽 명품 브랜드, 아니 사치 브랜드들의 횡포가 심하다고 생각하기 이전에 그들의 마케팅을 알고 배워야 한다. 당신이 만드는 브랜드 제품을 유통경로에 따라 분류하고, 가격을 다르게 책정하며 국가별, 유통처별로 다양한 가격체계와 디자인 제품을 한정해서 유통하는 방식 말이다.

예를 들어, 홍콩엔 있는데 한국엔 없는 제품도 있고, 미국엔 있는데 유럽엔 없는 디자인 제품도 있는 식이다. 이는 브랜드 본사 입장에서 손해가 아니다. 팔릴 제품인데 소비자가 찾지 못해서 못 파는 게 아니다. 그 브랜드의 제품을 사고 싶어 하는 소비자는 인터넷이나 외국여행을 가서라도 반드시 구매하기 때문이며, 오히려 국가별로 차별된 제품 유통을 할 경우 선택적 소비를 한다는 이미지를 홍보할 수 있다.

생각해보자. 한국엔 없는데 일본엔 있거나, 일본엔 있는데 한국엔 없는 제품이 있다. 면세점엔 있는데 백화점엔 없는 물건이 있다. 당신이 그 브랜드 소비자라면 어떤 느낌이 드는가? 사고 싶은 제품이 있는 곳으로 당장 달려갈 것이다.

유명 브랜드 업체에서는 이런 유통 체계를 두고 매출 신장에 적극 이용한다. 시즌별로 일괄적인 디자인을 출시해서 불특정 다수 소비자에게 선보이며 광고를 통해 선전하고 뿌려대는 식으로 판매하는 시기가 아니다. 소비자를 나누고 유통체계를 나눠서 각 경로에 맞는 디자인을 세분화해서 출시하는 시대다. 디자이너는 많아지고 물류 창고는 바빠지겠지만 브랜드 본사 입장에선 손해나는 일은 아니다. 더욱 많은 소비자가 브랜드 상품을 찾아주고 지갑을 열어 소비하기 때문이다.

05 중국산 저가제품에 대한 환상을 빨리 버려라!

메이드인 차이나(MADE IN CHINA)는 정말 수준 낮은 제품만 있을까? 아니다. 중국에도 명품이 있고, 명품을 좋아하는 소비자도 많다.

중국에 부는 명품바람은 쇼핑을 넘어 이제 브랜드 업체를 인수하는 방향으로 흐른다. 이미 넘어간 업체는 카파, 입생로랑 등의 브랜드가 있고, 개방 기조와 더불어 막대한 자본을 축적한 중국상인들이 외국 유명 브랜드를 사들이고 있다. 프라다(PRADA)도 중국인 지분이 점점 높아지고 있다.

중국의 명품 쇼핑은 현지 OEM 생산, 짝퉁 제조, 짝퉁 유통, 외국 직수입으로 나뉜다. 중국 광동성의 순덕, 동관, 정천 등의 공장 지대에서 주로 이뤄지는 가짜 상품 제조는 지역 경제를 살린다는 취지 아래 일정 부분 모른 체 해주는 때도 있는데, 해당 기업이 공장을 찾아내서 고발할 경우, 단속의 손길이 공장을 적발하고 벌금을 물리는데, 우리나라 돈 몇백만 원 수준의 경우가 많아서 형식적이라는 비판을 받기도 한다.

중국에서 짝퉁상품 제조 열풍이 생겼다는 것은 그 제품을 찾는 쇼핑고객도 기하급수적으로 늘어난다는 증거이기도 하다. 그래서 돈이 있는 중국의 부호들은 영국으로 직접, 이탈리아로 직접 여행을 나가서 쇼핑에 열을 올리기도 한다. 중국의 1년 외국여행객 수를 보면

3~4백만 명이 한국을 방문하는데, 이에 10배가 넘는 사람들이 유럽을 방문한다.

이처럼, 중국의 명품 소비욕이 성장하고, 중국 부자들 상위 5%가 1억 명에 가까울 정도로 급증하면서 중국기업인들의 명품 브랜드 인수합병 규모도 증가했다.

그럼 명품소비가 늘고 있는 중국에서는 명품상품과 똑같은 짝퉁상품을 무조건 싼 가격에 만들 수 있을까? 중국에는 기술력이 뛰어난 장인들이 있는 것인가?

중국의 가짜 상품 제조에 대해 말하기 전에 중국의 기술력에 대해 먼저 알아둘 필요가 있다. 중국에는 만한전석이라는 세계에서 알아주는 비싼 요리가 있고, 진귀하고 비싼 물건이 많으며 기술력으로도 인공태양을 만들고 인공위성을 비롯하여 항공모함까지 건조하는 군사대국이 바로 중국이기 때문이다.

따라서 중국의 기술은 싸구려가 아니라는 사실이다. 다만, 원하는 손님의 요구대로 돈 받고 만들어줄 뿐이다. 비싼 값을 치르면 좋은 물건을 만들고, 돈을 적게 주면 싼 물건을 만들어준다던 중국인 공장 사장의 이야기를 들은 적이 있다.

한국 사람들에게 중국이 싸구려 물건을 만드는 국가라고 인식이 퍼진 것은 한국인 때문이지 중국에서는 질 낮고 싸구려 제품만 만드는 것은 아니란 뜻이다. 한국 사업가가 와서 무조건 싸게 만들어 달라고 하니 중국인 입장에서는 돈을 받고 그 돈에 해당하는 품질을 만들어준다는 뜻이다. 한국에서 저가 마케팅을 위해 무조건 물건을 싸게 만들려고 하는 한국인 바이어를 경계하는 중국인들의 모습이다.

현재 중국의 광동성 광저우 지역을 위시하며 홍콩 등지엔 유명 유럽 상품을 모방한 가짜 제품을 판매하는 곳들이 있다. 중국인들이 만들었지만, 그 제품력과 품질은 진짜 상품에 뒤지지 않는다.

가짜 상품을 만들어내는 어느 중국인의 이야기를 들었는데 가짜 롤렉스 시계를 만들어 파는데 100위안(약 1만 7천 원)짜리를 만들면 한 달 만에 고장 나고, 500위안(약 8만 5천 원)짜리를 만들면 1년 지나도 멀쩡하게 사용할 수 있도록 잘 만든다고 할 정도니 말이다.

참고로, 한국인들이 생각하는 중국산 저가제품은 이제 없다고 여겨야 한다. 저가마케팅 역시 곧 사라질 운명이란 뜻이다. 중국산 물건이 무조건 싸다는 인식도 서서히 바뀌는 중이며 소비자들은 메이드 인 차이나 대신 '디자인'이 자신에게 어울리는지를 중요하게 여기기 시작했다. 저가마케팅이 아니라 디자인 마케팅으로 전환해야 할 시기다.

명품 브랜드 쇼핑을 즐기는 중국인들이 많아지고 중국인들은 곧 저가제품, 짝퉁 제품에 대한 혐오와 멸시를 갖게 될 것인데 한국인들이 여전히 중국산 저가제품에 대한 환상을 갖고 있으면 거래가 이뤄질 수 없게 된다. 중국에서도 인건비가 싼 시골지역으로 점점 더 들어가는 한국인들이 많아지면 안 된다. 오히려 이젠 디자인으로 승부하고 가격은 그다음 문제로 여겨야 한다. 중국산 저가제품이 아니라 중국의 고급 소비자를 대상으로 마케팅을 펼쳐야 할 시대라는 뜻이다.

중국의 인건비는 해마다 상승하고 있는데, 농촌지역 거주자들은 연간 500~1,000위안 정도가 총수입이고, 도시지역 근로자들은 4년제 대학 졸업 이후 직장에서 받는 돈은 월 3~4천 위안 정도이다. 물론, 교육 수준 및 업무 숙련도에 따라 금액은 더 높아질 수도 있다. 외국계 법인의 상하이지사장으로 근무하는 중국인은 우리나라 돈으로 월 8백만 원 정도를 급여로 받는 경우도 있다.

중국인 소비자들의 소득이 높아질수록 중국 내에서 저가 제품 생산은 사라지게 된다. 싸구려 물건을 원하는 한국 바이어에겐 싸구려 제품을 만들어주면 된다는 중국인 사장의 이야기가 가볍게 흘려버릴 게 아니다. 지금이라도 저가 제품의 환상에서, 편견에서 빨리 벗어나고 중국산 제품의 가치를 존중해야 하는 시대다.

06 명품 아웃렛, 그들만의 유통 노하우 따라잡기

한국과 유럽이 FTA를 체결하고도 한참 뒤에야 상품 가격을 5% 내리는데 그친 유럽 브랜드들은 실제 13% 수준의 높은 관세를 철폐했음에도 가격 올릴 때는 수십 %씩, 내릴 때는 느낌도 안 올 정도로만 처리한다. 왜 그럴까?

명품이라면 무조건 비싼 제품, 좋은 제품이라는 환상이라도 심어주려는 것일 테지만 그 속사정을 아는 패션계 사람들 입장에선 판매하는 쪽에 얄밉고, 아무것도 모르고 쇼핑하는 몰지각한 소비자들이다.

명품은 뭔가? 한정된 최고급 소재로, 숙련된 장인이 정성을 들여 만드는 게 명품이다. 대량 원부자재를 사용해서 여러 사람이 같은 작업지시서에 따라서 도장 찍어내듯 만드는 게 명품은 아니다.

명품이라고 부르는 사치 브랜드 제품의 유통을 알아두자. 시작은 각 본사에서 해마다 트렌드를 기획하고 그에 따라서 상품 샘플을 만들면 각 유통 바이어가 모여 주문을 한다. 이 수량대로 생산이 이뤄지게 되는데 베트남, 중국, 방글라데시 등 세계 각국의 공장에서 만든다.

이렇게 상품이 생산되어 각 브랜드 본사 및 지사로 배송되면 세계 현지의 바잉오피스 및 명품구매업체들이 필요량을 가져가게 되고 핸드링하게 되는데, 당신이 좋아할 수 있는 그 명품(?)들의 일반적인 유통 과정이다.

위 단계에서 팔리지 않거나 반품되는 제품들은 창고에 쌓아두었다가 창고 세일을 통해 소수의 거래처 관계자들에게만 공개되어 재판매, 할인판매를 하게 된다. 이런 시즌 세일은 일 년에 두 차례 또는 부정기적으로 열린다. 일반 소비자들은 정보를 알 수 없지만, 업계 관계자들에게는 본사에서 정기소식이 온다.

이때에도 팔리지 않은 상품은 해체해서 버리거나 두고두고 재고로 간직하면서 고객 대상으로 상품 교환 등에 이용된다. 세계 각 지로 팔려나간 브랜드 제품들은 각 아웃렛에 공급되어 세일 판매를 이어 간다.

10~20대 젊은 층이 좋아하는 프리미엄 청바지를 예로 들어 보자.

국내에 인기를 끌고 있는 프리미엄 청바지들이 많다. 대개 바지 한 장에 20만 원 이상은 기본이고, 40~50만 원에도 팔린다. 그 이상의 가격에 팔리는 청바지도 많다. 신세계에서는 거의 100만 원에 달하기도 하고, 미국 백화점에서 팔리는 세븐진 등의 프리미엄 청바지는 300달러 정도이다.

그러나 진짜 청바지 가격이 이렇게 비쌀까? 브랜드의류 유통 구조를 알게 되면 당신이 가진 청바지 라벨이 의심 간다. 당신이 미국에서 300달러 주고 산 청바지가 도매 딜러들에게는 30달러 정도라면 어떤 기분이 드는가?

미국 등지의 브랜드의류의 유통 구조는 생산자, 총도매, 중간 도매, 소매점이 있고, 각 백화점 같은 대형 유통점의 직사입(Direct Buying) 바이어들이 있다.

미국 의류유통의 일반 구조

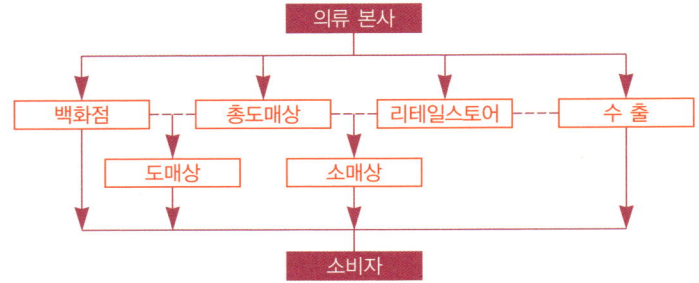

미국 의류업자들은 백화점 바이어와 총도매처(Wholesaler)를 직라인(Direct Line)으로 두곤 하는데, 시즌별 품평회를 통해 백화점 물량+총도매 물량을 합산하고, 정해진 수량을 생산하게 된다. 브랜드의류업체 입장에선 수요를 알고 생산하기 때문에 재고부담이 줄고, 진품 유통망이 드러나므로 관리도 쉽다.

여기에 낀 한국 업자들이 백화점 바이어와 총도매업자를 찾아간 것은 당연한 일이다. 장삿속 밝은 한국인 사업가 중에 미국 백화점에서 근무하던 업자는 백화점 바이어로부터 브랜드의류 물량은 일부 받아 국내에 직수입했고, 총도매업자와 거래하는 한국인은 다시 총도매업체에서 물량을 수입했다.

이 경로를 통해 유통되는 브랜드의류는 백화점 판권과 도매 판권 등으로 세분되어 있어서 서류상으로 보자면 둘 다 정품이다.

그러나 한 가지 문제가 생길 수 있다. 국내에서 총도매업자 라인으로 흘러들어온 브랜드의류를 산 소비자가 미국 가는 길에 현지 매장에 들러 교환 또는 수선을 원하면 해당 매장에선 본사로 진품 확인을 하게 되고, 본사에선 고민하게 된다.

도매업자 라인으로 나갔던 물건이 도매업자 라인에서 진품 확인이 들어오면 '진품'이다 말하는데, 도매업자 라인으로 나간 물건으로 확인되는데, 백화점 매장에서 진품 확인을 물어오면 '가짜'다 라고 해준다. 이는 독특한 사업방식에 차이점이 있는데, '백화점 라인 물건이 아니다.' 라는 뜻도 된다.

정리해보자. 우리나라는 공장에서 생산하여 동대문 시장 혹은 인터넷쇼핑몰에 납품하고 판매된다. 또는, 브랜드를 전개하는 업체가 자사 물류창고에 상품을 모은 뒤 대리점 및 백화점으로 상품을 판매한다.

그러나 미국은 한국과 다르다. 미국의 위와 같은 유통 방식 차이에 따라, 때로는 진품임을 믿고 수입한 선의의 국내 수입업자들이 피해를 입기도 한다. 졸지에 짝퉁 유통업자로 몰리는 것이다. 명품 브랜드 유통이나 프리미엄 청바지 유통이나 마찬가지다. 우리나라와 유통구조가 다른 구조적인 문제 때문에 발생하는 일이다.

프리미엄 청바지, 명품(?) 핸드백이 본사로부터 가짜라는 판정을 받았다고 억울해하는 소비자가 생길 수가 있는데 이는 진품일 수도 있다는 뜻이다. 다만 유통경로가 다를 수 있다.

 _Point_

[병행수입제품]이란?

인터넷쇼핑몰이나 오프라인 SHOP에서 발견하는 브랜드 제품을 보면 병행수입 제품이 있다. 이 말은 무슨 뜻이며 정상 제품일까 아니면 가짜 제품일까? 병행수입 제품이란 것에 대해 알아보자.

먼저, 병행수입이란 말은 정식 수입선이 있어서 국내로 유통되는 제품일지라도 다른 수입업자가 수입해온 제품이란 뜻이다. 예를 들어 설명하자면, 나이키 브랜드의 경우 정식 허가를 주어 A국, B국, C국 등처럼 여러 나라에 공장을 두고 생산하는데, 국내에 유통되는 경로가 A국에서 만들어진 제품이 있더라도 다른 수입업자가 B국이나 C국에서 정식 허가를 받은 업체가 생산한 제품이라면 국내로 수입할 수 있다는 뜻이다.

POLO의 경우, 미국 폴로가 있고, 일본 폴로도 있는데, 미국 라이선스를 가진 생산업체에서 만든 폴로도 국내에서 팔 수 있고, 일본 폴로의 라이선스를 받은 업체가 만든 제품도 국내에서 유통된다. 또 다른 예로, 일본 캐논社에서 만든 카메라는 똑같은 제품인데 국내 유통 모델명과 일본 현지 모델명이 다른 때가 있다. 이는 유통 국가별로 구분하기 위함인데, 정식 라이선스를 받고 국내에 수입해서 유통하는 카메라가 있다면 일본 현지에서 수입업자가 직접 수입, 국내에 유통하는 카메라도 있다는 뜻이다.

정리해보면, 같은 브랜드에 라이선스도 정식 허가받은 상태인 점에서 진품이긴 하다. 그러나 각 나라별로 차이가 있어서 A국에서 만든 제품을 B국에서 수선받을 수가 없다는 단점은 있다. 소비자 입장에선 똑같은 브랜드지만 제조국 입장에선 자기 라이선스가 아니므로 수선해줄 의무가 없다는 부분이다.

이 경우, 병행수입 제품이라고 적힌 제품이라면 고려해봐야 한다. 소비자가 A/S를 편리하게 받을 수 있는 제품인지를 따져서 자신에게 도움되는 쇼핑을 하면 좋다.

07 미국 브랜드와 유럽 브랜드, 그들의 생산과 유통 노하우

미국을 비롯한 세계 패션업체들은 '매직쇼'라고 부르는 미국 라스베이거스에서 1년에 두 번 열리는 최대 패션전시회를 통해 자신들의 디자인을 판매하거나, 새로운 거래처들을 만나서 계약하고, 상품을 수출하고 수입하는 유통을 한다. 세계 최대 패션 종합박람회 매직 (MAGIC http://magiconline.com)과 프로젝트쇼 (http://www.projectshow.com) 춘하계 전시회를 통해 글로벌 패션 무대로 거래를 이루는 것이다.

■ 매직쇼
출처 : http://www.magiconline.com/print/gallery/sourcing-photo-gallery

전 세계에서 패션 바이어들이 모이고 판매자들이 부스를 설치해서 거래하게 되는데 우리나라를 비롯한 세계 각 지의 의류 및 관련 기업들이 치열한 경쟁을 벌이며 부스를 차지한다.

의류사업가에게는 미국과 유럽이 중요하다. 대량 주문이 미국 기업에서, 고단가의 주문이 유럽 기업에서 나오기 때문이다.

미국은 LA에 자바시장과 뉴욕의 맨해튼으로 대변되는 패션비즈니스지역이 있는데, 오더(ORDER : 주문) 물량은 많게는 수십만 장,

수백만 장까지 오르며, 이와 비교해서 유럽은 벨기에, 프랑스 등 오더 물량이 나오는 데 비해서 수량은 몇천 장 단위가 주류이면서 그 대신 미국 주문에 비해 가격이 높은 것이 장점이다.

그러나 미국은 대량 오더를 내면서 경쟁업체들이 피를 말리는 전쟁을 벌이는 통에 주문가격이 거의 네트가격(net price:원가)과 비슷할 정도로 낮은 수준인데, 가령, 청바지를 예로 들면, 피스당 5달러, 6달러짜리를 주문하는 예도 많다.

물론, 프리미엄 청바지라고 부르는 품질의 제품은 20달러 수준으로 오르기도 하지만 극히 일부분이고, 프리미엄 청바지라고 해도 대개 10달러~15달러 정도의 주문가격으로 몇 천장 단위의 소량을 주문한다. 그만큼 미국은 물량으로 밀어주되 가격을 형편없이 깎는다. 그러나 소비자에겐 싼 가격이 아니다.

미국의 가격 체계를 알아보면서 예를 들어 보자.

SPA 브랜드로 미국에서 유명한 포에버21의 경우, 미국 내에 팔리는 제품 가격은 대다수 20달러에서 50달러 정도이다. 우리나라 돈 2만 원대에서 5만 원대의 제품이 많고, 가격이 싼 것에 비해 디자인이 예뻐서 미국 소비자들에게 호응을 얻은, 인기 브랜드가 된 경우이다.

필자도 지난 2004년에 홍콩에서 포에버21의 CEO를 만나서 청바지 디자인에 대해 서로 의견을 교환한 적이 있는데, 이를 통해 미국 기업들이 일하는 방식에 대해 알게 된 경험이 있었다.

예를 들어, 미국 소비자에게 3만 원짜리 옷이 되려면 중국이나 기타 의류생산을 하는 아시아 지역에서는 도대체 얼마에 생산해야 하는지 거꾸로 따져보자.

심지어 다수 미국 의류업체들은 정상 소비자가격 판매 후 50% 세일, 70% 세일을 염두에 두고 생산가를 정하는데, 70% 세일 가격에 팔아도 미국회사에는 10% 정도의 이윤이 남게 생산원가를 정한다. 소비자가격 대비 최대 25% 정도의 가격으로 수입원가를 정한다.

이 점을 기준해서 거꾸로 의류가격을 생각해보자면 세금을 따져야 한다. 중국이나 아시아에서 미국으로 들어가는 의류 제품은 관세를 내야 하지만 미국과 FTA를 체결하면 관세가 없다는 점도 염두에 두자. 단, 미국 항구에 도착해서 회사 창고까지 가는 운송료와 바다를 가로지르는 선박운임까지 계산하면 중국 등 생산국 현지 FOB(공장 출고가격)은 상당히 낮아야 한다는 점이다.

자, 그럼, 생산가 기준으로 청바지는 보통 6천 원 내외가 되어야 하는 데 그 이유는 미국 소비자가 3만 원으로 계산할 때 25%면 7천 원 미만이어야 하니까 말이다. 청재킷은 1만 5천 원 미만이 되어야 한다. 요즘엔 면(綿) 가격이 치솟아서 그나마 가격 책정에서 원가가 높아졌다고 치지만, 얼마 전까지만 해도 생산공장은 턱없이 낮은 가격에 주문을 받아야 했다.

자 그럼 턱없이 낮은 생산 원가는 어떻게 책정이 되는가?

대부분 미국 기업은 '창고인도가격'으로 가격을 요구한다. 여러 업체에 견적을 받아서 가장 적절한 가격을 써낸 업체에 일을 주어 시작하는데, 샘플 검토는 생산 전, 생산 중, 생산 후로 여러 단계로 나뉘고, 컨테이너에 물건을 적재할 때도 12장씩 한 패키지에 다시 12 패키지를 한 블리스터(Blister : 사각 모양의 비닐포장재)에 담아서 포장해야 하고, 이 수량은 각 사이즈별, 색상별로 다시 세분하여 담아야 한다.

이렇게 담은 뒤에는 컨테이너에 실을 때 안쪽에서부터 포장박스 번호 몇 번부터 싣게 되어 앞으로 나오는 문쪽에는 몇 번 박스가 와야 한다는 조건이 붙는다. 이렇게 하는 이유는 미국기업이 상품을 받은 뒤에 각 지역 대리점으로 배송하기 편리하도록 요구하기 때문이다.

생산과 배송이 제대로 완료되어 미국 본사 창고에 적재된 상품이 본사 담당자에게도 검사 완료되면 생산업체는 결재를 기다리게 되는데, 이때 미국회사 디자이너들에게 사전에 지시가 내려진 줄은 꿈에도 모른다.

무조건 클레임 조건을 찾아내서 주문 가격의 10%씩 클레임을 걸 수 있게 하라는 지시가 내려진다. 심지어 컨테이너에 실린 박스 순서도 신용장에 기록된 포장명세서와 다른 경우라면 클레임 사유가 된다.

눈치를 채셨는가? 비즈니스 세계는 양날의 칼을 쥐고 흔드는 바이어 입김에 따라서 하청업체가 죽고 사는 문제가 벌어진다. 컨테이너 박스에 실은 상태, 제품 품질 상태, 사이즈 기준 등 일일이 체크하고 검사하다 보면 LDP 조건(창고인도조건)으로 수출한 기업은 수출하고도 적자를 보는 경우가 비일비재하다.

결국, 최종적으로 상품 가격은 다시 10%가 깎이고, 미국기업에서는 소비자 가격 3만 원짜리 상품을 수입하면서 3~4천 원 정도 되는 원가에 갖게 된다. 예를 들자면 이렇다는 뜻이다.

심지어, 어떤 일본 기업은 1인치당 바늘땀 수까지 다르다는 걸 이유로 트집 잡아서 손해배상을 요구하고 하청업체가 물어내게 했던 적도 있다. 패션 무역비즈니스에서 이러한 치열한 전쟁은 비일비재하다.

어쨌든 결과적으로 25% 정도의 원가 비율보다도 낮은 10~15%의 가격에 상품을 받은 미국기업은 SPA 브랜드 제품이라는 명목하에 미국 소비자들에게 상품을 내걸게 된다. 이 상품은 50%로 팔아도, 70% 팔아도 미국기업이 세금 다 내고도 이익이 남게 된다.

그렇다면, 이 글을 읽는 독자는 생각할 것이다.

"차라리 물건 만들어도 수출 안 하면 되는 거 아니냐?"

맞다. 수출하지 않는 공장들도 많다. 까다로운 미국기업 비위 맞춰 주다가 포기하고 내 물건 내가 갖고 중국에서 팔겠다고 하지만 이미 붙여버린 라벨 떼어내는 작업도 불가능하고, 다른 곳에 팔려고 해도 이미 시즌 지난 디자인 상품을 받아줄 곳이 드물다.

샘플 생산 전, 생산 중, 생산 후에 샘플을 받으려는 미국기업 측의 이유를 들어보면 이렇다. 처음 샘플과 생산 중인 샘플, 나중 선적 전에 샘플이 다르지 않아야 하므로 받는다고 주장한다. 그러나 그들은 중국 현지 공장에서 생산관리를 하지 않는다. 바이어 행색으로 부정기적으로 방문할 뿐이다.

그 이유?

맞다.

되도록 시간 끌기에 노력하고 납기를 못 맞추는 정도에 따라서도 클레임 조건이 생기기 시작된다. 클레임 조건이 발견되는 순간부터 칼자루는 미국 바이어가 쥐게 된다. 미국 월마트에서, 자바시장에서, 맨해튼에서 글로벌 패션계의 소리소문없는 무역전쟁은 매일 벌어진다.

이런 경쟁을 소비자는 모른다. 다만, 소비자가 옷을 사는 그 순간 그 옷을 만든 누군가는 한숨을 쉬고 있거나 피눈물을 집어삼키며 울며 겨자 먹기로 또 다른 공장에서 밤을 새우는 중이란 걸 알 필요는 있다. 샘플 만들고 납기에 쫓기며 휴일과 밤에 퇴근하지도 못한 채 작업대 앞에 매달린 사람들의 이야기를 말이다. 그래서 가격이 싸다고 무조건 좋은 상품이 아니라는 게 소비자들에게도 알려져야 한다.

넓은 장소에 쇼핑하기 편리한 SHOP. 흥겨운 음악 소리가 나오는 곳에 들러 가격이 저렴한 옷을 만지는 소비자의 손이 부끄럽지 않기 위해서다.

08 짝퉁상품 생산, 알아야 당하지 않는다

날아다니는 것은 비행기 빼고 다 잡아먹으며, 네 발 달린 것은 책상 빼고 다 먹는다는 중국에 관해 얘기하며 우리나라 사람들은 중국인들에게 '머리도 잘 안 감는 더러운' 등의 비하하는 말도 서슴지 않는데, 사실 알고 보면 중국인은 호락호락한 사람들이 아니다.

예전부터 곰 발바닥, 제비집, 만환전석과 같은 최고급 요리를 만드는 중국은 인공위성을 띄운 나라이며 인공태양을 만드는 나라이기도 하다. 우리나라보다도 기술이 앞섰고, 종이를 세계 최초로 만든 나라이기도 하다.

그런 중국에서 요즘엔 짝퉁상품이라고 불리는 가짜 상품을 만들기도 한다. 짝퉁상품을 중국에서 들여와 만드는 한국인들이 있어서 간혹 뉴스에 등장하기도 하는데 중국의 짝퉁상품 제조와 유통은 한국을 비롯하여 세계를 무대로 하기에 그 규모가 엄청나게 크다.

먼저 중국의 상품 유통 흐름을 알아야 하는데, 청도와 대련, 연태, 연길 등의 지역처럼 우리나라 사람들에게 귀에 익숙한 지역은 패션상품들이 만들어지는 주된 생산지는 아니다. 중국은 동북지역 위주로 경제활동이 활발하지만, 동남지역에 심천이 경제특별자치구로써 세계인들에게 개방되었고, 상하이도 마찬가지이다.

지리적으로 가깝다는 이점에 상하이, 청도, 대련, 소주, 이우, 연태, 심양, 천진 등에서 현지 공장과 거래하던 사람들은 주로 소량 거래 위주의 경우이다.

중국의 상품 흐름은 물이 풍부한 광동성 지역 위주로 공장 생산을 하고, 원부자재를 동북 지역 등으로 이동시킨다. 그 자재를 갖고 다른 지역 공장들이 생산하게 되는데, 중국 광저우 등지에서 부족함 없는 재료들로 짝퉁 생산도 이뤄진다.

짝퉁만 파는 상가건물은 지역 단속반이 나오게 되면 셔터를 내리고 모두 퇴근을 해버린다. 카탈로그에 있는 제품은 모두 나와 있으며 중국에 아직 들어오지 않은 상품도 신상품 정보라고 하며 팔고 있다.

짝퉁 생산은 그 분야의 최고 기술자가 투입된다. 지리적으로 낙후된 동네에서 촌장과 아주 가까운 지역을 선택하여 찾기 어려운 주택가 허름한 곳을 택하고 간판도 달지 않은 채 만들어댄다.

중국의 행정구역은 중국 정부 > 특별자치구, 성 > 시 > 진 > 촌으로 나뉘는데, '촌'을 대표하는 촌장은 해당 지역에서 막강한 권한이 있다. 가령, 촌장이 작심하고 누구를 숨겨준다면 공안이 와도 찾아내지 못한다는 말도 있다. 중국의 촌(村)은 우리나라 '통'이 아니다. 보통 수만 명의 인구가 밀집된 지역도 많다.

이렇듯 지역적으로 가장 안전한 곳에 자리 잡은 공장은 해당 브랜드의 제품을 사 와서 뜯어보며 디자인 구조를 기록하고, 필요한 원부자재는 직접 만들거나 사온다. 바느질, 로고, 디자인 구조 등까지 완벽하게 따라서 만드는 공장은 판매조직도 지극히 아는 사람들을 통해서만 거래한다.

만든 제품은 홍콩으로 들어가서 주로 한국인 관광객들을 상대로 중동지역 사람들이 호객행위를 하며 팔기도 하고, 일부는 중국 거리 곳곳의 노점으로 들어가서 홍콩의 야시장 등, 관광지에서 팔거나 배를 타고 상품을 운반하는 '따이공(보따리상)'의 손에 담겨 한국이나 일본으로 옮겨진다.

중국에서 만드는 가짜 상품은 세관원들과도 유착된 경우가 많아서 들킬 경우는 거의 없으며, 진품과 가품의 차이점을 비교해가며 자신들의 품질을 자랑하는 용감한 중국인 공장들도 많은 게 사실이다.

가짜 공장이 발각되면 무서워서라도 안 만들지 않을까?

고민은 없다.

순덕 지역에서 가짜 상품 만들던 공장이 걸렸는데, 일정액의 벌금을 내고 다른 곳에서 또 가짜 상품을 만들어 판다. 낮에는 정상 제품을 만들고, 밤에만 가짜 상품을 만드는 공장도 많다. 광동성의 공장이 24시간 돌아가는 곳이 많은 이유이지 않을까?

결론이다. 당신이 판매하는 브랜드 제품을 누군가 교묘하게 복사해서 가짜를 만들었다고 하자. 한국에서도 만들 수 있고 중국에서도 만들 수 있다. 당신은 어떻게 할 것인가? 상표법이나 부정경쟁방지법 등처럼 법을 적용해서 막으려고 할 수도 있다. 그러나 과연 100% 막아낼 자신이 있는가 하면 그것도 아니라는 게 문제다. 지금 당장은 화가 나고 울화통이 터지지만, 가짜 상품이란 건 100% 막아낼 수가 없다. 그럼 어떻게 해야 할까?

필자가 판매하던 청바지 브랜드의 짝퉁상품이 홍콩, 태국, 대만 등지의 시장에 퍼졌을 때 기억이다. 상표법을 통해 홍콩 변호사를 알아보고 대응책을 준비했지만 결국 포기하고 말았는데, 그 이유는 가짜 상품을 단속한다고 해도 잠시 그때뿐이라는 점 때문이다. 그래서 필자가 선택한 방법은 가짜 상품이 유통되는 지역에 직접 진출하거나 믿을 만한 현지 업체를 선정해서 거래하는 방법이었다.

가짜 상품은 본사에서 나서서 막지 않아도 소비자들이 더 잘 안다. 가짜 상품을 쇼핑하는 소비자까지 막을 순 없는 노릇이기 때문이다. 진품을 취급하는 매장을 늘리고 광고를 통해 쇼핑 노하우를 알려주며 진품 중에서도 기획상품으로 초저가 상품을 출시하는 전략을 세웠다. 가짜 상품 대신 진품 매출이 늘어나며 현지에서 가짜 상품에 대한 멸시와 조롱이 생기는 효과를 얻어내는 데 성공했다. 그리고 얼마 지나지 않아 일본의 패션업체로부터 거래제안을 받게 되는 등, 진품 브랜드로서 인지도를 높이는 효과가 생겼던 것도 이득이었다.

09 한국에서 만드는 짝퉁상품, 이건 마케팅이다

한국에서 생산되는 짝퉁상품은 어떤 과정을 거쳐 만들어질까? 이따금 TV와 신문을 장식하는 명품 불법 제조공장 단속 뉴스를 보면서 누구나 한 번쯤 궁금한 질문이다. 도대체 어디서 만들기에 발견하기 어렵고, 그런 공장을 단속하는 사람들 역시 대단하다는 느낌을 받는다.

이 과정을 알아보자. 짝퉁 단속에 나선 단속반원들이 우리나라 어디에서 어떤 브랜드 상품과 유사한 상품을 만들어 팔다가 적발되었다는 내용이 나온다. 많게는 시가 수천억 원 규모의 상품 물량이었다며 은근히 단속 실적을 내세우기도 한다.

이때 단속반이 촬영했거나 단속반을 같이 따라간 방송국 카메라 영상은 어김없이 단속한 상품들을 비춰주고, 현장에서 인터뷰하는 단속반원은 우리나라 짝퉁상품 규모가 어느 정도라고 강조하며 지속적인 단속을 한다고 밝힌다.

글자 그대로, 기사 내용만 보면, 남의 나라 상품 디자인을 베껴 만들어 판매하는 부도덕한 상인들이 문제라는 인식이 생긴다. 한술 더

떠서, 단속반원 가운데 나오는 멘트가 있다.

"아니, 이렇게 좋은 실력으로, 우리나라 상품 만들어서 팔면 될 텐데. 왜 남의 거 베껴서..."

그런데 짝퉁 단속 뉴스는 일부 몰지각한 상품제조업자들에 대한 엄포(?)보다는 특정 브랜드 띄워 주기 효과가 더 크다는 사실을 아는가? 물론 우리나라 단속반에서 그럴 리야 없겠지만 말이다.

애드버토리얼이란 용어가 마케팅 분야에 있다. 기사화된 광고란 뜻으로 이해할 수 있는데, 남들 보기엔 얼핏 뉴스 같지만, 지나고 보면 광고처럼 느껴지는 것들이다. 명품 짝퉁 단속이라면 비공개로 은밀히 단속하는 게 효과가 더 클 수도 있다. 단속 중인 걸 알면 다른 공장에선 문 닫고 숨어버릴 것 아닌가 말이다.

단속을 나선다고 하는 건 짝퉁 만드는 사람들 누구나 아는 일이고, 모 단속을 통해 이 정도 적발했다고 밝히면 그 뉴스를 보면서 '당분간 단속은 없겠구나.' 하고 안심할 사람도 있다는 것이다.

게다가 TV와 신문 지상을 통해 비치는 단속 상표를 보면 유난히 모모 상표가 많이 보이는데 이때 당신이라면 '아, 저 브랜드가 인기라서 가짜 제품들을 만드는구나.' 하고 생각하게 된다. 흔히, '짝퉁'이라고 불리는 가짜 상품, 단속결과를 홍보해야 할까? 말까?

우리나라에서 만들어지는 짝퉁 제조공장에 대해 알아보자.

동대문시장 주변 황학동 시장가는 길 골목의 진풍경은 단속반과 판매자들의 숨바꼭질이다. 매일 저녁이 되면 시장 골목골목에 포장 천막을 치는 노점 판매자들은 단속반이 나올 시각을 미리 알고 가짜 상품을 판매대에 진열해두지 않고 빈 판매대에 앉아 있거나 다른 상품들만 파는 시늉을 한다. 그들이 판매대에 올려둔 상품을 보면 저런 것도 누가 사가나 할 정도의 질 낮은 제품들이 많다. 팔지 않겠다고 올려두는 상품들에 가깝다.

그들이 장사할 물건도 안 올려놓고 나와 앉은 이유는 얼굴을 아는 거래처들에만 연락을 주고받는 장소로 사용하기 때문이다.

상품은 다른 곳에서 판다.

동대문시장의 상인들은 대다수가 친인척들이 많다. 광복 이후 및 한국전쟁 이후 시장에 자리 잡은 할아버지 할머니들이 후손을 이어 아빠와 엄마가 대를 이어 장사를 하고, 그 뒤를 이어 아들과 딸이 자리를 잡은 것이다.

원단업체 사장과 봉제공장 사장, 워싱공장 사장들이 보통 몇십 년 이상 거래를 가져온 관계이고, 따라서 신입이 들어가서 장사하기 어려운 곳이기도 했다. 사정이 이렇다 보니 생산공장을 거래하는 사람들은 누가 실력이 좋다는 걸 알게 되고, 특정 브랜드 상품이 인기를 끌게 되면 필요한 원부자재를 들고 실력자에게 가서 제안을 한다.

함부로 시작할 수 없는 일이기에 가족과 같은 관계에 있는 사람들만 거래한다. 그래서 단속반에 판매책이 걸렸다는 뉴스는 나와도 생산책이 일망타진 되었다는 이야기는 없다.

이태원과 온라인쇼핑몰로 흘러가는 짝퉁상품들은 소비자에게 팔리며 매출을 만드는데, 식지 않는 소비가 멈추지 않는 짝퉁공장을 만드는 형국이다. 이태원 시장에서 짝퉁공장이나 유통망을 찾는 건 쉽지 않은데, 골목골목에 있는 옷가게에 들어가더라도 짝퉁을 파는지 물어보기 어렵다. 점조직 형태로 운영되다 보니 낯선 사람에겐 실제 짝퉁 물건을 내놓지 않을뿐더러, 옷가게로 들어가도 벽으로 위장된 곳에 숨겨둔 문을 열고 들어가서 물건만 살짝 꺼내어

오는 경우가 대부분이다. 이태원 시장에서 짝퉁상품을 단속하는 사람들은 옷가게 벽을 손으로 두드리며 공간을 벽으로 위장해두었는지 살펴본다고 하니 짝퉁상품의 유통은 끊이지 않는 골칫거리이기도 하다.

수년 전에 우연히 찾아갔던 넥타이공장에서 이탈리아 브랜드 가짜 넥타이를 발견한 적도 있고, 거래하던 청바지공장에서 미국 유명 청바지 브랜드와 똑같은 라벨을 발견하게 된 적도 있다. 이들에게 들었던 생산과정이 일반 상품 만드는 과정과 다른 점은 없지만 딱 한 가지 다른 점이라면 '비공개'로 이뤄진다는 점이다.

가령, 가짜 넥타이를 만들 때에도 모방해야 할 라벨과 패턴이 중요한데, 진짜 브랜드 패턴을 그대로 따라 하며 필름을 떠주는 업체가 있고(심지어 진짜 브랜드를 제조하는 업체에서 오리지날 필름을 유출하는 예도 있다). 그대로 나염해서 찍어주는 공장이 있으며, 선염(원사를 염색하는)방식을 똑같이 제직해주는 공장도 있다. 포장박스를 만들어주는 사장이 있고, 제일 마지막에 구매해가는 바이어가 있다.

가짜 청바지는 원단업체가 청바지 원단을 만들게 되면 라벨업체가 라벨을 찍어주고, 봉제업체가 재봉 기계를 돌려서 주문한 사장이 책임지고 소비자들에게 판매하는 방식이다.

만드는 곳은 문 걸어 잠그고 가짜를 만들기에 발각하기가 어렵고, 판매책을 통해서 생산공장을 단속하고 기술자들을 잡아간다고 해도 그의 가족들과 친구들이 밀려드는 일감을 나눠서 이어가기 때문에 소비가 끊어지지 않는 한 가짜 상품은 멈춰질 수가 없다는 게 안타깝다.

화려한 패션 숨은 마케팅

10 홍콩에서 만든 옷?
중국산을 홍콩산으로 바꾸는 사람들

"이번에 홍콩 여행 다녀왔는데, 간 김에 홍콩에서 만든 옷도 하나 샀어."

주위에 이런 친구를 봤다면 메이드인 홍콩 라벨을 붙인 의류를 들고 자랑하는 친구에게 말해주자. 홍콩에는 공장이 없다고. 간혹, 홍콩에서 만든 옷이라며 홍콩 브랜드임을 자랑하는 사람들이 있다. 드물게 발견되는 이런 옷들을 보면 나도 고개를 갸웃하게 된다. 홍콩에는 옷 공장이 거의 없고, 있다고 해도 생산을 거의 하지 않는 공장이 대다수이기 때문이다.

그럼, 홍콩산 의류는 어떻게 만드는 것일까? 이에 대한 답은 홍콩과 가까운 광동성 공장이다. 심천이나 광저우, 동관 등지의 공장에서 만든 제품들이 중국과 홍콩을 오갈 수 있는 번호판 두 개의 화물트럭에 실려서 매일 밤마다 중국에서 홍콩으로 넘어간다.

중국에서 홍콩으로, 중국에서 각 항구로 이동하는 모든 도로는 매일 장사진을 이룬다. 꼬리를 알 수 없이 길게 늘어선 화물트럭을 보면서 중국에서 공장 거래처를 오가던 나도 그 모습에 장관을 느낄 정도로 어마어마한 교통량이 늘어선다. 빽빽이 들어선 차량 때문에 도로는 이미 막혔고, 한 시간 넘게 도로에서 움직이지 못하고 그냥 서 있는 경우도 많았다.

그럼 홍콩은 도대체 왜 이런 일, 중국에서 만들고 홍콩산이라고 부르는 일이 가능하게 되었을까? 여기에 대한 해답은 지난 1997년 전후로 시간을 거슬러 올라가야 한다.

1997년 홍콩이 영국에서 중국으로 반환되면서 바야흐로 한 국가, 이원 행정 시스템이 출현한 지역이 되었다. 중국으로 반환된 시점(1997년)부터 50년(2047년)까지는 현재의 홍콩 행정 시스템과 같게 지속되고, 그 이후에는 중국의 행정 시스템으로 전환된다는 것이다.

그래서 신기한 일이 가능하게 되었다.

홍콩에 회사를 갖고 있으면 홍콩 회사이고 중국의 회사가 아니지만, 자금 거래나 각종 사업을 중국과 할 때는 중국 기업처럼 인정을 받아서 자유로운 것이다. 홍콩회사의 내료가공장(內料加工場)이 되어 중국 공장을 활용하고 자금 이동도 쉽다.

게다가 홍콩엔 무역을 자유롭게 할 수 있다는 장점으로 많은 회사가 진출해 있는데, 홍콩에 가보면 유럽 회사의 홍콩지사도 있고, 미국 회사의 홍콩 지사, 남미, 중동 국가의 홍콩 지사도 많다. 홍콩엔 다국적 기업들이 무수히 많아서 이들이 홍콩을 중심으로 무역을 거래하며 금융 거래를 이루는 것이다.

자, 생각해보자. 중국 공장을 활용하는 방법은 알았는데, 홍콩에 지사를 만들 형편도 안 되고 어떻게 해야 할까 고민되는가?

당신이 한국에서 패션 브랜드 사업을 하는데 중국에서 만들고 홍콩항으로 수출을 하고 싶다면 어떻게 하겠는가? 홍콩 현지에 근무하게 할 자금이 되고 직원이 많거나 다른 방법이 없다면 모르지만, 대다수 기업은 그렇게 하지 않는다.

무역 거래를 위해 페이퍼컴퍼니(서류만 존재하는 회사)를 홍콩에 만든다. 설립 비용도 많지 않다. 개인회사와 법인 주식회사 설립도 가능하며, 두 회사 모두 무역거래, 금융 거래가 가능하다.

그리고 홍콩엔 페이퍼컴퍼니를 위해 무역회사 설립 및 회사업무 대행을 해주는 서비스 회사들도 많다. 회사 설립 비용을 소액을 받고 무역금융 거래를 홍콩 은행에서 회사 직원처럼 대행해주고 수수료를 받는다. 홍콩 현지에 없는 회사들은 각자 나라에서 편안하게 일을 보면서 홍콩의 회사업무 대행회사를 자기 회사처럼 일하게 할 수 있다.

다시 본론으로 돌아오자.

중국에서 청바지를 만들고, 핸드백을 만들고 각종 패션 제품을 만들었다면 중국의 상하이, 심천, 광저우, 대련 등지로 배를 태워 내보내야 하는데, 이 경우 MADE IN CHINA(메이드인 차이나)가 된다.

메이드인 차이나 중국제는 세계 패션시장에서 원하는 가격을 받기엔 아직 품질에 대한 이미지가 부족하다. 그래서 무역회사들은 중국제라는 라벨을 안 붙이고 메이드인 홍콩이나 메이드인 마카오를 사용하려고 하는데, 이 경우 홍콩에 회사를 만들고 무역 거래를 시도한다.

중국 광주, 순덕, 동관, 신탕, 불산, 태평, 창평 등지에서 만들어서 심천을 거쳐 홍콩으로 넘어온다. 이때 번호판 두 개를 붙인 트럭들이 제품을 운반하고 중국에서 홍콩으로 넘어가는 도로는 밤낮없이 교통체증을 이룬다.(번호판 두 개 붙은 차량은 중국과 홍콩을 왕래할 수 있도록 허가받은 차량이다.)

특히, 절약 정신이 투철한 중국인들의 경우, 고속도로는 통행료를 내므로 그 옆 도로를 자주 이용하게 되는데, 도로포장조차 제대로 안 되거나 우리나라처럼 아스팔트 도로 대신 시멘트 포장도로가 많은 중국 광동성엔 여기저기 재포장해야 하는 울퉁불퉁한 시멘트 도로를 달리는 수출차량이 홍수를 이룬다.

길거리에 선 채 움직이지 못하고 서너 시간 보내는 것은 일도 아니다. 중국에서 홍콩으로 넘어가서 수출해야 하는 차량이 넘쳐난다.

그럼, 이 차량 안에는 어떤 제품들이 실렸을까?

맞다.

메이드인 차이나도 있지만 메이드인 홍콩도 있다. 때로는 메이드인 마카오도 있다. 앞서 얘기했지만, 홍콩엔 청바지 공장이 없다. 그런데 당신이 산 청바지가 메이드인 홍콩이라면 중국에서 넘어와서 홍콩산 라벨을 붙인 청바지이다.

그리고 홍콩에 가면 침사추이를 비롯한 센트럴 주변의 랜드마크 건물 등, 럭셔리 브랜드를 쇼핑할 수 있는 곳이 상당히 많다. 거리 곳곳마다 패션 브랜드 SHOP들이 둘러쳐졌는데, 홍콩의 국민소득 4만 달러임을 고려하더라도 너무 많은 듯싶긴 하다.

물론, 이 많은 패션 브랜드 SHOP들의 손님은 홍콩 거주자들이라기보다는 외국에서 밀려드는 관광객들을 위한 가게들인데, 여기서 한 가지 짚어봐야 할 부분은 장사하는 사람들이 손님들이 찾는 제품을 팔 때 팔 물건이 부족하거나 이익이 적다면 어떻게 할까 하는 부분이다.

홍콩엔 정식 라이선스를 받고 영업하는 브랜드 SHOP들이 대부분이지만 침사추이 광동도를 비롯하여 몽콕 등지에 나가면 일반 SHOP에서도 이따금 명품 브랜드 제품들을 볼 수 있다. 특히, 우리나라 신촌과 비슷한 젊은이들이 많이 모이는 몽콕 지역엔 짝퉁상품을 판매하는 SHOP이 많은 걸로 유명하다.

화려한 패션 숨은 마케팅

침사추이 쪽 스타페리 선착장에서 서성거리다가 한국인이 지나가면 정말 귀신같이 찾아내서 한국말로 '명품 시계' 있다고 접근하는 중동 사람도 많다. 중동 남자가 대부분인 이 사람들은 한국 여자에겐 '누나', 한국 남자에겐 '형 또는 아저씨'라고 부르며 명품 시계, 명품 가방이 싸다고 호객을 한다.

홍콩 현지인이나 다른 외국인들, 그리고 단속반이 지나가면 자신들도 관광객인 것처럼 아무 말도 하지 않고 유독 한국 사람이 지나가기라도 하면 귀신같이 알아보고 곁으로 다가와서 작은 소리로 쇼핑을 하면 어떻겠냐고 제안을 하는데, 단속반이 나와도 증거를 채집 못하면 단속이 어려운 실정이다. 한국인을 감별하는 학원에라도 다닌 듯하다.

이 이야기를 하는 이유는 홍콩에 명품 브랜드 SHOP들이 많지만, 그중에서 관광객들을 상대로 저렴하게 판매하는 가짜 브랜드 상품들도 많이 나돈다는 걸 말하기 위함이다. 이런 제품들은 물론 중국에서 화물 차량에 실려 홍콩으로 넘어오는 게 대부분이다.

중국에서 화물 차량에 실려 홍콩이나 마카오로 넘어가거나 심천에서 배를 태워 홍콩항에 도착하기도 한다. 때로는 중국 광저우에서 기차를 타고 이동해서 홍콩으로 가져오기도 한다. 그 외에 중국 심천 지역에 지하철역인 로우역에서 지하철을 타고 한 정거장 넘어오면 바로 홍콩인데, 매주 금요일과 주말에 심천과 홍콩을 오가는 사람들로 매우 혼잡한 틈을 이용해서 가짜 상품들이 넘어오기도 한다.

중국에서 만든 모든 제품이 홍콩으로 넘어와서 홍콩 현지에 세워진 페이퍼컴퍼니에 의해 무역 금융 처리를 하고 다시 한국이나 미국, 유럽으로 수출되는 것이다. 혹시 당신의 업체에 홍콩산 제품이라며 거래 제안을 해오는 상대방이 있는가? 눈여겨볼 일이다.

11 문제는 원산지. 원산지를 만드는 사람들

우리나라 동대문 인근 시장에선 원산지를 바꿔주는 작업을 해주는 업체가 있다. 메이드인 차이나를 메이드인 코리아나 다른 국가로 바꿔주는데, 라벨을 한 번 바꿔주는 작업(라벨 갈이)을 할 때 옷 한 장에 50원 정도이고 거래처에 따라서 25원에서 100원, 250원 정도 되는 곳도 있다.

이곳에서 라벨 갈이를 하려는 물건이라면 부산항에서, 인천항에서 옮겨싣기 하는 사람들이 가져오는 물건이 대부분이다. 배는 그냥 두고 컨테이너만 바꿔 실으면서 서류를 바꿔치기하는 과정인데, 일부 업체는 직접 화물을 내려서 라벨을 바꿔 단 후 다시 내보내기도 한다. 유럽산 의류가 유럽산이 아니며, 중국산 의류가 중국산에서 한국산으로 바뀐다.

이때 라벨 갈이를 전문으로 해주는 업체는 라벨을 오바로크 처리만 한다. 시장 속어로 [따당]만 해달라고 얘기한다. 재봉틀로 한 번만 박아달라는 것인데 나중에 손으로 잡아당기면 쏙 빠지는 라벨들이다. 라벨을 살살 잡아당기면 쏙 빠지며 옷에 흔적도 안 남는다.

또는 원산지 규정이 엄격하다는 걸 아는 공장에서는 원산지를 숨기는 방법으로 의류 안쪽 겨드랑이 부근에 살짝 대롱대롱 매달리게 달아둔다. 나중에 소비자가 거추장스러워서 잡아당기면 그냥 떨어지게 만들어둔다. 원산지 표기를 했음은 분명하고 나중에 떼어버린 건 소비자가 했으니 생산 유통업체는 상관없는 일이 되는 셈이다.

이렇게 나온 제품들이 외국으로 나가거나 일부는 우리나라 재래시장에 파고들어 소비자들에게 팔리게 된다. 남대문시장이나 할인점 등지에서 생산자 라벨도 없고, 원산지 표식도 없는 옷들이 판매대에 잔뜩 쌓여 3천 원에 1장, 1천 원에 1장씩 팔리는 경우가 있다. 이런 경로로 흘러나오는 보세상품이 대부분이다.

수출입 거래에서 까다로운 원산지 규정은 다른 한편으론 재고 상품을 처분할 때 걸림돌이 되기도 한다.

언젠가 필자가 모 유명 구두 업체에서 받은 연락이 있다. 재고로 남은 신발 수만 족을 헐값에 줄 테니 원하는 가격에 가져가는 대신 국내에 절대 유통시켜선 안 된다는 조건이었다. 필자는 땡 물건을 취급하진 않지만, 그들이 원한 건 내가 거래하는 외국 거래처들에 판매할 수 없겠느냐고 문의한 것이었다.

나와 인연은 안 되었지만, 이때 연결된 업체의 이야기를 들은 적이 있다. 편의상 C 업체라고 설명하면, C 업체는 몇억 원을 주고 이 브랜드 제품을 인수했는데, 물건을 넘기는 쪽에서 자꾸 걱정되었는지 브랜드 본사직원들이 선적하는 인천항까지 와서 컨테이너들이 실리는 과정을 다 보고 나서야 안심하고 돌아갔다고 한다.

그러나 브랜드 본사 직원들이 돌아가자마자 제품을 인수한 C 업체 사람은 선박회사에 연락해서 컨테이너를 다 내리라고 다시 요구했고, 결국 그 브랜드 제품은 국내에 유통되었는데 이 일을 담당했던 직원들이 해고된 것은 물론이고 그 브랜드 본사까지 사라지게 되었다. 대리점들의 항의와 시장 유통시스템이 단박에 흐려진 원인이었다.

멀쩡히 장사 잘하고 있는 대리점들도 있는데, 어느 순간에 땡 물건으로 구두 시장에 나온 제품을 보면 어느 소비자가 정상제품을 대리점에서 구두를 사겠는가. 대리점들 역시 본사에 보증금 환불을 요구하고 계약해지를 요구한 것은 물론이다.

그리고 이 물건은 어디로 갔을까? 당신이 지하철에서, 노점에서 지나가며 쳐다본 적이 있는 한 켤레에 5천 원, 1만 원 하는 신발이 되었다. 구두를 만드는데 가죽값만 하더라도 5천 원이 넘는다. 어떻게 5천 원이 되고, 1만 원에 팔 수 있을까 한 번이라도 생각해 본 적 있는가? 물론 없을 것이다.

이번 기회에 당신이 신고 있는 구두의 제값을 따져보자. 거리에서, 인터넷쇼핑몰에서 디자인이 예뻐서 구매한 당신 구두는 이미 치열하게 속고 속이는 비즈니스를 통해 나온 원치 않은 땡 물건일 수 있다.

제품이 어느 경로로 흐르고 어떻게 싼 가격으로 되었는지 상관없다면, 오로지 내게 싸고, 내 마음에 들기만 하면 된다고 생각하면 이 글을 적는 나도 어쩔 수 없다. 하지만 당신이 신고 있는 그 구두 한 켤레에는 생산기술자와 디자이너, 판매자와 한회사에 속한 여러 사람의 정성이 들어간 작품이란 것만 알아도 좋겠다.

12 외국 업체가 한국 공장에 주문하는 방식

　외국인들이 한국 공장에 주문하는 방식을 알아보자. 외국 기업들은 한국 회사와 일하기를 선호한다. 대다수 유럽 기업들은 사실은 중국의 기업과 작업하기를 희망하지만, 지역적으로 먼 거리에 영어 의사소통 부족, 그리고 여러 돌발 상황에 대처하는 노하우가 부족해서 중국 비즈니스를 할 때는 한국 기업을 사이에 두고 일하려고 하는 것이다.

　그들에게 한국인이란 이미지는 하루 24시간을 일한다고 할 수 있을 정도로 항상 온라인 메신저를 통해 의사소통할 수 있으며 영어 구사력도 뛰어나서 무역업무 및 여러 가지 작업 지시 전달이 어렵지 않다는 장점이 있는 덕분이기도 하다. 그래서 다수의 유럽기업이 한국의 기업과 제휴하고 무역 거래를 하곤 하는데, 이들의 미팅은 주로 홍콩에서 이뤄지고, 거래는 온라인 메신저를 통한 의사소통에 무역 거래는 신용장으로 대체한다.

　유럽 외에 일본이나 미국 등지의 바이어들은 한국에 와서 옷을 생산 주문하는 일이 많은데, 유럽인들이 홍콩에서 만나서 상담하고 주문하는 것과 차이점이다.

　그 이유는 미국이나 일본에서 한국으로 올 때와 유럽에서 한국으로 올 때 생기는 비행거리 때문이기도 하고, 유럽 은행들도 지사를 많이 둔 홍콩이다 보니 금융거래가 원활한 홍콩에서 거래하기가 편리하기 때문이기도 하다.

　그런데 어느 나라 바이어이건 간에 생산 주문을 맡기면서 자기 회사 브랜드의 라벨을 관리하는데, 샘플을 확인하고 물량이 생산된 이

후에 정해진 수량만큼만 나눠주는 회사가 있다.

이들의 또 다른 공통점은 운송업체도 자기 회사가 거래하는 운송회사만 거래해야 하고, 제품 검사도 자기 회사가 거래하는 검사대행업체에서 받아야 한다고 요구한다.

가령, 첫 거래를 시작하기에 앞서 외국 브랜드 업체들의 경우엔 한국 기업에 그들이 원하는 샘플을 제시해주며 생산해보라고 하는데, 이때 정상 샘플을 주는 대신 샘플을 정확하게 반으로 잘라서 좌우 동일하게 만들라고 지시하기도 한다. 나중에 하청업체에서 만든 샘플이 오면 자신들이 갖고 있던 샘플 반쪽이랑 비교해 보는 것이다.

샘플을 반으로 잘라서 주고받으면 정상 제품의 사이즈와 원단 부자재, 봉제수준까지 단박에 확인된다는 이점도 있다. 그러나 외국 기업들이 샘플을 반으로 잘라서 주는 이유는 무엇보다도 자신들의 샘플이 다른 곳으로 유출되지 않는다는 이점 때문이다. 유명 브랜드일수록 샘플관리에 철저하기 때문이다.

따라서 티셔츠도 반쪽, 청바지도 반쪽만 온다. 하청을 받으려면 보내온 샘플 반쪽을 참고하여 나머지 반쪽도 붙어있는 완성 샘플을 만들어야 한다. 이러한 과정을 거쳐 거래가 성사되어 수출된 상품들은 유럽이나 미국, 일본 등지의 현지 매장에 진열된다.

그런데 미국으로, 일본으로 여행을 간 한국인들은 SHOP에 들러 디자인 다양한 제품을 보다가 자기 마음에 드는 상품을 쇼핑하고 오는데, 나중에 와서 라벨을 확인하니 한국제인 경우를 알게 되는 경우 허탈해하는데, 왜 이런 일이 생기냐면 외국 브랜드 업체로부터 생산 주문을 받은 제품들은 한국에 유통시키지 않기 때문에 일어나는 일들이다.

그럼, 유럽에는 있는 제품이 한국에는 왜 없을까? 가장 큰 이유는 바로 트렌드(TREND)의 차이 때문이다. 유럽에서 인기를 얻는 디자인과 한국에서 인기를 얻는 디자인에 차이가 있다.

패션계에서 일을 하다 보면 우리가 트렌드라고 부르는 유행 아이템들이 우리 마음대로 정해지는 게 아니라는 걸 알게 된다. 예를 들어, 미국이나 유럽의 트렌드 리서치 회사들이 3년 전쯤에 이미 올해의 트렌드를 조사하고 통계를 내어 각 패션디자이너와 패션회사로 정보를 판매한다는 사실이다.

가령, 2013년 트렌드를 2010년에 파악하고 각 회사로 정보를 판다는 뜻이다. 어떻게 이런 일이 가능할까?

필자가 패션디자이너로 일하던 초기엔 도무지 이해할 수 없었다. 패션디자이너는 내 마음대로 자율적으로 디자인하고 만들어야 하는데 트렌드에 영향을 받다니 자존심도 상하지 않나 하는 것이다.

이 일이 진행되는 방식은 대강 이렇다.

트렌드 리서치회사에서는 매일, 매주, 매월, 각 분기별로, 각 반기별로 사람들의 행동을 관찰하고 새로 나오는 상품을 조사하며 TV 광고, 사람들의 의상, 사람들이 좋아하는 베스트셀러, 사람들에게 인기 있는 음식 등, 생활 전반에 걸쳐 자료를 모으고 그 자료를 취합하면서 유행하는 색감과 유행하는 소재 등을 예측한다.

그래서 새로 이제 막 등장한 아이템들이 3년 뒤에 사람들에게 다시 영향을 어떻게 줄 것인지 조사하여 이에 대한 예측을 데이터베이스로 만드는 것이다. 이렇게 나온 자료는 각 패션기업과 패션디자이너들에게, 패션잡지사로 팔리게 되는데, 전 세계의 디자이너들이 이런 트렌드 리서치를 참고하여 기획하고 소재 개발에 나서게 된다.

한 가지 재미있는 점은, 처음엔 자기 개성이 강한 디자이너들이나 패션회사들이 트렌드 리서치업체가 제안하는 정보를 무시하는 일이 대부분이라는 점이다. 우리는 우리 방식대로 간다고 했지만, 나중에 2~3년 지나서 보면 트렌드 리서치 회사가 제안했던 색상과 소재 등이 맞아떨어지는 걸 보고 나서야 '정보를 구매할 걸…' 하고 후회를 한다는 점이다. 미리 트렌드 정보를 준비했다면 시장조사 비용이나 샘플 비용을 아낄 수 있었기 때문이다.

다시 정리하자면, 3년 전에 만들어진 트렌드 예측정보는 이듬해에 프랑스, 밀라노, 뉴욕 등지의 패션디자이너들에 의해 유행하는 컬러 등의 콘셉트로 캣워크에 올리게 되고, 캣워크에 올라온 패션쇼를 보고 전 세계 패션잡지 패션에디터들이 다시 소비자들에게 전달한다.

올해는 어떤 스타일이 유행하며, 어떤 콘셉트가 인기를 끌 것이란 예측을 덧붙인다. 이에 따라서 다시 현지에 패션기업들은 원단을 개발하고 디자인을 기획한 뒤에 여기에 맞는 소재와 디자인을 맞춰 제품을 시장에 내놓게 되는데, 이 제품을 소비자들이 사는 것이다.

"음. 이 디자인이 좋은데."

"난 이 색상이 마음에 들어" 하면서 말이다.

프랑스와 밀라노에서 직접적인 영향을 받는 패션 트렌드는 통상적으로 유럽에서 먼저 유행하고, 다음 해에 미국으로 건너가며, 그 이듬해에 일본으로 온다. 그리고 한국으로 건너오게 되는데, 한국의 인기 스타일은 홍콩을 건너 다시 중국 상하이 등지로 넘어가며, 이듬해에는 말레이시아, 태국, 대만 등지로 뻗어 나간다.

패션 트렌드의 흐름이다. 이때 유럽이나 미국에 여행을 간 사람들이 현지에서 판매하는 제품을 보고 쇼핑을 해오는데, '새로 나온 신선한 디자인이다, 신상(新商:NEW PRODUCT)'이라며 좋아했지만 알고 보면 한국 패션기업이 미국이나 유럽 바이어에게 주문을 받아서 중국 등지에서 만들거나 한국에서 만든 제품이 대부분이다.

물론, 그 제품들은 가만히 두면 1~2년 이내에 한국 시장에도 유행하는 아이템들이 된다. 그 사람들은 한국에 유행할 아이템을 단지 1~2년 먼저 쇼핑했을 뿐이라고 생각하면 마음 편하겠다.

동남아시아로 갔을 때 쇼핑할 제품이 없다는 생각을 해본 사람들이 있을 것이다. 유럽이나 미국에 갔더니 마음에 드는 디자인 제품들이 많다고 여겼을 것이다. 자부심을 느껴도 된다. 그 제품들 가운데 적지 않은 물량이 한국 디자이너들이 만들었고, 심지어 디자인까지 기획한 예도 대다수이다.

필자도 디자인 기획을 하면서, 벨기에, 스페인 등 유럽뿐 아니라 일본, 태국 등지의 업체와 공동 작업을 했던 적이 많다. 바야흐로 유럽과 아시아 패션이 동시대 트렌드로 일치되는 시대에 살고 있다.

단, 단점이 있다면 한국에서 구매해도 될 제품을 굳이 머나먼 외국에 가서 구매했다는 손해라고 하겠다. 가격도 비싸고 세금도 내야 하는데 차라리 기다렸다가 한국에서 구매하거나 쇼핑몰에서 주문해도 되는데 말이다.

13 쇼핑의 천국 홍콩, 패션 브랜드가 천국에 가는 방법

홍콩은 무역회사의 천국이다. 홍콩의 주요 사업은 관광사업과 금융업이다. 무역인들이 전 세계에서 모여서 거래하는 곳이기 때문에 돈과 쇼핑이 주된 사업으로 자리 잡았다. 그런데 여자들은 홍콩을 쇼핑의 천국이라고 부른다.

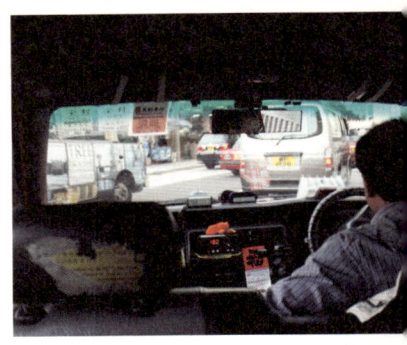

다양한 쇼핑 상품이 즐비하고 거리 곳곳에 늘어선 상점들과 그와 비슷한 수의 식당들이 다양해서 맛있는 음식들이 넘쳐나기 때문이다. 하루 24시간 관광객들을 실어 나르는 택시와 관광버스들이 오가는 곳, 쇼핑과 관광의 천국으로 이름난 홍콩이다

왜 그럴까? 왜 홍콩이 쇼핑의 천국인가 생각해보자. 과연 홍콩에 가서 쇼핑할 만한 곳인지, 왜 홍콩을 생각하면 기분이 들뜨는지 진지하게 고민해보는 시간을 갖자. 홍콩의 도매상가 라이치콕, 홍콩 최대의 쇼핑몰 하버시티, 란콰이펑 등지의 소호몰을 알아보자.

앞서 이야기했듯이 홍콩은 세금이 없는 무역의 천국이다. 그렇다 보니 세계 곳곳에서 상품이 모이고 유럽으로, 아시아로, 미국으로 상

품을 거래하는 사람들이 일 년 내내 끊이지 않는다.

또한, 비자나 시간 소요 등의 문제로 한국이나 일본 등지로 직접 방문하기 쉽지 않은 말레이시아, 태국, 베트남 등지의 소상공인들도 홍콩엔 자유롭게 왕래하며 한국의, 일본의 상품을 홍콩에서 거래하는 일들도 가능하다.

홍콩의 공업지구 즉, 우리나라 동대문상가와 같은 지역은 라이치 콕에 있다. 여긴 중국 등지에서 넘어온 의류, 잡화 아이템들이 많은데 세련된 디자인의 다양한 상품이라기보다는 어딘지 어색하게 보이고 질 낮아 보이는 원단으로 만들어진 아이템들이 다수이다.

맞다. 외국의 유명 브랜드 디자인을 보고 주변국에서 만든 저단가의 제품들이다.

가격은 상당히 저렴하다. 매주 주말이면 홍콩 각 지에서 온 거래상들과 소비자들이 뒤섞여 발 디딜 틈도 없이 바쁘다. 이곳에 들르면 한 집 건너 '한국상품 직수입'이라고 써 붙인 SHOP들을 발견할 수 있는데, 내가 직접 가보니 어딘가 어색한 디자인들이다. 한국산이라기보다는 중국 등지의 품질 낮은 공장에서 낮은 단가에 만들고 원산지 라벨만 한국산이라고 붙인 제품들이 대다수이다.

하버시티는 전 세계 패션 브랜드의 전쟁터에 비유할 수 있다. 명품부터 유명 디자이너의 소수 아이템까지, 화장품과 가방 등의 잡화, 시계 등의 보석류 등 없는 게 없는 쇼핑의 최대 마켓이다. 오죽하면 하버시티에서 길을 잃어버린 사람들이 일행을 만나기 위해 여기저기 길을 묻는 광경을 심심찮게 볼 수 있다.

란콰이펑 등지의 소호몰에는 디자이너들의 개성 넘치는 아이템들이 있다. 경력 있는 디자이너들이 만드는 품질도 괜찮은 아이템들이 있다. 우리나라 청담동이나 홍대주차장 거리에 비유할 수도 있겠지만 모든 면에서 그렇다는 이야기는 아니고 단지 홍콩 내에서 발견할 수 있는 소호몰이라는 점만 특이하다.

자, 그럼 따져보자. 홍콩에서 선보이는 그 수많은 상품은 어디에서 오고 어디로 갈까?

의류 생산 공장이 거의 남아 있는 않은 홍콩에서 의류 제품은 거의 전량 수입인데, 시내 곳곳에 즐비한 상점마다 가득한 상품들은 매 시즌 다 팔리진 않는다. 게다가, 외국 패션 브랜드 매장에서 취급하는 신상품과 전문 브랜드 상품을 빼고는 이름 모를 낯선 상품들인데 신기하게 해마다 새로운 상품으로 옷을 갈아입고 새로운 디자인을 선보인다.

맞다. 홍콩의 상품은 중국 등지에서 낮은 단가에 만들어져서 홍콩에 온다. 라이치콕이나 몽콕에 있는 여인의 거리 등지에서 홍콩인들에게 팔리기 위해 입장한다.

다른 상품 유통 경로를 꼽자면 세계 각국에 있는 무역회사들이 제공한다고 할 수 있다. 유럽이나 미국으로 수출하기 위해 홍콩에 왔지만, 수출 직전에 수출이 좌절되는 상품이 속출한다는 뜻이다.

홍콩항은 좁다. 세계 각국의 컨테이너선들이 들어오면 정체되어 물건을 내보내지 못하는 일들도 많다. 납기를 놓친 상품이 생긴다. 들어오는 상품과 나가지 못한 상품들이 홍콩에 쌓인다. 치사추이 거리에 신상품들이 쌓이면 얼마 후 홍콩에 수많은 아웃렛으로도 이월 상품이 되어 팔아달라고 몰린다.

여기에서도 처분되지 못한 상품은 일부 관광객들에게 팔리거나 홍콩인들에게 판매된 상품을 제외하고는 대다수 재고로 남는다. 이 상품들은 메이드인 홍콩 또는 메이드인 마카오 등의 라벨을 붙이는 방법도 동원되어 주변국으로 팔린다.

홍콩에서 자신의 몸집보다도 큰 포장봉지를 앞에 두고 배를 기다리는 아시아계 여성들의 모습을 보는 건 낯선 일이 아니다. 거리를 꽉꽉 채울 정도로 많은 필리핀, 인도네시아 등지에서 온 것 같은 여성들이 홍콩 거리에 앉아서 도시락으로 끼니를 때우며 배를 기다리는 모습은 홍콩에선 항상 있는 일이다.

요즘엔 중국손님들이 홍콩에 자주 찾는데, 중국 본토인들에게도 팔린다. 홍콩 옆 심천을 통해서 광동성 소비자들에게도 팔린다. 광동성에서 홍콩으로 들어온 상품이 다시 광동성으로 나가는 상황도 생긴다.

정리해보자.

세계 각국으로부터 들어온 상품들의 재고처리장이 홍콩이다. 일부 상품 등 유명 패션 브랜드 제품은 관세가 없어 상대적으로 저렴하게 느껴지지만, 한국으로 가져올 때는 세금을 내게 되어 결과적으로 비슷하거나 비싼 값을 치러야 한다.

중동계, 아시아계, 유럽계 등의 인종이 모여서 저마다 각자의 기호에 따라 상품을 소비하고 거래를 하는 곳이 홍콩이다. 상품이 다양할 수밖에 없다. 전 세계 인종을 상대로 쇼핑을 제안하려면 그만큼 다양한 상품이 필요하기 때문이다.

그뿐인가? 홍콩에서 배를 타고 1시간 거리인 마카오에 들러 도박까지 하고 가라고 부추긴다. 무역으로 비즈니스하고, 남는 시간과 돈은 홍콩과 마카오에서 모두 쓰고 가라는 암시적인 지원이다.

관광객은 홍콩에 몰린 상품을 처분하는데 일조를 한다. 사람들은 그들이 알고 있던 아이템을 샀다고 좋아하겠지만, 홍콩에선 누군가 또 돈을 주고 갔다고 기억할 뿐이다. 홍콩엔 여전히 누군가에게 팔아넘겨야 할 상품들이 넘쳐나기 때문이다.

홍콩은 여자, 누군가를 위한 쇼핑의 천국이 아니라 무역 거점으로서 넘쳐나는 재고들을 처분하기 위해 고달픈 무역전쟁의 격전장이다. 그런 홍콩을 다른 말로 부르기 위한 이름이 바로 싸고 넘치는 제품들을 팔기 위한 쇼핑의 천국이 된 셈이다.

14 일본과 한국의 거래, 그 둘만의 이상한 리그

일본 업체와 거래하는 한국 업체들이 많다. 일본어 가능한 디자이너를 찾는 구인공고가 넘쳐나며 일본 바이어를 상대하고 주문을 받아낼 직원을 찾는 업체들이 많다. 그러나 일본 패션업체와 거래하는 한국 업체들 대다수 정상적인 거래를 하고 있을까? 그들만의 거래는 어떤 방식일까 알아보자.

1990년대 후반 무렵에 동대문시장이 활성화되던 시기에 일본 패션업체들도 동대문시장에 들러 옷을 주문하고 거래를 많이 했다. 대부분 돈을 현금으로 지급하고, 한국에서 상품 검사를 마친 후에 잔금을 지급하고 일본으로 가져가는 구조였다.

일본의 패션 거래 시스템은 일본 각지의 상점이 중간에 에이전시를 두고 물건을 공급받는 시스템인데, 낯선 사람을 꺼리고, 익숙하지 않은 방식에 대해 거부감을 갖는 민족성 탓에 한국의 판매처와 직거래를 하면 가격이 저렴하다는 걸 알면서도 기어코 중간에 대리상, 즉 에이전시를 둔다는 점이 특징이었다.

그래서 오사카 등지의 에이전시들은 규모도 크고 물량도 많이 다뤘지만 대부분 유럽이나 미국뿐 아니라 중국이나 세계 어디일지라도 현지로 직접 가서 현지 판매처들과 꼼꼼하게 상품을 검수하고 수입해서 일본 내의 거래처 상점들에 다시 나눠주는 일을 했다. 생산하는 공장이나 주문하는 일본상점들이나 중간에서 이러한 에이전시들의 역할 덕분에 편리하게 거래할 수 있었다.

그런데 일본 내의 이러한 관행을 무시하고 어느 순간 거래되는 돈의 규모를 보고 뛰어든 경쟁심 치열한 한국인들은 일본인들에게 접근해서 샘플을 들고 일본으로 가겠다고 했다. 편리한 거래시스템을 무시하고 남들보다 앞서기 위해 스스로 불편을 자처한 것이다.

한국인들이 일본업체에 제안하는 거래 방식은 한국으로 올 비행기 값이나 비용을 절약할 수 있지 않으냐, 당신이 지금 거래하는 그 업체는 끊고 이제부터 자기와 거래하자는 제안이었다.

처음엔 낯선 거래제안에 머뭇거리던 일본업체들도 하나둘 거래처를 바꾸었고, 일본행 비행기에 몸을 싣는 한국업체들이 많아졌다. 그리고 한 걸음 더 나아가서 한국업체는 자사의 직원을 일본 회사에 상주시키면서 연락책으로 사용하기도 했다.

결국, 안방에 앉아 편안하게 샘플을 받아보며 일하게 된 일본인들은 조금 더 편안한 방법을 요구하기 시작했는데, 현금 직거래가 아니라 여신 기간, 즉 대금 결제일을 늦춰달라는 요구를 하기 시작했다.

처음엔 2주일 뒤에 지급하기로 하고, 이어서 한 달 뒤에, 다시 두 달, 기어코 3달 뒤에 결제하겠다고 요구했다. 새 상품을 만들어서 일본에서 다 팔고 난 뒤에 그 돈으로 결제하겠다는 심보였다.

여기서 그치면 다행이지만 한국업체가 일본으로 수출한 제품의 불량을 이유로 반품 물량도 늘려갔다. 때로는 불합리한 반품도 있는 게 사실이지만 그러한 반품도 받아주고, 대금 지급기일도 늦춰주는 어리석은 거래를 하기 시작한 건 한국인들이었다. 일단 자기부터 살고 보자는 마음에 저지른 일이었고, 결과적으로 생긴 일은 한국 내에 하청공장이 사라지는 일이었다.

왜냐하면, 일본인의 주문을 맞춰주느라 한국 공장들에도 같은 요구를 하기 시작했고, 제품 불량을 핑계로 납품단가 깎기에 나섰으며 그 결과 열악한 한국 공장들이 무너지기 시작했던 것이다. 한국에서 일본 바이어의 주문을 맞추기 어려워진 사람들은 중국으로 베트남으로 공장을 옮겼다.

하지만 한국공장을 상대로 다루던 불합리한 요구사항을 중국 공장에도 하기 시작하면서 대도시 주변 중국 공장들은 어느 정도 규모를 갖춘 뒤에는 한국 사람들의 주문을 받지 않았고, '너희 말고 공장이 없는 줄 아느냐'며 주문을 하는 바이어 대접을 받고자 중국 내륙 열악한 소도시 공장으로 점점 더 들어간 한국사람들은 그에 비례해서 점점 신용 없는 사람들이 되어갔다. 한국사람들의 버릇은 사라지지 않았던 것이다.

이런 한국인들의 모습을 뒤에서 보며 속으로 쾌재를 부르던 일본인들은 한국인들이 중국 공장에서 신용을 잃고 밀려나는 걸 보고, 그 뒤에 그들이 직접 하는 방식대로 중국으로 직접 들어가기 시작했다.

결제 조건도 예전에 그들에게 익숙한 방식 그대로, 계약금 주고 물건은 출고 전에 확인 후 잔액을 지급하는 방식이었다.

한국기업과 일본기업을 거래해본 중국인들은 이렇게 말한다.

품질도 까다롭고 철저하게

화려한 패션 숨은 마케팅

요구하는 일본인들이지만 그들의 약속은 철저하게 지키는 신용 있는 일본인과 비교하면 형님 동생 불러달라며 주문을 많이 하겠다고 거짓말하고 적은 주문을 내면서도 나중에 납기 문제 등을 핑계로 값을 깎거나 처음과 다른 이야기로 연락조차 받지 않는 한국 사람들은 신용 없다고 얘기한다.

중국인들이 내게 말했다.

상하이나 광저우 쪽에서 여직원 통역자 데리고 일하는 한국인 에이전시와는 만나지도 말라고 충고해준다. 그들은 모두 사기꾼이라고 화난 표정 지으며 말이다.

이 글을 읽는 당신도 중국 기업과 사업을 하려고 준비 중인가? 그렇다면, 중국기업과 거래를 할 때는 한국인 마인드 대신 중국인 마인드로 접근하자. 중국인과 친구가 되려면 최소 8년이 걸린다.

그 오랜 시간 동안 변함없이 자기신용을 지킨다면 중국인들은 더할 나위 없는 당신의 친구가 될 것이다. 만약 그렇지 않고 싼 가격에 제품만 만들고 옮겨 다닌다면 당신은 한국인 사기꾼 명단에 이름 하나를 더 올리게 된다.

15. 중국과 한국의 거래, 문화를 받아들이는 노하우

중국 기업과 거래를 하려는 당신을 위해 중국인의 비즈니스 방식을 미리 간략하게 설명하자면 이렇다.

대개 오후 2시쯤 회사에서 만나기로 하고 방문하면 중국업체에서는 우선 차를 대접한다. 미리 끓여놓은 차가 아니라 이때부터 차를 끓인다. 그리고 당신에게 담배를 권할 것이며 사소한 화제부터 이야기를 꺼낼 것이다.

이때 등장하는 차의 품종과 담배의 가격대를 눈여겨보라. 중국인이 당신을 어떻게 생각하고 있는지 속마음이 보인다. 고급 차와 고급 담배가 아니라면 일단 당신은 중국인에게 귀한 손님이 아니다. 이럴 때는 미리 한국에서 준비해간 담배를 권하도록 하자. 중국에서는 손님에게 담배를 권하고 차를 권하는 게 예의 중 하나이다.

이윽고 차가 끓기 시작하면 찻잔을 씻기 시작하고 여러 번 같은 행동을 반복한다. 차가 끓었다고 바로 마시지 않는다. 먼저 찻그릇을 씻고, 찻그릇을 데우며 찻그릇에 차향이 묻어나도록 반복한다.

이는 차를 마시는 방법으로 찻그릇에까지 차향을 배이게 해서 향취를 더욱 높이는 방법이다. 차를 다루는 도구도 가격이 천차만별이다. 커다란 나무 밑동을 잘라서 일일이 손으로 조각내어 그 위에 차를 다루기도 하고, 옛날 중국 동화에 나올 법한 인물들과 삼국지에 등장할 것 같은 장소를 만들어서 그 위에 차를 놓고 즐기기도 한다.

차향이 배이고 차를 마실 준비가 되었다면 당신에게 차를 권한다. 그리고 차를 마시면서 담배도 피우면서 날씨가 어떤지, 음식이 어떤지 이야기를 나눈다. 중국인에게 비즈니스 거래를 상대방을 알아가는 과정이다. 만나자마자 통성명하고 일 얘기하고 계약하고 거래 시작하는 경우란 거의 없다.

차를 마신 후에는 서로의 근황을 묻는다. 중국엔 처음인지 외국 여행은 많이 하는지 등에 관해 이야기하고 일은 잘되는지 이야기를 한다. 그리고 사업 이야기를 조금씩 하다가 앞으로 잘해보자는 취지의

화려한 패션 숨은 마케팅

이야기를 건네면서 시계를 보는데 대략 5시나 6시쯤 된다.

이때부터는 다시 저녁 식사 장소로 옮겨서 이야기를 이어간다. 주의해야 할 부분은 바로 여기다. 한국인들은 일 얘기를 하고 저녁 식사 자리에 가서 술을 먹으면 이제 거리가 성사되었고 앞으로 잘되겠다고 생각하지만, 절대 아니다.

중국인들은 저녁 식사도 여전히 사업 미팅의 한 부분이다. 당신과 얘기하는 사업 미팅이 아직 진행 중이란 뜻이다. 중국인과의 술자리에선 주로 독한 술이 등장한다. 중국의 전통주이면서 중국인들이 좋아하는 술인데, 일부 회사들은 외국인들에게 와인이나 맥주 등을 권하기도 한다.

독한 술을 마시면서 다시 사업 이야기를 하고, 곧이어 서로 친해지는 여흥 시간을 가진다. 농담도 하고 장난도 치면서 자리를 이어간다. 그리고 다음 얘기는 언제 사무실에서 만나서 다시 얘기하자고 한다.

이렇게 1차 미팅이 끝났다. 문제는 다음이다.

1차 미팅에서 당신이 마음에 들지 않거나 사업 제안이 중국인 마음에 들지 않는다면 중국인들은 갑자기 바빠지기 시작한다. 당신한테만 바빠진다는 뜻이다. 만나자는 한국인 전화를 받으면 외국 출장을 간다고 하고, 미팅 중이라고 하며, 손님이 오셔서 바쁘다고 다음에 시간을 정하자고 한다. 중국인 측에서 이런 반응이 나온다면 당신은 이미 한물간 사람대우를 받는 중이다.

그런데 1차 미팅 후에 다음 날 이른 아침에 중국인 측에서 전화가 오고, 심지어 회사차를 보내어 호텔에서 회사까지 태워온다면 당신은 귀중한 손님으로 인정받는다는 증거이다. 여기서 귀중한 손님이란 중국인이 당신에게 마음이 빼앗기고 당신을 좋아한다는 뜻이 아니다. 당신이 중국인에게 돈으로 보였다는 뜻이다.

그렇게 거래를 시작하더라도 최소 8년은 이어가야 한다. 그래야 중국인이 마음을 열고 당신을 받아들일 것이다. 마음을 열었다는 증거는 어느 날 중국인 입에서 이런 말이 나올 때이다.

나이를 서로 따져서 손윗사람이 '형님'이 되고, 손아랫사람이 '동생'이 되는 단계이다. 중국어로는 형님을 부를 때 꺼(哥)라고 말하는데, '큰' 이라는 의미를 붙여 大哥(따거)라고 부르거나 그 사람의 이름 성씨 앞에 大(따)를 붙이라고 허락한다. 동생 되는 사람은 성씨 앞에 小(쇼)를 붙이게 된다.

당신에게 중국기업과 거래하지 말라고 하고, 중국인들과 거래하면 무조건 손해 본다고 떠드는 사람들이 있다면 그들의 말을 참조만 하고 한 귀로 흘려버리라. 중국에서 신의를 지키고 성공한 사람들도 많다. 성공한 사람들은 중국인들과 친구가 되었고 서로 잘 지낸다.

그러나 중국에서 실패한 사람들은 중국만 생각하면 이가 갈린다며 분통해하고 중국인이라면 쳐다보지도 않으려고 한다. 당신 주위에 있는 사람이 중국 쪽과 거래해서 성공한 사람인지, 실패한 사람인지는 곧 판가름날 것이다.

16 망하는 패션인들은 왜 [걸레장사]를 할까?

중국에서 원단을 만들어서 수입하려던 원단업체는 황당한 일을 겪었다. 중국 해관(세관) 직원들이 검사한다며 선적 중이던 컨테이너를 세우고 그 안에 원단을 모두 땅에 뿌리고 신발을 신은 상태로 밟고 다니며 일일이 검사를 하던 기억이다.

결국, 돈을 주고 무마하는 식으로 넘어갔다. 나중에 알고 보니, 세관원과 친한 친구가 사업거리가 없어서 어렵다고 하자 물품검사원 자격을 주고 자기가 담당하는 컨테이너들을 일일이 내려 친구에게 검사하라고 시킨 것이다. 중국과 거래하기 시작하는 단계에서 이런 일들이 비일비재하다 보니 중국과 거래를 한다는 것에 대해 다시 생각하게 된 기업들이 많다.

처음엔 거래를 지원한다며 서류도 생략하고 각종 편의를 봐주는 중국인들로 생각하고 한껏 우쭐해지지만, 나중에 중국 법이라며 생략했던 서류를 모두 내놓으라고 요구할 땐 미쳐버리는 쪽이 바로 한국기업들이다.

없는 서류를 어디서 가져오는가? 결국, 막대한 세금을 내고 손해를 보고 손 털고 나오는 경우가 대부분이었다. 물론, 이러한 방법은 중국 법규를 확인하지 않고 '이러려니' 라는 안일한 생각으로 사업하는 그 사람 자체에 문제가 있기 때문이다.

다시 생각하자.

위의 경우처럼 패션사업에서 생기는 돌발 상황들이 많은데, 이를 대하는 패션디자이너와 무역인은 견해 차이가 있다. 패션 무역인들에게 원단, 부자재, 의류, 핸드백 등 모든 상품은 그저 돈으로 환산되는 물건일 뿐이다. 몇 개를 팔아야 얼마가 남겠다는 계산으로 거래되는 제품들이다. 그래서 가치와 소중함 등의 인식이 없는 경우가 많다. 디자인에 대한 철학이나 가치에 대한 가격 책정은 패션 무역인들의 입장과 디자이너의 입장이 사뭇 다르다는 뜻이다.

패션디자이너의 가치와 소중함이 사라지는 경우를 추가해보자.

경기도 하남시와 경기도 광주 쪽 농촌지역에 가면 논과 밭 사이에 커다란 창고가 있는 걸 볼 수 있는데, 관심 없는 사람들은 그냥 지나칠 건물들이지만 의류 영업하는 사람들은 다 안다. 그 안에는 부도난 의류상품 재고들, 수출하려다가 재고가 된 상품들이 백화점 할인행사에 들어가려고 준비 중이다.

창고에 들어가면 공간 곳곳에 가득 채운 박스 안에 옷가지들이나 패션 아이템들이 지저분하게 쌓였고, 백화점 할인행사 날짜가 정해지면 담당자들이 트럭에 싣고 백화점으로 향한다. 상품 정리는 근처에 사는 아주머니들이 봉고차를 타고 와서 정리한다.

창고를 지키는 사람들은 근처 컨테이너에서 화투를 치거나 소일을 하고, 일정 게시판으로 사용하는 월간 계획표 화이트보드엔 어떤 달에 어느 백화점, 어느 할인점, 어느 동네에 부도상품 행사를 연다고 기록되어 있다.

이곳에서도 발로 밟고 다니고 제품을 아무렇게나 이리저리 던지는 건 예사이다. 수출인들은 외국 바이어가 사지 않는 물건을 땡처리로 하여 이곳으로 넘기는데, 장당 단가를 1천 원~3천 원 정도가 보통이고, 500원짜리도 있으며, 각 디자인 원가가 얼마 들었는지 상관없이 모든 아이템을 가짓수에 따라서 장당 500원도 된다. 값이 싸고 팔리지 않아서 넘어온 제품이기 때문이지만, 이런 식으로 다루는 물건 모양새가 보기에 좋진 않다.

이곳에서도 패션트렌드와 아이템, 디자인 철학이란 없다. 이들이 그전에는 청계천 세운상가 지역에서 땡 업자들로 활동했으나 요즘엔 뿔뿔이 흩어져서 수원에도 있고, 동대문 인근에도 있다.

물건들은 할인점이나 백화점 할인행사에 투입되는데, 12%~25% 정도의 수수료를 행사장에 내야 한다. 상품 입고는 화물 전용 엘리베이터에 실려서 백화점 영업시간 후에 진열되어야 하며, 시내 유명 백화점에 행사가 있는 하루 전날이면 밤 10시 이후로 각 행사업체 직원들이 가져온 차량과 상품들로 북새통을 이룬다.

보통 밤 10시 넘어서 시작해서 새벽 1~2시에 끝나며, 매대는 한 대당 하루에 1만 원 정도에 임대로 하고, 판매사원 아주머니는 일당 5만 원 정도, 유니폼은 행사업체에서 사야 한다. 특정 백화점별로 까다로운 규정이 있어서 판매 교육도 받아야 하며, 헤어스타일도 염색하면 안 된다는 등의 규칙도 있다.

이리저리 휘둘리던 제품이 백화점에 들어오면서 백화점 고객들에게 팔리기 위해서는 나름의 대접을 받는 것이다. 물론, 백화점 고객들은 진열된 제품이 하루 전만 하더라도 어떤 곳에서 어떤 취급을 받던 상품인지는 모른다. 관심도 없겠지만 말이다.

재고처리 행사용 제품들이 백화점으로 들어오는 시간대에는 당신이 보던 백화점과 전혀 다른 모습이 펼쳐진다. 냉난방 시설 잘 되어 있는 백화점을 생각하면 오산이다. 냉난방시설이란 백화점에서 돈을 낼 수 있는 고객을 위한 시설일 뿐이고, 행사업체들이 일하는 시간에는 에어컨도 꺼지고 난방장치도 꺼진다. 땀 흘리고 일하다 보면 패션디자이너가 정성 들여 만든 상품일지라도 상품이 많아서 일이 늦게 끝날 경우엔 입에서 좋은 이야기는 나오지 않는다.

게다가 상품 행사 매출이 기대만큼 나오지 않는다면 다음 행사 일정 잡기가 어려워지고, 이에 따라서 백화점 담당자들에게 술을 사거나 친해지는 영업을 해야 한다. 그러나 매출이 계속 나오지 않으면 이마저도 효과는 없다. 백화점 담당자들도 매출을 높이는 성과를 보여야 생존하는 경쟁 구조이기 때문에 그들도 승진하려면 매출을 높이는 수밖에 없다.

이런 백화점 할인행사 시스템에 거부감을 갖는 브랜드 업체들은 서울 외곽 등지에 자체 할인점 아웃렛 등을 만들어서 영업하지만, 지리적 여건도 따져야 하고 판매사원 급여 및 매장 임대료 등 신경 써야 할 부분이 많다.

당신이 백화점 고객이 아니라 재고상품을 판매하는 무역업자나 전문업자라고 생각해보자. 당신 입에서도 당신 앞에 놓인 수많은 패션 아이템들 보고 좋은 소리가 나오지 않게 된다.

패션사업을 하면서 걸레장사가 될지, 아니면 브랜드 가치를 살리면서 생명력을 지닌 브랜드를 이어갈지 선택의 문제는 오롯이 누가 하느냐에 달렸다. 패션사업을 하면서 '걸레장사'라고 비하하는 사람들을 보면 대다수 망한 경험이 있거나 망해가는 사람들이 대부분이고, 브랜드 비즈니스를 하면서 패션업을 가치 있게 여기는 사람들은 성공의 대열에 선 사람들이 많다.

내가 하는 사업을 굳이 비하하고 푸념할 필요가 있을까? 패션마케팅은 자기 확신에서 시작한다. 내가 체념하면 모든 게 부질없어지고, 내가 자부심을 느끼면 다른 이들도 내가 하는 일을 존중하기 시작한다.

17 패션쇼엔 입지 못할 디자인을 만들라!

패션쇼에 등장하는 디자인을 보면서 사람들은 '저걸 어떻게 입느냐?'고 되묻는다. 왜 입지도 못할 옷들을 만드느냐 묻고 따진다. 이런 질문을 하는 사람들은 패션쇼라는 개념조차 이해 못 하는 사람들이 대부분이다. 먼저 물어보자. 당신은 어떤 쪽인가?

패션쇼에서 디자이너들이 보통 사람들이 보기에 난해한 디자인을 만들어 선보이는 이유는, 패션쇼는 디자이너의 아이디어와 상상력을 보이는 무대이기 때문이다. 패션쇼는 입을 수 있는 옷을 만들어서 주문을 받는 행사(프레젠테이션)가 있고, 디자이너의 아이디어와 예술성, 창의력을 선보이는 쇼가 있다. 패션쇼에서는 입지 못할 옷을 만들어 관심을 받아야 홍보에 성공한다.

패션쇼가 끝나고 쇼에서 봤던 난해한 옷을 사려고 디자이너 SHOP에 가보라. 없다. 그들의 SHOP과 작업실에 가면 일반 의상들이 전부이다. 패션쇼장에서 선보인 난해한 옷들은 어디론가 사라진다는 뜻이다. 작품 의상은 SHOP에 진열되는 일도 거의 없다.

패션디자이너들은 자신의 디자인에 이미지를 돋보이게 하려고 패션쇼에서 화려하고 멋진 이미지만 강조한다. 톱스타를 모델로 내세우고, 멋진 풍경을 배경 삼아 화보를 찍는다. 패션인들은 그들의 디자인을 보는 소비자들로부터 '예쁘다', '독특하다'는 말을 듣기 위해 모든 수단과 방법을 가리지 않는다는 것이다.

그럼, 패션인들은 겉치장하고 다니는 것만큼 돈을 잘 버는 사람들일까?

사실 그렇지 않은 경우가 더 많다. 패션인들이 패션쇼에서 보이는 화려함과 가식 뒤에는 1년에 10만 달러도 벌지 못한다고 푸념하는 청담동 선생님들도 있다. 패션인들도 그들의 실력은 역시 돈으로 환산된다.

유명한 패션디자이너는 어떨까? 다를까? 우리나라 유명 디자이너들은 어떻게 일하는지 필자의 경험을 소개한다. 패션쇼에서는 난해한 디자인을, 판매할 때는 일반 디자인을

83

판매하는 건 차이가 없다. 패션디자이너의 업무 속으로 들어가 보자.

생각해보면, 내가 예전에 신사동 앙드레김 의상실에 갔을 때도 1층은 부티끄로 손님맞이 인테리어가 예쁜 곳이었으며, 2층은 일반 사무실로 업무를 보는 공간이었다. 그리고 3층 이상부터는 일반 봉제 공장 설비가 되어 수많은 직원이 원단을 자르고 재봉기계를 돌리며 의상을 생산해내고 있는 모습을 봤다.

또 다른 경험은 국내 모 디자이너의 사무실을 찾았을 때다. 일반 무역업체나 사무를 보는 회사를 방문한다는 느낌을 받았다. 1층엔 샘플실처럼 꾸며진 SHOP이 있고, 2층부터는 영업팀, 샘플팀, 디자인실 등으로 나뉘었다. 그 디자이너도 디자인이 나오면 같이 일하는 패턴 실장이 샘플을 만드는 구조였다. 회사에서 샘플을 만들고 추가 물량은 하청공장에서 생산하는 구조인 셈이다.

앙드레김 선생님은 서울에서 뵀지만, 이 디자이너는 홍콩에서 먼저 만났다.

2004년 홍콩패션위크에서 이 디자이너를 처음 만났을 때는 턱수염을 기르고 일행으로 보이는 여성 한 명과 같이 온 모습이었는데, 처음엔 이 사람이 누구인가 외국인으로 생각하고 영어를 썼는데, 한국 디자이너인 걸 알고 한국어로 상담했다. 그 당시에, 세부적 상담은 한국 서울 사무실에서 다시 얘기하기로 하고 찾았을 때의 기억이다.

당시, seamless knit(무봉제니트)를 주 아이템으로 만들고 패션쇼를 열던 내게 이 디자이너는 자신이 생각하는 여러 가지 패턴을 제안하고 만들어 줄 것을 제안하였는데, 그 해에 프랑스 파리 패션쇼를 할 때 아프리카 패턴 콘셉트를 위해 레깅스와 니트 등의 여러 스타일의 제품이 필요하다고 했다.

근데, 그렇게 작품 아이디어 구상을 하면서 나와 같이 프랑스 콜렉션에 대해 아이디어를 교환하자며 열심히 일러스트를 그려보시던 이 디자이너에게 직원이 다가와 모 신문사 기자가 왔다고 전하자 작업을 멈추고 바로 인터뷰하러 자리를 뜨는 게 아닌가? 결국, 기자와의 인터뷰 시간이 길어지는지 잠시 기다렸음에도 자리에 돌아오지 않는 디자이너에게 인사를 전달해달라고 직원에게 전하고, 나는 사무실을 나왔다.

나는 즉시 샘플공장에 가서 생산 테스트를 해보는데, 심레스 니트 제품은 기계 한 대에 하루에 300여 개를 만드는 정도였고, 나일론 재질과 페인트 프로그램을 사용하여 넣는 패턴 디자인에 따라서 테스트 생산도 해봐야 하는 등 여러 가지 시간적 기술적 문제들이 많았다.

결국, 요구한 시간에는 제대로 된 샘플조차 나올 것 같지 않아서 디자인 등 여러 상담을 하려는데 내 전화를 받는 디자이너의 전화 응대 말투가 하청업체 다루는 바이어처럼 행동하는 게 아닌가? 같은 식구들도 같은 회사 사람이나 아랫사람에게도 업무적인 상황에서는 격식을 갖춰 업무를 보는 게 예의인데, 그 여자 직원은 상당히 거만한 자세로 내게 지시하고 확인하려는 말투만 건넸다. 물론, 내가 대단하다는 이야기를 하려는 게 아니라 기본적인 업무전화 매너도 모르는 그 디자이너에게 화가 났다는 뜻이다.

나와 미팅한 디자이너를 바꿔달라고 통화하겠다고 하는데 회의 중이라고 해서, 그렇다면 지금 전화를 받는 분 태도를 보니 심레스 샘플 생산은 안 하는 게 나을 것 같으니까 그렇게 전해달라고 하고 전화를 끊었던 기억이다.

패션 브랜드의 가치

지금에서야 밝히는 그때 이유는 패션디자이너 빅터 리로서 나 자신이 갖는 디자인에 대한 철학 때문이다. 단순히 하청을 받고 돈을 주고받는 거래 관계에서는 패션디자인이란 없다고 여긴다. 디자인은 돈이 아니고, 브랜드는 역사이기 때문이다. 내가 생각하는 패션디자인, 그리고 패션 브랜드라는 가치이다.

망치로 깨야 하는 황금 달걀이 아니라, 생명을 품은 달걀처럼 오래 품어줘야 그 안에서 생명이 되어 나오는 게 패션 브랜드라고 믿는다. 패션 브랜드가 소비자를 만나고 사람들과 함께 어울리려면 감성을 담아야 하고, 만드는 이의 정성을 품어줘야 하며, 간직하는 사람들에게 행복감을 전달해야 한다고 확신한다. 패션 브랜드는 기획부터 생산, 그리고 소유까지 모든 과정에서 참여하는 사람들의 마음이 행복으로 일치가 되어야만 최종 소비자도 행복하게 되는 것이다.

패션 브랜드는 화려한 이미지만 강조하는 시대에서 벗어났다. 이 제는 잡지화보를 화려하게 사람들 눈을 현혹하면서 찍는 시대가 아니다. 내면에 가진 게 없으면 겉으로 화려한 색을 돋보이게 꾸며서 다른 이의 시선을 외면에 머무르게 하는 게 사람이다. 키가 큰 모델들이 삐쩍 마른 체형으로 캣워크를 걷던 시대가 아니다.

옷을 돋보이게 하려고 마른 체형의 모델을 썼던 패션디자이너들은 점차 모델 개개인의 개성이 강하고 특성이 있는 모델을 찾는다. 옷을 돋보이게 하려는 건 누구나 같아서 이 사람도 저 사람도 같은 모델을 쓰지만, 그 패션디자이너 개인의 디자인 감성과 특성을 표현해낼 줄 아는 모델은 다른 이들과 같이 작업할 수 없기 때문이다.

10대 후반 소녀, 소년들과 마른 체형의 모델들, 눈이 파랗고 금발 헤어스타일의 모델들이 주목받던 시대는 끝났다. 지금은 작은 눈에 쌍꺼풀이 없고 볼이 통통하며 귀여움과 동양적인 신비감을 가진 모델이 패션 세계에서 주목받는다.

아직도 화려함만을 추구하며 사진으로 승부하려는 패션인이 있다면 이제 거둬야 할 때가 되었다는 걸 알린다. 소비자들도 화려함에서 벗어나서 가치를 따지고, 자신과 조화로운지, 자신의 스타일에 맞는지 꼼꼼히 따지고 살펴보는 수준에 올랐다. 멋있고 화려하고 요란한 패션 이미지 장사는 이제 끝났다.

18 패션 브랜드 론칭 행사와 연예인 마케팅

거마비란 이른바 '교통비'를 말하는데 옛날 마차와 말을 타고 이동할 때처럼 거(俥 : 인력거 또는 車 : 수레)와 마(馬)가 합쳐진 표현이다. 이 거마비에 울고 우는 연예인들이 많다. 패션쇼를 하거나 사인회, 하다못해 잡지사나 매체에서 인터뷰할 때도 거마비를 요구하는 스타들에 대한 이야기다.

예전에 패션에디터로 스타일링에 대해 준비하면서 매주 스타를 한 명씩 만나며 스타일링 일을 할 때였다. 당시 한류스타로 유명세를 얻던 모 스타를 초대해서 스타일에 대해 준비하려고 알아보니 거마비로 300만 원을 요구한다. 인터뷰 시간은 30분~1시간이었다.

기가 차고 황당해서 그 스타를 초대 안 했지만, 이때 이후로 연예인들의 인터뷰에도 거마비가 들어간다는 사실을 알게 되었다.

인터뷰뿐만 아니라 패션쇼나 브랜드 론칭쇼에 오는 연예인들도 크게 다르지 않다. 연예인들은 각 언론사 기자들이 동원된 행사장에서 포토존 앞에 서는 대가로 거마비를 받는다. 적게는 100만 원 정도에서 많게는 300만 원도 받는다. 연예인들의 발걸음 하나하나가 돈인 셈이다.

그뿐인가. 행사를 마치고 상품을 또 챙기는 연예인들도 있다. 시계 행사장에선 시계를, 핸드백 행사장에선 핸드백을 받기도 한다. 주최 측에서 제공하는 사례 표시라면 모르지만, 연예인 측에서 오히려 대놓고 요구하는 경우도 잦다.

패션계와 연예인의 상관성은 셀레브리티, 스타일링, 패션쇼장 초대손님 연예인으로 구분된다. 여러 이름으로 불리지만 그 목적은 한 가지인데, 업체에서는 연예인의 등장으로 홍보성을 가지려는 것이고, 연예인은 자기 이미지로 돈을 벌려는 것이다.

그렇다면, 패션디자이너나 특정한 사람들이 연예인들과의 친분을 강조할 때 진짜 그 사람들이 친한 것일까? 패션디자이너와 연예인의 친목은 진짜 존재하는가? 연예인의 협찬 의상은 돈 받고 입을까? 돈 주고 입을까?

옛날엔 연예인에게 어떤 옷을 입히거나 상품을 협찬해주려면 소속사로 연락해서 돈을 지급하는 과정을 만들었지만, 요즘엔 스타일리스트에게 차비 정도의 돈만 주면 연예인들에게 입힐 수 있다. 또는, 스타일리스트들이 동대문시장과 로드숍을 돌아다니며 협찬 의상을 구하기도 한다. 이때는 물론 무료이고, 빌려줬던 옷은 깨끗하게 반납해야 한다는 조건이 붙는다.

연예인에게 협찬은 활동에 들어가는 의상비를 절약하는 동시에 자신의 이미지를 드러낼 수 있는 효과적 광고이기도 한데, 클럽이나 주점, 나이트클럽 등에서조차 연예인 할인에 집착하는 연예인들도 있다.

가령, 연예인들은 나이트클럽 가서도 공짜로 논다는 점이다. 나이트클럽에 놀러 가면 먼저 매니저를 안으로 들여보내고 영업사장들과 흥정을 하게 한다. 나이트클럽에서 온 손님들을 대상으로 마이크를 잡아 줄 테니 술을 공짜로 주겠는가 물어보며 협상을 하는 단계이다.

이때 매니저가 들어가서 영업사장들과 협상을 하는데, 나이트클럽 입장에서는 유명 연예인이 오면 손님들에게 홍보도 되니 될 수 있으면 제안을 받아들인다. 그러나 연예인 입장에서 거절을 당할 경우라면 굴욕이 찾아든다. 자신의 인지도가 떨어진다는 방증이기 때문이다.

우리가 화려하게 보는 연예인들은 사인회를 할 경우가 종종 있다. 일반 사람들 보기엔 '연예인이라서 인기가 있으니 사인회'를 하는구나 생각한다. 그러나 연예인 사인회도 순전히 돈이다.

1시간 100에서 300만 원을 받고, 유명 연예인일 경우 500만 원에서 1,000만 원까지도 지급된다. 주로 새로 문을 연 가게나 상점 등에서 사인회를 하는데, 예전엔 백화점에서도 고객을 대상으로 사인회를 했지만, 요즘엔 거의 안 한다.

백화점에서 사인회를 진행했던 모 패션 바이어는 당일 백화점 고객들이 연예인을 보러 많이 몰리긴 했는데 실제 쇼핑은 이뤄지지 않고 연예인만 구경하다가 그대로 다시 나가더란 얘기를 알려줬다.

그러면, 연예인이라면 사인회를 하면서도 돈을 버는 정도인데 모두 돈을 잘 벌까? 사실은 그렇지 않다. 알고 보면 한 달에 50만 원도 못 버는 연예인도 많이 있다. 나와 패션화보 촬영을 거래하면서 알게 된 청담동 인근 스튜디오를 운영하는 포토그래퍼 K실장은 한술 더 뜬다.

"요즘 연예인들이요? 한 달 벌이 50만 원도 안 되는 사람들 부지기수에요."

말이 좋아 연예인이지 방송 출연 횟수도 적고, 오라는 행사 없고, 예약되었던 행사도 이런저런 이유로 취소되는 상황이란다. 더불어 연예인들 행사에 촬영 스케줄 잡아놓았던 것까지 줄줄이 취소되는데, IMF 때도 이런 일 없었다고 푸념이다.

"어디 기업 행사 있으면 좀 소개해줘요. 아는 가수들도 도와주게. 연예인들 어디 가서 아르바이트도 힘들어요. 작품 섭외 끊어질까 봐."

스튜디오를 나서는 빅터 리에게 부탁 섞인 인사를 남기는 포토그래퍼 K. 연예계에서 10년 넘게 스튜디오를 운영하던 그에게 처음 듣는 이야기이다.

그렇다면 연예인은 얼마나 벌까? 광고모델을 계약하면 돈을 많이 벌까?

빅터 리가 지난 2000년에 한류 붐을 일으킨 원조 1세대 한류스타에게 청바지를 만들어준 적이 있다. 팬클럽 모임을 하던 그 스타는 모임참가 인원에게 힙합청바지를 만들어달라며 제안을 하게 되었는데, 내가 그에게 지급한 돈은 현금 500만 원에 청바지 몇 벌이었다.

그런데 그 연예인 측에서 외부엔 비밀로 해달라며 굳이 말해야 할 때는 금액을 올려달라며 얘기했다. 최소 3천만 원은 현금 협찬했다고 말해달라던 기억이다. 연예인의 거품이 있다는 뜻이다.

실례로, 패션화보를 촬영하는 톱스타는 외부에 알려지기엔 1년 전속에 3억, 6개월 전속에 1억 6천만 원 등의 고가를 받는다고 얘기한다. 전속이 아닐 때 '단발'이라는 표현을 쓰는데, 지면 광고 단발, 포스터 촬영 단발 등으로 쓰인다. 이때마다 연예인이 받는 돈은 일정하지 않지만 대략 공개되는 금액의 1/3 수준으로 보는 게 적당하다.

빅터 리가 방송을 진행할 때나 화보 촬영 등을 할 때 들은 연예인 출연료는 스타성에 따라서 차등이 있는 것도 사실이지만, 방송일 경우 약 20만 원 선이면 출연 섭외가 가능하다. 연예인들이 돈을 번다는 '행사'에 집중하는 이유가 그래서 이해된다.

방송가나 패션계 등 연예계에서 활동하며 얻는 수익은 적지만 행사에서 불러줄 때 30분에 150만 원, 300만 원, 500만 원 등 금액이 몇백만 원 단위에서 시작된다. 7080세대에 유명한 모 가수를 자신의 직장 모임에 초대하려던 모 관계자는 300만 원을 요구하더라는 얘기를 말하며 너무 비싸다는 불평을 하기도 한다.

그래서 연예인들은 인지도를 얻기 전까지는 상당한 가난에 시달리기도 하며, 인지도를 얻어도 행사에 출연하지 않으면 그만큼 형편이 풍족한 편이 아니다. 방송 출연 등으로 얻는 비용보다 관리하는데 들어가는 비용이 더 많기 때문이다. 그래서 연예인들은 자신의 이미지를 활용할 수 있는 다양한 사업을 궁리하게 된다.

일전에 모 쇼핑몰에서 연예인 스타를 데려다가 자사 쇼핑몰 판매자들이 판매하는 아이템을 착용하게 하고 각 제품을 판매하던 마케팅을 했는데, 이때 초대된 여자연예인들은 촬영 당 기본 출연료 외에도 셔츠, 바지, 가방 등의 아이템별로 나눠서 착용하는 대가를 받았던 적이 있다.

특히 여자 연예인들의 경우, 배역이 없거나 행사 등의 제안이 없으면 수입이 줄어들게 되는데, 경우에 따라서 모바일 화보라든지 섹시화보를 촬영하고 수입을 얻기도 한다. 이때, 섹시화보 등의 화보는 자신의 이미지 변신을 위해 응하기도 하지만 대다수 수입을 만들기 위해 응하는 경우가 많다.

예전 초창기에는 인지도에 따라서 1,000만 원 정도부터 촬영료를 지급했고, 스타인 경우 3천만 원, 5천만 원, 그 이상도 지급되었다. 그러나 요즘엔 화보 콘텐츠 제공업체와 기획사가 계약을 맺고 수입의 5:5로 배분하는 구조가 일반적이다. 예전처럼 화보를 촬영해도 수입이 되지 않는다는 뜻이다.

이처럼 다양한 활동을 통해 돈을 버는 연예인들, 그 모습이 겉으로 화려한 만큼 속으로도 풍족하지 않다는 것만은 분명하다. 그리고 연예인들도 엄연히 경제활동을 하는 사람들이다. 따라서 그들의 인기도와 재능에 따른 적절한 보상은 이뤄져야 하는 게 맞다.

19 패션을 먹고 사는 사람들, 이젠 하드보일드 마케팅

연예인들은 패션화보를 촬영할 때 포즈와 자세를 어떻게 만들까? 연예인과 그들의 화려한 이미지를 만들어주는 패션인에 대해 소개한다. 연예인과 같이 일하는 패션디자이너는 어떤 일을 할까? 패션 브랜드 홍보는 더는 화려함만이 능사가 아니다. 패션인들의 하드보일드한 생활 그 자체를 보여주는 방송 프로그램도 등장하면서 패션인들의 노력과 고생하는 그 모습 자체가 패션마케팅의 소재가 되는 시대다.

패션화보를 촬영하는 스튜디오의 번쩍이는 스포트라이트. 그 앞에서 팔짱을 낀 채 포토그래퍼와 모델을 주시하는 패션디자이너가 있다. 귓가에 쩌렁쩌렁 울리는 빠른 템포의 음악에 맞춰 멋지게 단장된 캣워크를 걸어 나오는 늘씬한 패션모델들이 있다.

패션잡지에 인터뷰가 실리고, 방송에 출연하며 연예인들과 같이 어울리고 항상 예쁜 옷 주위에서 살아가는 패션디자이너가 있다. 이런 패션디자이너의 모습을 부러워하거나 그 모습을 따라 하고 싶어서 패션디자이너가 되고 싶다면 당신은 이미 실패했다. 패션디자이너의 가짜 모습만 보고 속았기 때문이다.

먼저 패션디자이너가 되고자 브랜드 본사의 디자인팀에 입사하려면 여성은 피팅에도 신경 써야 한다. 이에 반발하는 입사지원자들이 존재하는 것도 사실이지만 패션 브랜드 입장에서는 대리점 사장들과 회의를 하거나 백화점 입점을 위한 바이어 프리젠테이션을 할 때 어떤 디자이너가 우리 브랜드 디자인을 담당한다는 외면적 요소도 중요한 게 사실이다. 그래서 피팅이 되는 디자이너를 선호한다.

디자인 감각뿐 아니라 피팅을 해야 하는 외면적 신체 요소까지 신경 써야 하는 패션디자이너들의 세계는 치열한 경쟁 그 자체이다. 그 중에서도 패션디자이너 막내 생활은 고달프다. 청바지에 운동화가 필수 스타일이고 내셔널 브랜드 막내 디자이너로 입사하더라도 회사 제품 디자인에 참여하기란 불가능하다. 시즌 샘플이 나오면 피팅을 해야 하고, 선배들 심부름에 디자인팀 사무 비품 챙기기와 샘플공장 작업지시서 전달하기 등의 업무를 담당한다.

막내는 급여가 80만 원~120만 원선에서부터 시작하는데 대기업 디자인팀 직원이 되면 월 200만 원선에서 연봉 2,500만 원~3,000만 원부터 시작한다.

막내 디자이너가 허리를 펴고 자신의 시간을 관리하게 되는 시점은 디자인팀 책임자, 디자인팀장 정도 되었을 때 일이다. 단, 디자인팀 팀장이 되면 그렇다고 편안하게 팔짱만 끼고 있는 게 아니다. 실제 모 브랜드에서는 팀장이 교통사고를 당해서 병원에 입원, 전치 6주 이상의 진단이 나오고 다리에 깁스를 한 채 누웠으면서도 회사 막내에게 작업지시서를 가져오라고 지시해서 시즌 상품 디자인을 한다. 웬만한 디자이너 프로 근성이 없다면 불가능한 이야기이다.

패션디자이너는 막내 디자이너를 거쳐 중간급인 대리 직급의 디자이너가 되고, 이를 지나면 과장, 팀장이 되며 나중에 비로소 기획이사 등급에 오른다. 기획이사를 넘어 오른다면 임원급이 되면서 법인카드를 넣고 다니는 브랜드의 얼굴이 된다.

기획이사에서 더 높은 직급이라면 최근에 영어 명칭 직급을 사용하는 브랜드사에서는 BM(Brand Manager)까지 오르는데, 하는 일은 크게 다르지 않다. 굳이 구분하기 위한 직급이다.

물론, 육체적으로는 편해졌을지 몰라도 정신적으로 스트레스를 받는 게 바로 이 단계이다. 시즌 품평회에 앞서서 디자인과 샘플을 챙겨야 하고, 백화점 입점 상담 시에는 바이어들과 의사소통이 원활해야 한다. 한 해에 우리나라에 배출되는 패션디자이너는 대략 15,000명. 그들이 브랜드 디자이너가 되려면 그 위치까지 통과해야 하는 직급 이외에도 주위 또 다른 경쟁의 문턱이 매우 많다.

디자이너는 일할 때 포토그래퍼하고도 친해야 한다. 패션디자이너가 사진을 직접 촬영한다면 좋지만, 사정상 그렇지 않을 때는 패션디자이너가 원하는 콘셉트를 제대로 잡아서 촬영하는 게 포토그래퍼이기 때문이다.

포토그래퍼들은 우스개로 '집게손가락 끝 마디로 먹고 산다'는 이야기를 한다. 하는 일이라고는 카메라 셔터 눌러대는 일이라는 뜻이다. 이에 비교해서 필자는 패션디자이너들에게 말하길 '패션디자이너가 먹는 밥은 실밥'이란 말을 쓴다. 포토그래퍼는 손가락 끝으로 먹고살고, 패션디자이너는 실밥 먹고 산다는 이야기이다.

디자이너는 패션잡지 기자들, 즉 패션에디터들과 친목 교류가 있어야 한다. 보통 패션마케팅 대행사에서 담당하기도 하지만 브랜드 본사 디자이너들은 패션에디터들과 일을 같이해야 하는 경우가 생기는데 패션에디터는 패션디자인 전공으로 글 재주가 있어서 잡지사에서 활약하는 경우가 대부분이라 브랜드 디자이너들과 이들의 대화는 누가 높고 낮음이 판가름하기 어렵다.

그렇다고 패션에디터가 편안한 것도 아니다.

패션에디터는 시즌 트렌드를 제시하고 사진 화보 촬영에서도 명확한 콘셉트를 선보여야 한다. 패션에디터 역시 어시스트 단계를 거치면서 연예인 섭외 및 의상 스타일 준비 등으로 바쁘다. CHIEF 에디터가 지시하는 스타일과 연예인 섭외가 맞춰지면 스튜디오를 정하고 촬영일을 정한다.

한때 우리나라에 개봉한 영화 [악마는 프라다를 입는다]를 보면 런웨이(RUNWAY)라는 패션잡지의 편집장을 묘사하는 영화 내용이 돋보인다. 실존하는 사람 이야기인 동

■ 악마는 프라다를 입는다
　출처 : The Devil Wears Prada, 2006 악마는 프라다를 입는다(20세기폭스코리아).
　감독 : 데이빗 프랭클/주연: 메릴 스트립(미란다), 앤 해서웨이(앤디 삭스)

시에 글로벌 패션잡지의 현실을 가능한 현실적으로 묘사했던 영화이기도 한다. 우리나라에서도 인기를 끈 영화에 속하는데 내 주위에 여성 관객들은 패션계에 대한 동경과 여주인공의 성공과 사랑에 대해 크게 공감한 듯하다.

패션인들의 고충을 이야기하면서 영화 [악마는 프라다를 입는다]를 인용한 것은 '미란다 프리슬리' 편집장 역을 맡은 메릴 스트립(Meryl Streep)이 비서로 채용된 '앤드리아 삭스' 역할을 맡은 앤 헤더웨이(Anne Hathaway)에게 패션에 관해 이야기하는 장면을 말하기 위해서이다.

미란다 편집장은 편집회의를 하면서 화보에 쓸 의상을 고르는데 원피스에 걸칠 액세서리로 벨트를 고른다. 미란다 편집장의 지시에 패션에디터가 두 가지 벨트를 가져오면서 말하길 두 디자인이 너무 달라서 어느 벨트를 써야 할지 모르겠다고 하자 옆에서 듣고 있던 앤드리아가 웃는 장면이다.

이때 미란다 편집장은 앤드리아(계속 이름을 못 외우고 '에밀리'라고 부르지만)에게 알려준다. 앤드리아가 입고 있는 블루컬러는 단순한 블루가 아니고, 어느 디자이너가 처음 시작했고, 그 이후 8명의 디자이너가 다시 쇼에 선보였으며, 백화점에서 밀려 할인점을 돌고 도는 중에 앤드리아 네가 발견하고 쇼핑한 블루컬러 스웨터라고 알려준다. 그 옷에 얼마나 많은 사람의 정성이 들어갔으며 그 옷을 만들기까지 많은 사람의 시간과 서비스가 들어갔는지 알고 웃는 것이냐고 묻는 장면이다.

이처럼 패션에디터는 자신의 패션감각뿐 아니라 패션스타일링에 대한 전체적인 흐름의 역사를 꿰고 있어야 한다. 각 디자인 별로 특징과 디자이너에 대해 알아야 하고, 당시 시대 풍조와 흐름에 대해 디자인과의 연계 고리를 설명할 줄 알아야 한다. 그래서 패션에디터라는 직업이 쉽지 않다.

특히, 패션에디터가 만든 잡지를 보고 평소에 패션과 전혀 상관없을 것 같은 운동부 소년이 패션디자이너가 될 수도 있듯이 패션이란 사람들의 마음에 감동과 흥분을 주는 분야이기 때문이다.

패션잡지를 포함한 일반적인 잡지의 출간 시기는 매월 15일 1차 마감, 20일 2차 마감 및 22~3일경엔 익월호 출간이 이뤄져야 하는 특성에 매월 초 1일부터 5일까지가 그나마 여유롭고, 다른 날들은 밤샘 기사 쓰기에 섭외 전화, 스타일 콘셉트 기획에 피가 마른다.

패션디자이너들은 패션에디터가 매월 잡지에 브랜드 아이템을 넣을 수 있도록 서로 협력해야 한다. 신상품 디자인 자료를 홍보하고, 콘셉트와 기타 세미나 등지에서 교류를 꾸준히 이어가야 한다.

연예인과 일하고 패션쇼 무대에 멋있게 서고, 자기가 좋아하는 옷만 만드는 패션디자이너를 꿈꾸는가? 당신은 틀렸다. 꿈은 현실이 아니다. 그래도, 패션디자이너가 되고 싶다면 딱 한 가지만 다시 생각해보라.

"나는 패션에 미쳤는가?"

이 질문에 대답이 YES이면 당신은 해도 된다.

말하기 좋아하는 사람들은 일을 좋아하는 사람은 그 일에 미친 사람에게 못 당하고, 미친 사람은 그 일을 즐기는 사람에게 못 당한다는 말도 있다. 하지만 패션은 아니다. 어떤 일을 즐긴다는 건 혼자 할 때만 가능하다. 패션디자이너는 혼자 하는 작업이 아니라 여러 사람이 다 같이 즐겨야 하는데 그게 가능한가? 패션디자이너는 일에 미쳐야 한다.

20 청담동이 고급 디자이너 브랜드의 상징이 된 이유

우리나라 패션계를 대표한다는 청담동은 어떻게 만들어졌을까? 청담동의 성장 과정을 살펴보자. 고급 디자이너 브랜드가 밀집한 지역이란 상징이 된 청담동은 이제 지역명이 하나의 브랜드가 된 사례에 속한다.

본격적인 강남 개발 붐이 일기 전에 강남땅은 논과 밭이었는데 이곳이 개발되면서 청담동에도 디자이너 1세대가 자리 잡게 되었다. 바야흐로, 청담동에 자리를 잡은 1세대 디자이너들의 주도로 서서히 디자이너 건물이 들어섰지만, 디자이너 사정이란 게 여유로운 사람들이 극히 드문 탓에 청담동 디자이너 거리를 빠른 속도로 증가할 수 있진 않았다.

결국, 먼저 자리 잡은 1세대들이 후배들을 모으면서 도로 옆으로 디자이너 부티끄를 세우게 되었는데, 선배가 후배에게 돈을 불려주듯 디자이너 부티끄를 세워주고 그 돈은 후배가 벌어서 갚는 구조였다.

하나둘 들어서기 시작한 청담동 디자이너 거리에 건물들이 늘어나면서 주위에 패션잡지 본사도 자리 잡게 되었고, 최근엔 명품 브랜드 상점들이 가세하면서 바야흐로 청담동 프리미엄 시대가 열리게 되었다.

정리하자면, 청담동은 디자이너들이 의기 단결하여 일순간에 세워진 디자이너 거리가 아니라 먼저 자리를 잡은 디자이너들의 노력으로 앞집 뒷집에 하나둘 만들어지기 시작한 거리라는 뜻이다.

그래서 청담동 디자이너들만의 세계엔 남이란 없다.

■ 옛 청담동 거리

'남'이 아니란 것은 일을 잘한다 못 한다를 떠나서, 일할 때 장점도 있지만, 단점도 있다. 장점은 시간에 구애받지 않고 너나 할 것 없이 한 가지 목표에 도전할 수 있다는 것이지만 단점은 비용적인 지급이 잘 이뤄지지 않는다는 점이다.

특히, 패션디자이너 선생님과 '남'이 아닌 문하생들에게 청담동이 멋진 곳만은 아니다. 겉으로 화려한 디자인에 지나가는 사람들은 저기서 일하는 모든 이들이 행복할 것이다, 돈을 잘 벌 것이라고 착각하게 되지만 그 안에서 일하는 사람들, 청담동 디자이너뿐 아니라 청담동 디자이너 문하생들도 돈을 잘 버는 사람은 아니다.

청담동 디자이너 문하생들의 월급은 얼마일까? 놀라지 말자. 최저 20만 원 월급 생활부터 시작하는 이들도 많다. 대학 4년, 유학생활을 해도 청담동에 오면 디자이너 선생님 밑에서 새로 배워야 하며,

지난 시간 배운 것은 아무 소용이 없다.

"넌 내가 특별히 신경 써주는 줄 알아, 그래서 넌 모델리스트인 주제에 120만 원 준다."

실제 청담동에서 꽤 유명한 원로급 디자이너 부티끄에 근무하는 문하생이 자신에게 급여를 지급하는 선생님에게 들은 말이다. 다른 문하생들은 50, 80만 원도 있지만, 너만큼은 내가 예쁘게 봐줘서 120만 원을 준다고 말한다.

이게 무슨 뜻일까? 청담동 디자이너 선생님들만의 프라이드가 있어서 그런가? 아니다. 네가 나 아니면 어떻게 청담동 와서 일하겠는가? 되물으며 나는 너한테서 배울 게 없고, 너를 통해 돈을 벌 게 없으니 너는 내 일을 도와주면서 일을 배우라는 뜻이다.

내가 너한테 받는 게 없는데 돈은 왜 주니?
네가 나한테 일을 배우는데 네가 돈을 내야지?

일부 청담동 디자이너 선생님들은 문하생들에게 이런 말을 하면서 일을 시작하게 한다. 여기서 '일부'라고 굳이 쓴 이유는 청담동 디자이너들이 전부 다 그렇다고 오해할까 염려돼서 그렇다. 빅터 리가 여기서 지적하는 부분은 일부 디자이너 선생님들에게 한정된 내용이다. 그렇게 알고 있다.

한번은 청담동에 들러 아는 디자이너 선생님을 만났는데, 부티끄를 운영하는 A 선생님. 빅터 리를 보자마자 한숨부터 내쉰다.

"백화점 매장 유지하는 것도 다시 생각해봐야겠어. 원단값 오르고, 장사는 안되고, 직원들 급여는 나가야 하고. 미치겠어."

언론에 비치거나 방송에서 뵙는 디자이너 A 선생님은 국내에서도 꽤 유명하신 분인데, 이런 이야기를 할 정도이니 다른 곳은 어떻겠는가? 생각해보면 청담동 디자이너 선생님들 벌이가 신통찮으니까 문하생들 급여도 제대로 많이 못 주는가 생각하게 된다.

그러나 한편으론 돈을 벌지 못한다는 분들이 어떻게 해마다 프랑스, 이탈리아, 유럽으로 다니며 비싼 항공료에 패션쇼 참가비까지 지급할 수 있을까 반문하게 된다. 얼마 안 되는 수익을 모두 자신의 패션쇼 비용으로 써버리는 걸까?

그렇다면, 비싼 돈 들어가며 힘든데, 반드시 자기가 프랑스, 이탈리아 등으로 가서 참가해야 할까? 왜 초대받지 못하고, 직접 돈을 내고 가야 할까?

청담동에 소재한 국내에 내로라하는 디자이너 선생님(?)들, 사람들은 그들의 수입에 대해 막연히 돈을 잘 벌겠거니 추측하고 있다. 하지만 현실은 다르다.

내가 아는 남성 의류 디자이너 A씨, 유럽으로 패션디자이너 유학을 다녀온 후, 어느덧 나이 40세가 넘었다. 결혼은 고사하고 그는 아직도 무명의 디자이너이다. 언젠가 한번 만났는데, 불쑥 그런다.

'내가 좀 떠야겠다.'

이 말이 무슨 뜻인가? 외국이나 우리나라에서나 디자이너가 떠야 돈을 벌 수 있겠다는 생각을 했던 모양이다. 그러려면 차라리 연예인이나 하지 왜 디자이너를 했을까 생각을 하게 되었지만, 겉으로 드러내고 A에게 말해주진 않았다.

디자이너들이 가난하다는 사실은 우리가 잘 아는 디자이너 앙드레김선생님도 미디어 언론에 공개하신 적이 있다.

옷 로비로 유명해진 그 청문회 후에 경제 사정이 나아졌다고 고백했던 경우이다. 그전까진 신사동에 앙드레 김 건물이 전세였다고 하는데, 청문회 옷 로비 사건의 증인으로 출석한 이후에 오히려 유명해졌고 경제 상황이 나아져서 건물도 매입하게 되었다는 것이다.

그럼, 패션디자이너는 떠야만 인지도가 생기고 그가 디자인한 옷이 잘 팔려서 돈도 벌게 되는 것일까? 반드시 그래야만 할까? 그래서 이름 뜨려는 패션디자이너들이 자기 돈 내고 외국 쇼에 악착같이 참가하려고 하는 것일까?

우리나라 패션디자이너들은 자비 들여서 외국 유명 패션쇼장에 PR하는 게 유행이었다. 지금은 아니길 제발 바라지만, 예전부터 이탈리아의 밀라노콜렉션, 프랑스 파리의 프레타포르테, 오띠꾸띠르 등등. 패션쇼장에 다니는 패션 포토그래퍼들조차 이미 다 알면서도 쉬쉬하는 사실이었다.

패션쇼 하려는 디자이너들은 프랑스 파리에서, 미국 뉴욕에서, 이탈리아 밀라노에서 쇼를 해야만 디자이너일까? 선배들이 그러니까 자기들도 따라 한다고 비행기 타고 열 몇 시간 날아가야 도착하는 땅에서 패션쇼를 하려고 꿈꾸는 디자이너들이 있다. 결국, 우리나라에서 돈 벌어서 애꿎은 남의 나라에 갖다 바치는 분들이 생긴다. 그래야 패션디자이너라고 인정받는다고 생각하기 때문인가 보다.

하지만 생각해보자. 낯간지러운 영어단어 섞어가며 패션 이야기는 하는 통에, 훈민정음 만드신 세종대왕 할아버지가 '고얀 놈들' 소리 수백 번 하실 지경에 이를지 모르지만, 패션의 고향이 그 땅이라서 가야 한다고 생각하는가? 그럼, 우리나라는 예전부터 벌거벗고 살았던 건가?

프랑스 누드 비치는 자유로운 서구의 개방주의 문화이고, 우리나라 누드비치는 퇴폐 외설 문화인가? 아니다.

우리나라도 고유의 패션이 예로부터 지금까지 내려온다. 문화란 서로 간섭하고, 만나고, 조화되면서 성장한다. 유럽 패션스타일도 결국엔 우리나라 유행과 문화를 받아들여서 변모해오는 것이란 뜻이다.

그래서 필자는 예전부터 앙드레 김 선생님을 존경하는 이유가 있다. 1960년대에 프랑스와 미국에서 패션쇼를 열어 그곳 사람들에게 한국 디자이너의 디자인을 선보이고, 그 이후 한국을 본점으로 세계 무대에서 활동하셨다는 부분이다. 이 부분은 다른 디자이너들이 쉽게 따라 할 수 없는 업적이라고 여긴다.

필자의 생각에도 왜 후배들은 지금도 외국 패션 무대에서 쇼를 하려고만 드는지 이해하기 어렵다. 그것도 자기 돈 내가면서 말이다. 진짜 하려면 초대받아 가서 돈 벌면서 하면 좋겠으니 말이다.

정리해보면, 겉으론 화려한 디자이너 부티끄. 디자이너 선생님도 사실 수입이 많진 않다는 사실이다.

위에서 말한 어느 분은 필자에게 말하길 자기는 프레타포르테 가도 10만 달러 오더받기도 어려운데, 샘플 오더만 10만 달러를 받는 빅터리가 대단하다는 말씀이었다. 알고 보면, 청담동 디자이너 선생님들의 1년 연봉이 1억 원도 채 안 되는 걸까? 꼭 그렇지마는 아닐 것이다. 백화점에 SHOP 내고 시즌마다 유통하고 버는 수익에 정기적인 외국 패션쇼를 통한 오더 수주가 더해지면 기본 수입은 될 것이다.

그런데 청담동을 담당하던 어느 원단업체 직원은 필자에게 이런 말을 한다.

"원단 대준 청담동 디자이너 선생님(?)들에게 돈 떼이고 못 받은 것도 많아요."

맞다. 청담동 거리에 즐비하게 늘어선 디자이너 부티끄를 모두 돈 잘 버는 능력자로 생각하진 말자. 하지만 청담동은 청담동이다. 단순히 동네 이름에서 벗어나 이제 고급 패션거리 프리미엄까지 얻은 곳이다.

그 동네에서 일하는 디자이너 후배가 필자에게 그런 말을 한다. 자기 앞 건물에 임대가 나왔는데, 70평(210제곱미터) 정도 되는 2층 규모 공간이 15억 원 보증금에 월세 1,500만 원이라고 말이다. 이른바, 청담동 프리미엄인 셈이다. 청담동은 청담동인데 배부른 쪽은 디자이너가 아니라 부동산 업자들인 것 같아서 씁쓸하기만 하다.

그래서 청담동엔 부동산만 있고 디자이너는 없다. 그들은 왜곡되었고 지나친 자기 허세에 빠졌다. TV에 출연하려 하고 매스컴에 얼굴을 내비치려 한다. 유명인이 되어야만 먹고 사는 청담동 디자이너들, 이제 그들의 겉모습에 속지 마라. 겉은 번지르르하지만 속은 검다. 그들의 웃음 속에 상처 입고 떠나간 미래의 패션디자이너들도 많다.

생각해보라.

청담동 패션디자이너들은 왜 항상 수년째 그들만의 독식 무대를 유지하는가? 왜 신진 패션디자이너들이 청담동에 발을 넣지 못하는가? 청담동을 이야기한 지 10년도 지났다. 그러나 아직도 청담동 디자이너들을 말할 때 그들 그 사람들 그대로이다. 그들이 발전이 없었던가, 대답은 이미 안다. 아니면, 그들이 그들만의 리그를 즐긴 까닭이다.

패션디자이너가 탄생하는 건 100명 가운데 1명이 될까 말까 하다는 이야기가 있다. 그렇다면 우리나라에서도 글로벌 패션디자이너가 나오려면 그만큼 수가 많아야 한다. 패션디자이너 수가 100명은 되어서 그 가운데 튀는 사람을 밀어줘야 한다는 뜻이다.

그런데 우리나라 패션디자이너의 수는 10년 전이나 지금이나 비슷하다. 매년 그 사람이 패션쇼를 하고, 내년에도 그 사람이 쇼를 할 예정이다. 인재가 없고 자원이 없다는 것은 핑계이다. 끼리끼리 친하고 끼리끼리 어울리다 보니 새 무대를 혼자 먹기 바쁜 것이다. 후배들에게 길을 열어줄 생각도 없고, 다른 패션디자이너들에게 기회를 주고

자 하는 공무원들도 없다는 뜻이다.

공무원들은 허튼 곳에 돈 쓸까 봐 걱정하고, 패션디자이너 선배들은 자기 밥그릇 빼앗길까 봐 걱정하며, 자기 이름 유명세나마 유지하고 가려고 안달복달할 뿐이다.

화가가 그린 그림은 화가가 죽고 나서야 값어치가 오른다고 하는데, 그 이유는 추가 생산이 어렵기 때문이란다.

그럼, 패션 브랜드는 어떨까? 패션 브랜드는 추가 생산이 언제나 가능하다. 브랜드 본사 외에도 여러 가짜 공장에서 만들 수도 있으니 말이다. 손쉬운 상표 훔치기를 하며 남의 물건 디자인 베껴서 '내 것이네' 하고 팔아대는 장사치들도 있다만, 일단, 가짜 상품이 돈다는 그 자체만으로도 자리 잡은 브랜드라는, 인기 있는 브랜드라는 점은 증명되니 참 세상이 이해할 수 없다.

브랜드 만들기는 진짜 어렵다. 수년간, 수십 년간 사람들과 가치를 공유하며 공감을 이끌어내야 하니 말이다.

필자가 패션디자이너 빅터 리로 활동하면서 STYLE with STORY(이야기가 담긴 디자인)을 콘셉트로 많은 사람과 교류하며 세상의 지식을 배우고 책으로 쓰고 있는 목표도 다른 사람들과 소통하려는 노력의 일환이다. 각 연령층의 사람들과 공감하며 디자이너의 가치를 담아내기란 정말 어려운 일이기 때문이다. 그 방법이 책밖에 없으니 그렇다는 뜻이다.

명품 브랜드 가짜 상품 단속반이 말하듯 "이 정도 실력이면 자기 물건 만들지."라는 말대로 생산자들이 하고 싶어도 현실적으로 영세한 공장, 영세한 기술자들은 당장 입에 풀칠하기도 어려운 시장 구조가 문제이다. 내 물건 만들려고 하다가 식구 굶겨 죽이게 생긴다는 분들이 참 많다는 것이다.

어디서부터 풀어야 하는 엉킨 실타래일까? 오늘도 비싼 항공료를 지급하며 유럽행 비행기에 몸을 싣는 청담동 디자이너의 수입은 사실 알고 보면 부러워할 수준도 아니다. 형편없다.

21 100만 원짜리 청바지와 1만 원짜리의 차이?

저가청바지에 대해 알아보자. 무조건 싼 청바지 원가계산 해보면 1만 원도 채 안 되는 청바지는 있다. 그런데 판매 가격이 1만 원도 안 되는 청바지가 사람 사이에서 화제가 된 적도 있다.

패션디자이너로서 활동 중인 나도 놀랐다.

내가 놀란 이유?

나는 그냥 피식하고 지나칠 일이었다. 저가청바지의 이면엔 또 다른 불편한 진실이 있기 때문이었다. 그런데 소비자들은 그게 아니었나 보다. 1만 원도 채 안 되는 청바지가 반가웠는지, 아니면 품질 좋고 가격도 싼 게 증명된(?) 청바지가 나타났으니 이제 다른 청바지의 높디높은 가격이 의심스럽다는 생각을 하게 된 것은 아닌지 말이다.

그래서 따져보려고 한다. 저가청바지 가격의 진실, 알고 보면 어떨까? 청바지의 가격을 알아보려면 청바지를 만드는 원단, 부자재, 실 등의 원부자재가 필요하고 이걸 연결해주는, 즉 꿰매는 봉제 과정이 필요하며, 그 뒤에 원단을 세탁해서 청바지 원단에 다양한 효과를 내주는 워싱 공정이 필요하다.

여기서 끝이 아니다. 워싱 된 청바지를 다시 완성 작업으로 옮겨서 실밥을 떼거나 옷을 새 제품으로 보이게 펴주는 다림질을 해야 하고, 또 수출하기 위해선 포장박스에 담아야 한다. 다음 단계엔 바이어 창고로 옮겨져서 소비자에게 선보이는 각 SHOP으로 이동된다.

여기서 생각해보자. 소비자가 청바지를 구매하는데, 그 가격이 1만 원이라고 생각해볼까? 과연 유통업체의 이익은 얼마이며, 생산공장의 이윤은 얼마일까? 원부자재 구매가격은 얼마일까? 따져보자.

예로 들어, 청바지 하나에 대략 52인치 원단, 1.8야드가 필요하다. 남자 여자로 구분하지 않고 어림수치로 산정하는 방식이다.

단가를 내기 위해 1야드에 대략 2천 원으로 가정하자. 물론, 말도 안 되는 가격이다. 해마다 면화 가격이 상승해서 이젠 1야드에 6천 원은 줘야 하는 경우가 많다.(실제, 2012년 동대문종합시장에서 판매하는 면 원단 가격은 1야드에 6천 원이 넘는다.)

1야드에 2천 원, 1.8야드엔 3천5백 원 정도가 되겠다. 여기에 실이나 지퍼 같은 부자재 가격을 넣어야 하므로 적게 1천 원 더해서 4천5백 원이라고 하자. 이게 끝인가? 아니다. 인건비가 필요하다. 공임으로 봉제비용을 넣어야 한다.

아주 오래전 한국에서도 청바지 한 장 봉제하는데 3천 원 정도 하던 시절이 있다. 이 당시엔 청바지 하는 공장도 많았고 물량도 많아서 수출이나 내수 유통만으로도 경영이 되던 시기다. 물론, 이 시기에도 브랜드급 품질을 요구하는 업체에는 장당 6천 원 정도의 공임을 받던 일도 있다.

자, 그럼 가격이 얼마가 될까? 외국에서 생산할 경우로 장당 2천 원으로 산정하자. 물론, 요즘 이 가격은 말도 안 된다. 일단, 6천5백 원이다. 나중에 말하겠지만, 필자가 요즘 생산가격으로 말도 안 되는 원가를 계산해보는 이유는 1만 원 미만 청바지 가격이 얼마나 비현

실적인 유통가격을 말하는지 밝히기 위해서다.

가격을 계속 알아보자. 워싱 비용이 필요하다. 청바지를 세탁해주는 과정이며 다양한 효과를 만드는 공정인데 한국에선 장당 5천 원이 넘은 지 오래다. 한국의 경기도 인근 동두천이나 포천에서 워싱 공장을 하던 사람들이 베트남 등지로 이전한 지 오래라는 소리다.

효과 없이 단지 물빨래 한 번을 말하는 노멀워싱을 해보자. 장당 500원이나 1천 원 정도 추가된다. 외국이라고 하니 여기서 다시 500원으로 산정하자. 이제까지 나온 가격이 7천 원이다. 이게 다는 아니다. 포장박스도 써야 하고 완성공정을 거쳐야 한다. 대략 1천 원으로만 계산하자. 가격은 다시 8천 원이 되었다.

끝인가? 아니다. 관세 물어야 하고 국내에 들여와서 물류비 들어간다. 이쯤에서 생각해보자. 청바지 한 장에 1만 원도 안 되는 가격에 고객에게 판다고 좋아할 일인가? 정상적이지 않은 가격이란 누군가에게 손해를 끼친다는 말과 같다. 내가 좋자고 다른 사람은 눈물 흘려도 된다는 건 아니다.

표로 정리해보자.

원단	3,500
부자재	1,000
베트남봉제	2,000
워싱	500
완성	1,000
포장재	?
관세	?
물류비	?
마진	?
판매원가	**최소 8천 원 이상**

그렇다면, 정답은 뭘까?

1만 원도 안 되는 청바지 가격의 비밀은 무엇일까?

당신도 이젠 눈치를 챘을 거다. 정상적인 마진을 보거나 생산 공정을 합리적으로 다룬다면 불가능한 가격이다. 그럼, 1만 원도 안 되는 싼 청바지는 도대체 어떤 이유로 나올까?

첫째, 저렴한 가격에 가려진 출혈경쟁

가격이 정상적인 게 아니라면 어디선가 출혈이 생긴다. 누군가 손해를 봐야 한다는 뜻이다. 시장 주도권을 가지기 위해 손해를 보면서도 파는 방법이다. 일례로, 모 의류업체는 시장 선점을 위해 백만 장에 가까운 티셔츠를 원가 이하로 공급하면서 유통망 거래처를 확보한 일도 있다. 디자이너의 창의적 감성이 시장을 주도하는 게 아니라 유통업체의 자금력으로 좌우되는 돈의 시장이 된 것이다.

마케팅 비용이기 때문에 회사 이익엔 관여하지 않는다. 장부상에도 매출로 잡히지 않고 마케팅 비용으로 기재된다. 홍보 효과는 톡톡히 얻는다. 신문이나 방송에서 어려운 경기 상황을 전하며 모 유통업체에서 저가 청바지를 판다고 알아서 다뤄준다. 광고비로 썼다면 더 많은 돈을 들여야 했는데 기사화되더니 돈은 적게 들고 효과를 덤으로 얻는다.

청바지 10만 장이라고 해봤자 총 가격은 10억 원이다. 대기업들의 일 년 치 광고비에도 미치지 않는 적은 돈이다. 물론, 문제는 어디서? 맞다. 인건비에서 생긴다. 가령, 대기업이 홍보비로 청바지 10만 장을 만들어 뿌린다고 할 때 최대한 적은 비용을 들이려고 한다. 한 장이라도 더 만들어야 도움되기 때문이다. 결국, 저가 제품 이면에는 생산자의 인건비 축소라는 폐해가 숨어있다.

둘째, 원간 절감해야 하니 인건비에서 빼!

마케팅 비용 쓰는 셈 치고 가격이 싼 청바지를 만들려는 기업에선 생산처를 압박하기 시작한다. 대략 오더에 금액 조건도 좋으니 같은 가격에 더 많은 물건을 달라는 식이다. 생산처에서는 기업 규모가 크고 물량도 많으니 일단 마진이 적더라도 오더를 받겠다고 하는데, 문제는 원가다.

원부자재 가격이 시간이 흐를수록 높이 뛰다 보니 원부자재 공급자들의 입김이 더 세다. 지금 팔지 않아도 나중에 돈을 더 받을 수 있는데 아무리 거래관계가 오래되고 성격이 좋다고 해도 싸게는 팔지 않는다. 그래서 결국 인건비에 손을 댄다.

1천 원 주던 장당 인건비에서 900원으로 내린다. 금액은 100원이지만 공정 원가에서 보면 10% 절감한 셈이다. 결과는 어떻게 될까? 생산작업을 맡은 사람들은 월급 대신 계약직으로 전환될 수 있는데 자신이 만든 만큼 돈을 더 가져가라는 조건이 붙는다. 생산자로선 좋은 조건으로 들린다. 일하는 만큼 더 가져갈 수 있다면 고정으로 받던 월급보다 더 많이 벌 수 있으니 말이다.

그래서 인건비를 조금 더 내리더라도 불평을 하지 않고 근로시간을 늘린다. 물론 돈은 더 가져간다. 하지만 그만큼 휴식은 없고 열악한 조건이 된다. 화장실 갈 시간도 아끼고, 휴무일도 반납한다.

나는 모른다. 나는 좋은 물건 싸게만 사면 된다고 자부하는 소비자인가? 정말 소비자는 괜찮을까? 소비자는 다른 환경에선 생산자가 된다. 내가 만든 물건이 아닐 경우 다른 물건을 만들거나 서비스를 제공하는 사람들이다. 소비자와 생산자가 다르지 않다. 청바지를 예로 들었지만 다른 제품들도 마찬가지다. 무조건 가격이 싸다고 해서 소비자에게 이로운 물건이 아니다.

22 연예인 인터넷쇼핑몰의 '잘 나가는' 홍보마케팅

연예인쇼핑몰의 진실에 대해 알아보자. 연예활동 잘되면 쇼핑몰은 필수 코스인가? 언젠가 이른 아침부터 모 연예인의 온라인쇼핑몰 시작 이야기가 인터넷을 장식해서 보니, 모 예능 프로그램과 시트콤을 통해 더욱 부각된 모 여자 연예인의 이야기였다.

평소 팬이기도 하고, 그동안 관심 가져온 터이기에 그가 시작한다는 사이트를 방문해봤다.

깔끔한 흰 바탕, 여름 시즌에 맞는 상품들, 그리고 연예인 쇼핑몰임을 알 수 있는 상품 착용사진들. 그뿐이었다.

그런데 그녀의 쇼핑몰을 보면서 한 가지 떠오르는 궁금증이 있었다. 몇 년 전부터 경쟁적으로 생기기 시작한 연예인 쇼핑몰들은 요즘 무엇을 하고 있을까? 어떤 연예인이 뉴욕에 다녀왔다고 기사화되자 뉴욕 스타일을 기치로 내건 쇼핑몰도 있었고 방송 출연하면서 인지도가 생기자 자기 이름 건 쇼핑몰을 시작한 경우도 있었는데 말이다.

그뿐만이 아니다. 당대 내로라하는 남자 스타 두 명이 모여서 남성 브랜드를 론칭한다는 이야기도 나왔었고, 깨끗한 이미지의 여성 연기자는 자기가 디자인까지 배워서 시작하는 쇼핑몰이라고 차별화를 두기도 했다.

자기 이름을 본 따 패션 브랜드랍시고 홍보하기도 하고, 의류에서 벗어나 신발 디자이너라면서 홍보하기도 했다. 잘 생기고 예쁘고, 이름 좀 알려졌고, 젊고, 활동 많이 하는 연예인들이라면 쇼핑몰 CEO 명함 하나쯤 필수로 여겨질 정도였다.

그리고 지금도 모델 출신, 배우 출신, 코미디언 출신까지 앞다퉈 쇼핑몰에 발을 내딛고 있다.

이런 추세가 나와 상관없는 다른 이들의 이야기만은 아니란 걸 알게 된 계기는 나한테도 상담을 해오는 연예인들이 있었다는 사실이다. 그래서 그들의 이야기를 직접 들을 기회도 있었는데 이야기를 듣다 보면 그들의 질문은 한 가지.

"잘 될까요?"

그들이 궁금한 건 '돈', 그뿐이란 걸 알 수 있었다. 그들의 질문에 내가 아는 범위 내에서 답변을 해주고 있는 사이, 내 속으로 씁쓸한 기분이 생겼던 이유였다. 패션사업, 패션디자이너, 인터넷쇼핑몰 사업이란 구조 자체를 모르면서 오로지 '돈'에 매달린 모습 때문이었다.

그럼, 생각해보자.

연예인들은 어떻게 인터넷쇼핑몰을 하게 될까?

연예인들이 쇼핑몰에 뛰어드는 이유는 각양각색이었다. 부정기적인 연예활동이 불안해서 안전장치로 수입원을 만들고자 하는 경우가 있고 주변 아는 사람이 쇼핑몰을 하는데 '이미지'를 빌려서 홍보 좀 하자는 경우가 대부분이었다. 인터넷쇼핑몰은 패션을 비롯한 꽃배달 등 다양한 범위로 확대되었다.

온라인쇼핑몰뿐만이 아니었다. 오프라인으로 범위를 넓혀서 동대문 매장을 차렸다는 이야기도 나왔다. 실제 몇몇 연예인들은 동대문시장에 들러 옷가게를 열고 옷장사를 하며 손님들과 상담하는 모습도 신문지상에 오르내렸다. 상황을 보면 "대한민국 인터넷쇼핑몰은 연예인이 한다"는 주장도 통할 지경이다.

하지만 과연 인터넷쇼핑몰 하는 연예인들은 돈을 잘 벌까? 성공할까? 그들의 주장대로 일 년에 몇십억 원, 몇백억 원씩 매출을 올리며

화려한 패션 숨은 마케팅

승승장구하고 있을까? 한국에서 연예인 되면 인지도 활용해서 필수 코스로 거쳐야 할 관문 역할에 지나지 않을 뿐일까?

인터넷쇼핑몰 및 패션사업 한다는 연예인들의 무분별한 홍보활동으로 말미암아 오히려, 우리나라 패션산업 자체의 이미지를 약화시켜서 경쟁력까지 깎아내리는 위험요소는 없는 걸까?

인터넷쇼핑몰을 하는, 특히 패션 쇼핑몰을 운영 중이거나 계획을 하고 있는 연예인들에게 필요한 한 가지가 있다. 패션 쇼핑몰을 너무 쉽게, 홍보만 되면 먹고 살 수 있는 돈벌이 수단으로 생각하지 말아달라는 점이다. 이따금 방송에 얼굴 비추면서 자신들의 무명시절, 힘들었던 과거를 얘기하며 눈물짓는 연예인들이 있는데, 인터넷쇼핑몰, 패션사업도 그와 같다. 쉽지 않다는 이야기다.

연예인들이 연예지망생을 거쳐, 연습생 기간을 갖고, 엑스트라 및 조연을 거쳐 각고의 노력을 해야만 톱스타에 오르듯 인터넷쇼핑몰과 패션사업도 마찬가지로, 디자인 공부와 디자인실 막내, 중간, 고참을 거쳐 실장을 달아야 한다.

그뿐 아니다. 각 소비자의 패턴에, 트렌드 컬러와 디자인 디테일에 익숙해야 하고, 봉제공장 문턱이 닳도록 드나들어야 한다. 물론, 여기서도 끝이 아니다. 인터넷 홍보에, 유통방식을 알아야 하고, 반품과 가격 책정 방식을 알아야 한다. 고객상담 노하우도 익혀야 하며, 디자인 용어나 생산용어도 알아둬야 한다. 이 과정을 거친 후 제대로 그릇 모양이 갖춰졌을 때 자신만의 스타일을 드러내며 패션 사업을 시작할 자격이 생기는 것이다.

얼굴만 갖고 하는 게 아니라는 것이다. 혹시라도, 그럴 사람은 없겠지만, 연예인들의 팬으로서 당부하고 싶은 말이 있다. 연예인하면서 패션 브랜드 모델을 해봤더니, 옷이 잘 팔리는 모습을 보고 '내

덕'으로 생각되는가? 인터넷에 쇼핑몰 하나 만들고, 대충 '내가 입어주기만 하면' 어떤 옷이든 더 잘 팔릴 것 같은가?

1년 매출을 몇백억 원씩 올린다는 연예인들은 한 달 최고 매출 수치로 일 년 추정해서 감으로 말하지 말고, 1년 매출 대차대조표, 손익계산서까지 공개해보기 바란다.

시작할 때만 요란하게 보도자료 내지 말고, 매년 정기적으로, 일정 기간 이후에 성과를 알려줬으면 한다. 지난해에는 화장품 사업한다고 해놓고, 1년도 안 되어 갑자기 패션사업 한다고 바꾸면 여러분의 팬들로서는 납득하기 어렵다. 여러분을 영화에서, 드라마에서, 그런 무대에서 오래도록 보고 싶은 팬이기에 떠올려본 이야기이다.

연예인 쇼핑몰을 하면 무조건 잘 될까? 누가 연예인 쇼핑몰을 열었다고 하면 그날 하루 인터넷은 인기 검색어가 되고 해당 쇼핑몰은 사이트가 마비될 정도로 많은 방문자를 얻는다.

그러나 그것도 잠시, 흥미를 잃은 사람들은 그 연예인의 열혈 팬만 남고 모두 빠져나간다.

이때부터 연예인 쇼핑몰의 위기가 닥친다. 쇼핑몰 운영 시작했다고 뉴스에 흘려보낸 지 만 하루 만에 생기는 현상이다.

연예인들이 인터넷쇼핑몰을 할 때의 장점은 딱 한 가지, 홍보력뿐이다. 연예인들 이름 석 자는 상표권에 해당하고, 얼굴은 초상권에 해당한다. 그래서 인터넷 매체와 각 블로그 운영자 등은 연예인 기사가 나왔다고 하면 옮겨 적기에 바쁘다.

홍보력 최대치에 오르는 순간이다. 심지어 일부 연예인들은 평소 관리(?)하는 기자들을 두고 있어서 자기가 필요할 때 그 기자들에게 먼저 뉴스를 전해준다. 자기가 원하는 방향대로 글을 써주기 때문에 자기 홍보에 제격이다.

기자들 사이에서는 이를 가리켜 '빨아준다'는 표현을 사용한다. 어느 기업에 관한 칭찬 기사를 내보내면서 "내가 그 회사 빨아줬거든"이라고 얘기한다. 물론, 기자들 사이에서 오가는 은어일 뿐이지만, 애드버토리얼(Ad-Torial)이라는 기사화 광고 마케팅 용어도 있는 것처럼 분명 존재하는 부분이다.

연예인은 스타일리스트가 따로 있다. 방송 활동에 치중하고 각 행사에서 활동하느라 바쁜 연예인이기 때문에 옷에 신경 쓸 틈이 없고 유행하는 트렌드도 잘 모른다. 그래서 대부분 남이 입혀주는 옷을 입는데, 이들이 '디자인에 참여한다!'는 얘기가 들리는 쇼핑몰이 있다면 그건 십중팔구 망하는 쇼핑몰이란 소리이다. 아니면, 그 기사 자체가 거짓말일 가능성이 농후하다.

디자인이란 하루아침에 내가 원하는 대로 해서 되는 분야가 아니다. 그래서 그렇다. 연예인이 아니더라도 있는 집 자손이 장사 시작하면서 아는 기자를 통해 홍보하는 예는 정말 많다.

5억 소녀는 정말 5억을 벌었을까?

다시 생각해보자.

월 매출 규모가 약 5천만 원이라고 1년에 5억 매출이란다. 그래서 5억 소녀란다. 웃기고 환장할 노릇이다. 월 매출 5천만 원이면 그게 모두 수익인가? 그렇다면, 인터넷쇼핑몰 그 운영하는 소녀는 20대 초반의 나이에 어떻게 돈을 번 것인가? 인터넷쇼핑몰 매출은 매출 그 자체가 모두 수익이 아니다. 동대문시장에서 구매해오는 제품의 구매원가에 적정 마진을 붙여 판매하는 이익 구조로 구분한다.

예를 들면, 동대문시장에서 10,000원짜리 도매가격으로 바지를 샀다면 인터넷쇼핑몰에는 부가세 10%와 마진 %를 붙여야 하는데, 결국 20% 이익을 본다고 가정하면 10,000 × 1.2(마진) × 1.1(부가세)이 된다. 쇼핑몰에서 판매하는 제품 가격은 13,200원이 된다.

역으로 계산해서 월 매출 약 4천만 원이라고 할 때, 부가세가 약 360만 원이고, 이익은 약 600만 원이 된다. 도매 제품 구매원가는 약 3,000만 원이 된다. 4천만 원 매출 올려봐야 내 수중에 들어오는 돈은 딸랑 600만 원인데, 이 돈을 모두 내가 가지면 얼마나 좋겠는가마는 이 돈으로 교통비 내고, 택배비 내고, 식사비용 등을 제하고 나서야 실질적으로 내 수중에 쥐는 돈이 된다.

표로 설명해보자.

판매 단가 분석		매출 역계산	
도매가	10,000	월 매출	40,000,000 (연간 5억 매출)
마진	2,000(20%)	부가세	3,600,000
부가세	1,200(10%)	도매가	30,000,000
판매가	13,200	마진	6,000,000

- 사무실 월 임대료
- 월급, 월 식비
- 교통비, 택배비, 유류대 (월)
- 세금(소득세 등)

월 순이익　　　???

눈치 빠른 분들은 알아차렸을 것이다.

도매제품 구매원가 3천만 원이라면 10,000원짜리 바지 3천 장이다. 한 달에 3천 장이면 하루에 100장씩 출고하는 형편이다. 하루에

100개 포장박스 만들고 상품 포장해서 넣고 우체국에 보내려면 혼자 가능하겠는가? 인터넷쇼핑몰에 상품 올리려면 모델 사진 찍고 포토샵으로 보정해서 올려야 하는데, 하루에 1~2개 정도 하면 일반적이다. 그래서 밤새우고 식사도 거르며 해야 한다는 소리가 나오는 것이다.

직원을 써야 한다. 한 사람의 직원 급여는 아무리 적게 줘도 한 달에 약 100만 원은 줘야 한다. 그렇다면, 한 달에 버는 돈 600만 원에서 경비 빼고 직원 급여 빼고 하면 내가 남는 돈은 얼마나 될까? 최소 3명에서 시작할 때 300만 원 정도 남으면 다행이다. 그러나 이 금액도 모두 내 것이 아니다.

재고는 생각하지도 않았다. 인터넷쇼핑몰에서는 손님에게 반품한 옷은 거래처로 반품이 안 된다. 자기가 떠안아야 하는 일이 비일비재하다. 그래서 매출 높다고 떠들던 쇼핑몰들 가보면 창고에 재고 상품이 수두룩하다.

돈 벌었다며? 물어봤더니 재고 가리키며 "저게 돈이지"라고 대답했다는 건 우스개가 아니다. TV에 자기 통장 보이며 '저 돈 많이 벌어요.'라고 자랑하는 건 어떤 현상이냐고 물어볼 필요도 없다. 인터넷쇼핑몰 운영자들이라면 안다. 상품 대금 입금받는 통장이 있고, 결제하는 통장이 있다. 대부분 TV에 나와서 자기 돈 이렇게 벌었어요 하는 쇼핑몰 사장들 통장을 보면 대부분 입금 통장이다.

"저 이렇게 입금 받았어요!"라고 자랑하는 것이다. 들어오자마자 빠져나갈 돈인데 왜 자랑할까? 방송에서 입금통장 자랑하는 그 순간 국세청에선 세무조사 나갈 채비를 차린다.

도매제품을 사와서 판매만 하던 쇼핑몰 운영자들은 매출이 늘면서 슬슬 고민하기 시작한다. 남의 물건 팔아줘도 이렇게 잘되는데, 남

좋은 일 시켜줄 필요가 있을까? 내 물건 내가 만들어서 팔면 더 돈을 벌겠는 데라고 착각한다.

맞는 소리긴 하다.

그러나 옷은 팔기만 하는 것과 만드는 것은 또 다른 문제이다. 팔기만 할 때는 판매처와 사업처만 잘 관리하면 되지만, 제품을 직접 만들겠다고 나서는 순간엔 관리해야 할 대상이 기하급수적으로 늘어난다.

원단업체, 부자재업체, 봉제공장, 재단처, 패턴집, 완성집, 워싱공장 등을 관리해야 하고, 디자인 품평회도 해야 하며 직원은 이미 1~2명이 더 늘어난 상태이다. 자기 제품 만들어서 팔겠다고 나서는 순간 써야 할 돈은 인건비부터 큰 폭으로 늘었으니 수익을 올려야 하는 상황이 된 것인데 내가 만드는 물건을 소비자들이 사준다는 확신이 없다.

게다가 내가 팔릴 것 같아서 디자인한 옷인데 소비자들 반응이 없을 땐 한숨만 쉬게 된다. 창고에 쌓인 의류 제품을 보며 땡처리라도 해야 할 시기를 기다리게 된다.

원가는 5천 원, 10,000원 들여서 만들었는데, 땡처리를 알아보니 장당 1천 원, 500원 내지는 기껏해야 청바지 땡 가격을 3,000원으로 해주겠다는 말을 들으면 기가 찬다.

이때 현명한 쇼핑몰 운영자라면 물건 가져가겠다고 나선 업자가 있을 때 바로 처분하고 두 번 다시 직접 제조는 쳐다보지 말아야 한다. 그러나 대부분 혈기 왕성한 젊은 사장들은 '무슨 소리야, 내가 쓴 돈이 얼만데. 진정한 장사는 자기 투자금의 손해는 없어야 해.'라며 오프라인 SHOP을 열게 된다.

또 돈이 들어간다. 매장 임대료에 인테리어 비용까지 수천만 원이

든다. 매장 관리직원을 또 채용해야 한다. 자, 이제 쇼핑몰 운영자는 안심하려고 한다. '이렇게 하지 뭐' 인터넷에서 팔고 남는 반품이나 재고는 SHOP에서 팔면 돼. 왜 이런 생각을 이제야 했을까? 잘했어. 이제 진짜 사업 좀 해보자고 스스로 착각한다.

따져보자.

SHOP을 얻을 때 권리금이 있었는지, 없었는지. 장사가 잘되는 SHOP인데 권리금이 없다는 건 말이 안 된다. 권리금이 없는 경우라면 업종이 다를 경우이다. 식당인데 옷가게를 한다든가 학원인데 옷가게를 한다는 경우들이다.

그런데 권리금을 줄 바에야 권리금 없는 가게 얻어서 인테리어를 내가 원하는 대로 하는 게 낫다고 생각한다. 권리금 비용이나 인테리어 비용이 비슷하기 때문이다.

SHOP의 위치나 크기는 별문제가 아니고 주변 상권 형성도 문제가 아니라고 생각한다. 우리 인터넷쇼핑몰에서 쇼핑을 해주는 수많은 고객이 있는데, 오프라인 매장이 어디에 있다고만 살짝 공지만 올려도 그 고객들이 우리 가게를 찾아와서 쇼핑할 것이란 기대를 한다.

이런 식으로 장사가 잘되어 브랜드도 하고, 나중에 다른 가게 얻어서 나갈 때 권리금도 많이 받을 수 있겠다고 여긴다. 하지만 인테리어까지 다 했는데 손님이 없다는 현실을 마주치면 머릿속이 난감해진다. 왜 없을까? 인터넷쇼핑몰 우리 고객들은 왜 안 올까?

인터넷 소비자들은 오프라인 SHOP을 몰라서 안 가는 게 아니다. 차비 들고 시간이 드는데 굳이 직접 가서 살 바에야 편하게 온라인에서 쇼핑하고자 하는 사람들이다. 자기 쇼핑몰에 대한 운영자의 지나친 자만이 부른 잘못이다.

또한, 오프라인 SHOP은 철저하게 '길목' 장사이다. 장사는 목이 좋아야 한다. 그래서 장사 잘되는 곳에는 권리금이 붙는다. 임대료도 비싸다. 그만큼 장사가 잘되는 곳이기 때문이다.

이런저런 조건 이유 다 무시하고 자기 고집대로 SHOP 열고, 자기 고집대로 장사하는 사람이라면 자기 물건 만들어서 감당해야 할 비용치고는 너무 크다. 연예인들이 사업하다가 숱하게 망하는 이유가 있고, 쇼핑몰 장사로 조금 돈을 만진 젊은 운영자가 섣부르게 확대했다가 망하는 이유가 바로 여기에 있다.

아는 기자가 홍보 기사 내주고, 아는 관계자가 방송 출연시켜줬다고 해서 높아진 한순간의 화제 이슈에 내 모든 걸 성공했다고 자만하면 안 되는 부분이다.

23 연 매출 50억 원? 연 매출 홍보의 비밀

연 매출 4억, 연 매출 50억, 연 매출 100억을 홍보하며 방송이나 신문에 얼굴을 비추는 사람들이 종종 등장한다. 이들은 왜 수익이 아니라 매출을 홍보하며 얼굴을 드러낼까? 연 매출이나 월 매출에 상관없이 사람들은 어떤 뉴스를 들었을 때 먼저 내용보다는 숫자, 수치에 집착하게 된다. 연간 매출인지, 월 매출인지, 아니면 제일 매출이 많이 올랐던 달의 매출을 근거로, 1년 12달을 계산해서 추정치로 말하는 것인지는 나중 문제이다.

일단, 누가 50억 원을 벌었다고 하면 '그거 돈 좀 되는 사업이네?'

라고 생각한다.

그리고 사업에 관심 없던 사람들이 사업할 생각을 하게 되고, 방송에서 돈을 벌었다고 얘기한 주인공의 나이가 어릴수록 자기 주위 어린 사람을 비교한다. 쟤는 돈 번다는데 너는 뭐하니? 당신을 쳐다본다.

그럼, 연 매출 50억 원을 벌었다는 그 사람의 이야기에 가장 득을 보는 사람들은 누굴까? 1차적으로는 방송에 나와서 얼굴을 선보인 그 사람이 자기 쇼핑몰 홍보가 되어 방문자 수가 늘어날 것이고, 여기저기 성공강연회에 강사로 불려다닐 것이다. 주로 고등학생들이나 예비창업자들 앞에서 강의를 하며 자기 쇼핑몰 홍보에 나서게 된다.

그러나 이러한 현상은 수익이 나는 일이 아니다. 강연을 다니느라 오히려 자기 일에 매진할 시간을 놓치게 되고, 자기 장사가 어느 날 손해를 보고 망하게 되는 순간이 되면 그동안의 모든 강연회가 허사로 돌아가기 때문이다. 세상 사람들은 성공한 사람의 이야기를 듣고 싶을 뿐이지 실패한 사람의 이야기를 듣고 싶어 하지 않는다.

실패한 사람의 이야기는 사실을 얘기하더라도 변명이고, 성공한 사람의 이야기는 거짓을 얘기하더라도 용기라고 여긴다.

문제는 '성공'이란 그 단어 자체가 자기 자신만의 관점에서 볼 때 성공일 뿐이어도 마찬가지이다. 다른 사람들은 어떻게 생각할지라도 자기가 판단하기에 성공한 사람이 있다면 그 사람의 이야기만 진실로 받아들이게 되는 걸 말한다. 먼저 짚고 넘어가자면, 이런 사람들의 잘못된 습관을 이용하여 피라미드 업체들이 사람들을 모으고 상품을 파는 판매원으로 묶어두는 유혹으로 사용한다.

연 매출 50억 원을 번다는 사람의 이야기는 이렇게 나쁜 면모가 많다. 정정당당하게 어떻게 노력했는가가 중요한 게 아니라 '저 사람이 했으니 나도 해야지'라는 무모한 도전이 시작된다.

그리고 방송을 자세히 보면 새로운 방송이 생기기 전에는 항상 사회적으로 문제가 되는 일들이 벌어진다는 걸 알 수 있다.

식당 주인들이 장사가 안된다며 솥과 주방기기를 들고 거리에 나와 집회를 하는 일이 많아지자 각 방송사에서는 맛집 프로그램을 편성하기 시작했다. 마치 못 먹어서 안달 난 사람들처럼 전국 여기저기 다니며 어떤 음식이 맛있다고 표정연기까지 하며 소문을 내야 했다. 그런데 음식 맛집에 나선 리포터들에게 개인적으로 물어보라. 맛없는데 맛있다고 해야 하는 게 얼마나 힘든 일인지 말이다. 카메라 들이대고, 맛집이라고 해서 일하러 왔고, 음식점 주인이 촬영장에서 나를 계속 보고 있는데 '맛없다'는 얘기가 나오겠는가? 용기가 있어도 '배려'때문에 맛없다는 얘기는 못 한다.

정리해보자. 2007년경부터 발생한 글로벌 경기침체도 있고, 그에 앞서 1990년 후반에 IMF로 불리던 국가 경제 위기 상황에서 어떤 일이 벌어졌는가? 1990년대엔 벤처 창업 열풍이 불고 신용카드 사용자들이 늘어났다.

사람들은 벤처기업에 투자하여 몇 배 수익을 올렸다는 방송 보도와 사례들이 나온 걸 보면서 너도나도 벤처기업에 돈을 투자했다. 결과적으로는 거품이 빠지면서 큰 손실을 본 사람들이 나타났는데, 빚을 내서 투자한 사람들은 개인 경제가 오히려 더 악화되어 극빈층으로 내려앉은 사람들도 생겼다.

물론, 벤처 창업 투자 열풍이 불면서 정부에서는 법인세 등 각종 세금이 걷히게 되었고, 국가 경제가 회생할 수 있는 기반이 되었다. 또한, 내수 소비를 살리기 위해 신용카드가 남발되면서 무턱대고 돈을 쓰기 시작한 사람들이 카드빚을 내어 명품을 사거나 각종 유흥비에 흥청망청 쓰면서 사회 전반적인 소비 진작은 성공했지만, 개인의 경제는 무너졌다.

그렇다면, 50억 원 매출을 올린다는 젊은 사장이 등장하면 어떤가? 많은 사람이 창업에 나서게 된다. 정부에서는 창업자가 많아지면 세금이 늘어나므로 정부 재정이 튼튼해지지만, 창업자들은 성공하지 못하면 가진 돈마저 사라지게 된다.

창업자들이 창업하는 순간 정부 세금은 늘어난다. 창업자들이 성공해서 돈을 많이 벌면 또 정부 세금이 늘어난다. 그러나 창업자들이 실패하면 정부가 책임져줘야 할 부분은 많지 않게 된다. 실업자 지원 대책과 고용보험 등 사회 자본으로 해결해야 할 곳에 세금이 쓰이게 된다.

그렇다. TV와 인터넷, 신문 지상에 오르내리는 50억 매출 신화, 100억대 매출을 버는 사람에 관한 이야기는 다른 이들에게 성공 사례를 보임으로써 창업으로 유도하려는 계산이 많다.

농촌에 사람이 줄어들고 수도권 과잉 밀집 지역이 늘어나자 지방 노동 인구가 줄어드는 상황에서 세금이 걷히질 않는 현상도 생기자 어느 순간 방송 프로그램에는 귀농 프로그램들이 늘어났다. 귀농해서 자기 일을 편안하게 하며 건강도 챙기고 가족생활도 더 화목해졌다는 이야기가 나온다. 수도권에서 앞다투며 경쟁하지 말고, 스트레스받지 말고 귀농해서 자연과 벗 삼아 편안하게 살라는 이야기이다.

그러나 귀농 프로그램을 보며 농촌으로 돌아간 사람들은 예상처럼 손쉽고 편안한 생활을 할 수는 없다는 걸 깨닫는다. 새벽에 일어나야만 논에 물을 대고, 가축에게 사료를 줄 수 있고, TV 화면에 낭만적으로 드넓은 초원에서 젖소 목장을 하더라도 새벽 3시와 오후 시간

등 하루에 두 번은 반드시 젖을 짜줘야 하는 걸 모르는 이가 많다. 외국 영화에서나 봤던 소 치는 개들이 초원에서 목장주들과 같이 뛰어노는 모습은 현실과 다르다는 걸 깨닫는 순간이 온다는 뜻이다.

귀농 프로그램이 나오고 사람들이 농촌으로 와서 행복하다는 이야기를 방송에서 본다면 한 가지만 생각하자. 그 프로그램을 만든 프로듀서는 현재 어디에 살고 있으며, 정부종합청사 등의 공공기관을 충청도와 지방으로 옮긴다고 했을 때 왜 많은 사람이 반대하며 항의하는지 생각해봐야 한다. 방송 프로그램은 항상 옳은 이야기만 하는 건 아니라는 점을 알아야 한다.

본론으로 돌아와서, 연 매출 50억 원을 올렸다는 젊은 인터넷쇼핑몰 사업가의 방송을 보고 혹하게 되었는가? 가진 돈 몇백만 원으로 사업자등록증부터 만들기 전에 쇼핑몰 창업 교육을 받고, 현재 쇼핑몰 운영하는 사람들을 찾아가서 어려운 점은 무엇인지, 어떤 점을 배워야 하는지 진지하게 듣고 결정하자.

인터넷쇼핑몰이 돈 번다는 이야기를 듣고 뛰어든 젊은 사업가들이 세금 관계를 잘 몰라서 저지른 일에 대해 지금도 힘들어하며 일하는 사람들이 많다. 무조건 싸게만 팔면 되는지 알고 동대문에서 10,000원에 사온 바지를 쇼핑몰에서 10,000원을 받고 판 사람도 있고, 세일행사라고 판단해서 9,000원을 받고 파는 사람도 있었다.

이들은 얼마 지나지 않아서 온라인쇼핑몰의 특성상 모든 매출 기록이 전산으로 남는다는 점에 의해, 국세청으로부터 부가세, 소득세를 내도록 청구서를 받았는데, 10,000원에 사온 물건에 대한 세금계산서가 없으면 일정 매입 수치를 적용받아 벌었다고 추정되는 금액에 대해 소득세를 내야 했으며, 10,000원에 팔았으면 부가가치세 10%를 추가로 내야 했다.

초보 사업자는 실제로 10,000원에 상품을 사와서 본전치기로 10,000원에 팔았다고 항변했지만, 매입 자료가 없으니 얼마에 사 왔는지 증명이 되지 않았고, 판매금액을 10,000원에 팔았으니 그에 대한 10%에 1,000원을 부가세로 내야 했다.

따져보면, 10,000원에 팔아서 돈을 번 게 아니라 1,000원 세금 내고, 매입추정에 따른 소득 감안해서 소득세까지 내야 했다. 사업을 한 게 아니라 돈을 낭비한 일이 되어버렸으며, 잠도 못 자고 오랜 기간 고생고생하며 해온 일이 모두 부질없는 짓이 되어버린 것이다.

24 인터넷쇼핑몰이 소비자를 속이는 방법

인터넷쇼핑몰은 홍보가 어렵다. 인터넷 광고에 집중하다 보면 수천만 원 날리는 건 시간문제다. 인터넷쇼핑몰 성공 사례는 잊어라. 모두 가짜다.

지식검색을 통해 홍보하는 방법은 이미 오래전 구닥다리 방법이다. 아는 사람이 질문을 올리고, 다른 사람이 답변을 올리면서 질문과 답변에 자기 상품 이름을 쓰고 글자색을 하얀색으로 하는 방법은 누구나 다 안다.

검색에 내 질문과 답변이 검색되게 하는 방법인 셈인데, 처음에 쓰던 사람들은 효과를 봤다. 이젠 지식검색을 전문으로 해주는 아르바이트까지 성행할 정도이니 광고홍보에서 지식검색은 이제 한물간 이야기이다.

여러분은 인터넷쇼핑몰 마케팅에 속았다.

유명하다고 해서 찾아간 인터넷쇼핑몰, 여러분은 쇼핑하기 전에 들르는 곳이 있다. 상품 후기, 상품 Q&A 게시판 등이다. '입금자를 찾습니다.' 게시판도 살펴본다. 그리고 많은 사람이 하루에도 여러 번 글을 올리고 답변을 달아주는 걸 보고 믿을 만한 쇼핑몰이라며 안심하고 물건을 주문한다.

여기까지 여러 번 해본 사람이라면 당신은 완벽하게 속았다.

쇼핑몰을 처음 열면 운영자가 모든 걸 작성해두기도 한다. 상품 후기, 질문답변 모두가 운영자가 만들어둔 홍보 글 일 뿐이다.

여기에 속지 않으려면 쇼핑몰을 방문했을 때, 도메인 주소를 언제부터 사용했는지 확인해두자. 최소한 처음 문 연 쇼핑몰인데 도메인 사용 날짜가 며칠 되지 않았는데 상품 이용 후기가 많다면 그건 사기일 가능성이 농후하다.

또한, 상품 후기가 올라오는 시간대를 보자. 하루 24시간 골고루 글 작성 시간대가 분포되었다면 그나마 안심이지만 특정한 시간대에 글이 몰려있거나 글을 올린 시간대가 표시되지 않았다면 그 또한 주의해야 한다. 비밀글이 많고 글 게시 시간까지 비공개가 되어있다면 십중팔구는 짜고 올린 가짜 글이다. 상품을 산 소비자들이 서로 연락하고 회의해서 "우리 이 시간대에 후기를 올리자!"라고 했을 수는 없지 않은가?

가격비교 게시판에 먼저 싼 가격을 올린다?

가격비교 사이트에 들러서 해당 상품명으로 검색하는 사람들이 많다. 가격 비교를 해서 가장 싼 가격을 찾는 자기 자신이 현명한 소비를 한다고 생각할 것이다. 그러나 또 당신은 속았다. 가격비교 사이트에 가장 낮은 단가를 올리는 쇼핑몰 운영자들이 있다.

이들이 노리는 마케팅은 이렇다.

가령, 개업 집에서 주변 가게 또는 지인들에게 인사를 한다고 기념으로 떡이나 빵을 선물로 돌리면 받은 사람들은 어떻게 하는가? 물이나 음료수, 커피를 스스로 준비해서 떡이나 빵을 먹는다.

이러한 이치다. 가격 비교사이트에서 쇼핑몰 운영자들은 먼저 자신이 판매하는 상품을 검색하고 가장 낮은 가격을 찾아낸다. 그리고 그보다 낮은 가격을 써서 자신도 올린다. 그러면, 가격비교를 하던 소비자들은 가장 낮은 사이트로 표시된 사이트로 당연히 온다.

일단 트래픽이 늘어나는 것이다. 그다음 과정? 맞다. 올린 상품과 어울리는 코디상품을 진열해서 소비자가 동시에 여러 상품을 살 수 있도록 사이트를 만든다. 오프라인 SHOP이라면 진열대를 정리하는 것에 비유할 수 있다.

10원에 상품을 판매한다고 하고, 택배비는 별도로 해둔다. 소비자는 10원짜리 사면서 택배비 3,000원 물자니 아깝다는 생각을 한다. 그래서 다른 상품 몇 가지를 더 사려고 찾아본다. 다른 상품들은 물론 정상 가격 내지는 100원이라도 비싼 가격이지만 소비자는 10원에 산 물건을 자랑스러워하며 그 정도야 아무렇지도 않게 생각한다.

이는 1천 원 경매 상품을 올린다. 택배비보다도 적은 금액, 소비자는 1천 원짜리만 쇼핑하지 않는다는 심리를 이용하는 전략이다. 이런 전략은 인터넷쇼핑몰 운영자라면 누구나 알고 있다. 소비자의 심리를 활용하는 방법이다.

생각해보라. 집 주위에 할인마트가 두세 곳이 있는데, 처음에 물건을 사기 전에 세 곳 모두 둘러본다. A, B, C SHOP 마트에서 판매하는 D 상품의 가격이 모두 다르고 가장 싼 곳에서 쇼핑한다.

이때 여러분은 D 상품 하나만 사서 나오는가? 아니면, 온 김에 눈

127

에 들어오는 다른 상품도 사서 나오는가? 내가 찾는 상품이 제일 싼 이곳에서 판매하는 다른 상품도 마찬가지로 쌀 것이라고 착각한다. 인터넷쇼핑몰에서도 다르지 않다.

인터넷쇼핑몰은 상품의 품질이 좋다는 이미지 대신 가격이 싸다는 장점을 내세우며 성장했다. 소비자들도 인터넷쇼핑몰에서 산 물건은 일정한 가격 이하일 경우 품질을 기대하지 않는다. 대신 시장 가격보다 적절하게 저렴하다면 택배비와 이동 거리 시간을 절약한다는 생각에 쇼핑한다.

인터넷쇼핑몰들은 소비자에게 무조건 가격이 싸다는 이미지를 주어 장사를 한다. 마케팅이다. 특히, 오픈마켓에서 판매하는 쇼핑몰 운영자들은 더 고생이 많다. 오픈마켓은 글자 그대로 열린 장터, 즉 동대문시장이나 남대문시장처럼 땅만 열어두고 누구든지 이곳에 와서 장사해도 좋다고 하는 것이다. 이 땅에 와서 가게를 세우고 물건을 까는 건 자유롭게 해도 되는데 장소 사용료를 내야 한다.

오픈마켓에선 수많은 사람이 장사하는 까닭에 소비자가 상품을 검색했을 때 검색결과로 보이는 페이지의 상단에 보여야 하고, 1~2페이지 이내에 내가 올린 상품이 보여야 하는 게 중요하다. 소비자들은 인내심이 많지 않아서 상품 검색 후 1~2페이지 이내에서 물건을 고르기 때문이다.

근데, 바로 여기에 문제가 있다. 오픈마켓에서 판매하는 판매자들은 오픈마켓 업체가 내놓는 각종 광고상품을 구매해서 검색 페이지 상단이나 빠른 페이지에 노출될 수 있는데, 그 방법 외에도 상품 페이지에 노출되게 하려면 내가 올린 상품이 많이 팔리면 된다. 지극히 간단한 이 방법은 누구나 많이 팔기만 하면 소비자가 원하는 상품에 해당하므로 오픈마켓의 상품 검색 페이지 앞에 나온다는 건 합리적인 방법으로 보이기까지 한다.

그러나 소규모 판매자들은 자기 상품을 올려놓고 무작정 기다리기만 하다가 볼 일 다 보는 경우가 많다. 신규 판매자이고, 상품 가짓수도 적다 보니 판매율도 없어서 올린 상품이 소비자 눈에 띄지도 않기 때문이다.

어떻게 해야 할까? 판매자들은 그래서 '되사기' 방법을 쓴다. 오픈마켓의 패션상품 수수료율은 8~12%이다. 정상 판매는 12%, 기획이벤트 판매는 8%를 내야 하는데, 판매자들은 내 상품을 상품검색 페이지 앞쪽으로 노출시키기 위해서 '자기 물건 자기가 사기' 방법을 쓴다.

오픈마켓에서 내 상품을 노출시키려면 광고상품을 사서 이용해야 하는데, 어차피 광고비를 내야 한다면 자기 상품을 자기가 사서 '판매율도 높게' 만들고, 많이 팔리는 상품으로 소비자가 생각하게 하는 게 좋기 때문이다.

다른 판매자가 없는 경쟁력이 높은 상품은 희소성 덕분에 광고를 안 해도 소비자들의 검색만으로도 판매가 잘 되지만, 경쟁자가 많은 상품은 낮은 가격과 많이 판매되었다는 인기 상품 반열에 올라야 다른 소비자들이 선뜻 구매하려는 의욕이 생기게 마련이다.

그래서 판매자들은 자기 물건을 자기가 되사는 방법으로 판매율을 높이고, 그 결과 오픈마켓 상품검색 페이지 앞쪽으로 노출시키는데 집중한다.

물론 상품판매에 들어간 대금은 오픈마켓에 12%를 지급하고 상품은 자기에게 되돌아오니 그대로 다시 팔면 된다. 1만 원짜리 바지를 팔기 위해 바지 한 장당 1천2백 원의 광고비를 수수료로 내는 셈인데, 여기에 택배비가 들어가는 것은 묶음 배송식으로 최소화시켜서 이용한다.

오픈마켓 판매자들은 대기업 패션 브랜드와 달라서 인터넷쇼핑몰 초기에는 많지 않은 스타일의 상품을 올려서 소비자들에게 판매하게 되는데, 불특정한 다수에게 검색어를 사용해서 NAVER나 DAUM에 검색광고를 하기보다는 오픈마켓에서 자기 물건 자기가 되사는 방법으로 광고효과를 얻는 것이다.

오픈마켓에서 상품을 많이 팔면 파워셀러가 되고, 파워셀러가 되면 수수료율이 낮아지며 상품 진열 시에 우선 노출되는 혜택도 생기고, 소비자들에게 파워셀러라는 긍정적인 이미지도 줄 수 있다는 이점이 있다.

여러분 가운데 오픈마켓에서 상품을 사려는데, 검색 페이지 앞쪽에 진열된, 많이 팔린 파워셀러의 상품을 샀는가? 그 판매자가 자기 물건 되사기를 통해 앞으로 노출되게 한 광고 효과에 넘어간 소비자일 수도 있다.

 **_Tip_**

인터넷쇼핑몰 시작한 지 이제 한 달이라는데, 매출 올리는 방법은?

인터넷쇼핑몰을 처음 시작했다면 홍보가 안 된 이상, 상품이 적은 이상 매출은 꿈도 못 꾼다. 이럴 때 쇼핑몰들은 위에서 설명한 바대로 활성화된 것처럼 가짜 글을 올린다. 그리고 상품 수도 최소 50여 가지 이상 올리고 다음 단계엔 오픈마켓에도 상품을 진열하며 자기 물건 되사는 방법으로 많이 팔리는 인기 상품인 것처럼 또 위장한다. 그다음 사용하는 방법은 키워드 광고이다. NAVER나 DAUM에 키워드 광고를 하고 사람들이 내 쇼핑몰로 오도록 유도한다. 자, 이제 해볼 만한 기초 전략을 다했다. 인터넷에서 검색한 사람들이 내 쇼핑몰로 와서 상품을 구경하고, 오픈마켓에 가서 다시 또 내 상품을 보게 된다. 난 시작한 지 이제 한 달이지만 사람들은 내가 꽤 오래 장사한 줄 안다. 쇼핑몰에서 상품 매출이 일어나기 시작한다.

25 인터넷쇼핑몰이 이용하는 숨은 마케팅

인터넷쇼핑몰이 장사하면서 가격이 싸다는 장점을 무기로 마케팅에 치중하지 않는다. 일정 부분은 소비자를 속이기도 하는데, 이는 가짜 상품을 팔거나 사기를 한다는 뜻이 아니라 업무를 보면서 합리적인 경영을 위해 소비자를 상대하는 방법을 말한다.

먼저, 소비자 상담 전화를 받는 방식이다. 인터넷쇼핑몰에는 소비자상담실 또는 소비자불편신고 등의 전화번호를 기재하는 곳이 있다. 전화번호는 있지만, 이 전화에 그때그때 실제로 전화를 걸어서 통화가 되는지 확인하는 사람은 별로 없다.

인터넷쇼핑몰 운영자들은 이런 소비자들의 습관을 이용한다. 인터넷쇼핑몰 소비자들은 쇼핑몰의 상품을 보고 쇼핑을 하는 게 아니라 쇼핑몰이 믿을 만한 곳인지 따져보고 쇼핑을 한다. 그래서 상품을 구매하기 전에 쇼핑몰의 이곳저곳을 둘러보며 신뢰할만한 요소를 꼼꼼하게 살펴본다.

안심거래 사이트인지, 주거래 은행은 어디인지, 공정거래위원회와 연관이 있는지 살펴본다. 하나라도 안심 요소가 더 있는 쇼핑몰이라야 그나마 안심을 하고 송금을 한다. 그런데 이런 소비자의 불안 심리는 쇼핑몰 운영자들도 이미 파악하고 있다.

소비자상담 전화번호를 기재해둔다. 휴대전화나 사무실 전화보다는 1544- 1644- 등의 전문 번호 형태의 띤 번호를 공개한다. 한 달에 이용료는 크게 상관없다. 일단 소비자를 상대로 안심할 만한 사이트라는 점을 내세우기 위함이다.

인터넷쇼핑몰 고객들은 상품보다 먼저 인터넷쇼핑몰 디자인 구성을 살펴보고 신뢰를 해야만 상품을 들여다보기 때문이다. 고객상담 전화번호에 24시간 상담, 이메일 상담, 트위터, 페이스북 상담이란 계정들까지 낱낱이 공개해둔다.

물론 실제 걸어보면 24시간 상담이 불가능하다. 고객이 통화를 하려고 전화를 걸면 통화 중인 상태가 지속된다. 수화기를 내려놓고 통화 중이게 하거나 전화기 코드를 빼둔다.

수화기를 내려놓으면 전화고장신고를 통해 수화기가 내려진 상태라는 통보를 고객이 받을 수 있다. 전화기 코드를 빼두면 사람이 전화를 걸어도 신호는 가기 때문에 나중에 수화기를 다시 꽂고 통화가 돼도 바빠서 전화를 못 받았다고 변명한다.

아는 사람은 안다. 인터넷쇼핑몰은 아침에 주문 확인을 하느라 바쁘고, 오후엔 배송 박스를 포장해야 해서 바쁘다. 저녁때에는 내일 올릴 신상품 수정작업을 해야 해서 또 통화하는 데에만 시간을 내기가 어렵다. 포장하는데 시간이 얼마나 걸리느냐, 그건 핑계라고 생각하는 소비자가 있을 수 있다.

그러나 직접 해보자. 포장 박스 하나 싸는데 주문장 들고 상품 확인하고 박스에 넣고 테이프 붙이는데 최소 5분은 소요된다. 1시간에 12개 싼다. 하루 8시간 해보라. 96개 포장할 수 있다. 밥도 안 먹고 내내 포장만 했을 경우이다. 하루에 3~400개 주문 들어오는 쇼핑몰이 많다.

요즘 인터넷쇼핑몰은 익일 배송을 강점으로 내세우는데, 오후 3~4시 전에는 택배 차량에 상품을 실어야만 익일에 배송이 된다. 그럼, 한 사람이 4시 전까지 9시부터 포장할 수 있는 박스는 밥도 안 먹고 해야 7시간, 84개 정도이다. 결국, 포장인력 3~4명이 붙어야 익일 배송 내보낼 수 있다는 뜻이다.

화려한 패션 숨은 마케팅

소비자 상담 전화를 받으면 최소 5~10분이다. 수화기를 내려놓을 수밖에 없다는 핑계 아닌 핑계가 나오게 된다.

? _Point_

하루에 300개 내보낸다고 하고 각 박스당 3천 원씩 이익이 남는다고 해 보자. 하루에 이익은 90만 원이다. 이익률은 20%라고 했을 때 상품 가격은 박스당 1만 5천 원짜리 상품이다. 가격을 보자면 티셔츠 정도에 해당하는 1만 5천 원짜리 상품이다. 하루에 매출은 450만 원, 한 달이면 약 1억 3천5백만 원, 1년이면 16억 2천만 원이다. 한 달 경비를 제하기 전에 순이익은 2,700만 원이다. 월급 주고 경비 제해도 몇천만 원은 가져갈 것 같은 생각이 든다.

그러나 그렇지 않다. 반품이 있고, 인건비가 있으며, 사무실 임대료 및 모델료가 있다. 오픈마켓에서 한 달에 3만 장 이상을 출고하던 청바지 전문가 한 사람은 정신없이 일해도 한 달에 가져가는 돈이 천만 원 정도밖에 안 된다며 쇼핑몰 장사를 그만둔 예도 있다. 왜냐하면, 여기서 예를 가정한 20% 마진은 현실적으로 어려운 이익률이기 때문이다. 내가 20% 마진을 붙이면 다른 사람은 19%를 붙이고, 또 다른 사람은 18%를 붙이는데 최종 승자는 도매업체가 내놓는 거의 원가 수준 가격이 된다. 10%만 붙여도 도매업체는 판매할 수가 있기 때문이다.

인터넷쇼핑몰이 고객을 속이는 방법은 고객상담 전화를 받지 않는 방법 외에 반품을 받지 않는 방법이다. 반품을 받으면 쇼핑몰 입장에선 큰 손해이다. 당장 상품 가격을 떠안아야 하는 것은 물론이고 그 상품 준비하고 포장하는데 든 시간 경비가 크다.

상품 가격을 떠안지 말고 도매업체에 반송하면 되는 거 아니냐고 되묻진 말자. 가격을 싸게 가져오려면 완사입 조건(상품을 반품 없이 구매하는 조건)으로 산다. 상품에 하자가 있는 경우엔 반품하지만, 고객 단순 변심으로 반품받는 쇼핑몰은 어디에 하소연할 곳이 없다는 뜻이다.

그래서 쇼핑몰들은 어떻게 하든 반품을 받지 않으려고 한다. 때로는 고객과 싸운다. 그러나 결국 손해 보는 쪽은 쇼핑몰이다. 우리나라 법규가 소비자 단순 변심일 경우엔 택배비를 소비자가 부담하고 무조건 반품을 받아주는 것이기 때문이다.

물론 이런 점을 악용해서 악의적으로 사용하는 소비자도 많다. 인터넷쇼핑몰에서 상품 구매 후 가격표를 떼지도 않고 그대로 입은 후에 반품하겠다고 한다. 필요한 장소에서 입은 후에 반품해버리면 택배비용만 자기가 부담하면 되므로 거의 무료 가격에 원하는 옷을 마음껏 입을 수 있기 때문이다.

그래서 쇼핑몰에서는 고객 단순 변심일 경우 되돌아온 상품을 꼼꼼히 살펴본다. 화장품이 묻었는지 가격표가 떼어졌다가 다시 붙여졌는지 살펴본다. 여성 고객은 화장품이 묻어 있는 상태가 발견될 가능성이 많다.

일부 고객은 단순 변심이 아니라 택배비까지 아껴볼 심산으로 일부러 옷에 흠집을 내어 제품 불량으로 반품한다. 그러나 이 경우에도 반품을 받은 후에 다시 확인해보면서 소비자가 일부러 낸 불량임을 증명해내기도 한다. 제품 포장 전 과정에서 사무실 내에 CCTV를 설치해두는 쇼핑몰 업체가 늘어난 것도 그 이유이다.

쇼핑몰들이 고객으로부터 반품을 받지 않기 위해 고객을 속이는 방법은 반품할 수 없다는 스티커를 붙이는 방법으로 여기저기 반품이 불가한 조건을 달아두는 것이다. 일부 쇼핑몰은 포장을 할 때 상품을 뜯는 위치에 스타커를 붙여서 '포장 개봉 시 반품이 불가능합니다'라는 문구를 표시하기도 한다.

그러나 말이 되는가? 입어보지 않고 눈으로 보기만 하고 반품할 수 있는 옷은 없다. 쇼핑몰들이 이렇게 하는 이유는 자체 디자인 상품일 경우에 마지못해 일부러라도 붙이는 표시문구이다.

그 이유는, 일부 쇼핑몰은 어떤 제품이 잘 팔리면 손님처럼 가장해서 그 쇼핑몰에 해당 상품을 주문한 후에 상품을 자기거래 공장으로 보내어 똑같이 만들고 다시 반품을 해버리기 때문이다.

심지어 중국공장으로 보내어 낮은 단가에 생산을 맡기고 오리지널 상품은 다시 돌려받아서 샀던 쇼핑몰에 반품하는 방법이다. 이런 경쟁에 치우친 쇼핑몰들이 많아서 각기 업체마다 디자인 유출 방지에 힘을 쏟고 일단 판매한 상품을 돌려받지 않기 위해 애를 쓰는 상황이다.

이 방법은 유명 브랜드 업체에서도 자주 사용하는 방법이기도 하다. 소속 디자이너들이 시즌마다 백화점 등에 시장조사를 나가고 마음에 드는 옷이 있으면 디자인을 따오게 된다. 눈으로 보고 바로 기억해서 그리기도 하는데 옷이 많은 경우엔 일일이 디자인 기억하기 어려워서 피팅룸을 이용한다.

옷을 입어볼 수 있도록 고객을 위한 장소로 마련된 피팅룸이 경쟁업체의 디자이너들이 우리 옷 디자인을 훔쳐가는 밀실이 되어버리는 순간이다. 요즘엔 스마트폰을 들고 다니며 피팅룸에서 옷을 입어보는 척하며 주요 디자인을 사진 찍어오는 경우가 많다.

피팅룸에 디자인 훔치기가 성행한다는 걸 아는 SHOP에서는 카메라나 휴대전화를 들고 들어가지 못하게 하는데, 이 경우엔 막내 디자이너나 친구를 활용해서 옷을 사오게 한다. 물론, 그 옷은 거래 공장이나 중국 공장 등으로 보내어 샘플을 만들도록 제공되며, 가격표까지 붙인 그 상태에서 그대로 돌려 가져와서 백화점에 구매했던 영수증과 함께 환불을 요구한다.

노력 안 하고 디자인을 훔치는 이런 불공정한 경쟁방식은 사라져야 하겠지만, 지금도 어디에선가 찰칵찰칵 하는 소리와 함께 이용되는 중이다.

26 '외국 브랜드쇼핑몰'을 브랜드로 이용한 마케팅

요즘 사람들은 인터넷쇼핑몰에서 쇼핑한다. 동대문에 들러 쇼핑하는 사람들은 대부분 10대 청소년들이고, 20대에 접어들면 다수가 인터넷쇼핑몰로 시선을 옮긴다. 물론 대다수 40대 이상은 아직도 백화점에서 쇼핑한다. 소비 패턴의 차이, 소비 트렌드가 세대별로 다르다.

여기서 20대 여성들이 인터넷쇼핑몰을 찾는 이유는 일단 가격이 싸다는 장점 때문인데, 스타일리스트로 대우받는 멋쟁이 여성들은 한 술 더 떠 남들에게 없는 스타일, 남들이 모르는 브랜드 아이템 쇼핑을 하기 위해 외국 브랜드쇼핑몰, 직수입매장을 넘보고, 심지어 외국 브랜드 본사가 운영하는 쇼핑몰까지 찾아가서 쇼핑한다.

마치 빛의 속도처럼 소비자 이동이 빠르다. 컴퓨터 앞에 앉아서 손가락 움직임 몇 번만으로 한국과 일본, 홍콩, 미국, 유럽을 오간다. 단 몇 초 만에 이뤄지는 국제 쇼핑객이 되어 이제 쇼핑하지 못할 상품이 없다는 것도 사실이지만, 소수의 사람은 이마저도 남들과 같은 상품은 쇼핑하기를 꺼리며 홍콩과 미국 소호 거리로 하나 둘밖에 없는 아이템을 찾아 직접 나서기도 한다.

이 글을 읽는 여성들 가운데 자신의 쇼핑 스타일을 살펴보자. 위 예에서 빠진 게 있는가?

백화점에서 산다? 시내 중심가 곳곳에 산재한 브랜드 SHOP에서 쇼핑한다? 그건 쇼핑이라고 부르지도 말자. 이미 누구나 알고 있는 쇼핑 방법은 제외하자. 여기 다루는 이야기는 나만의 스타일을 찾아 나서는 스타일리시 여성들의 쇼핑습관이고, 소비자인 그녀들을 뒤쫓는 날랜 장사꾼들의 추격전에 대해서이다.

인터넷쇼핑몰을 탐색하는 당신, 스타일과 외국 브랜드를 찾는 당신을 위해 밝힌다. 외국 패션 브랜드의 진실, 사실 알고 보면 이렇다. 당신은 속고 있었고, 누군가 당신을 속이고 있었다.

첫째, 패션 브랜드는 왜 꼬부랑 영어단어 외국어뿐일까?

우리가 흔히 만나는 패션 브랜드들. 그 뜻을 알고 쓰는 사람들은 몇이나 될까? 유명 외국 패션 브랜드에서 한국 내셔널 브랜드까지. 뜻도 모르고, 의미도 모르고 쓰는 것은 아닌지. 게다가, 외국 브랜드인 줄 알고 산 옷이 MADE IN KOREA일 경우도 많다면 기분이 좋지만은 않다. 브랜드 이름이 영어라서 외국 브랜드로 알고 샀건만 정작 한국에서 만들었다니, 구태여 외국에 와서 국산 제품을 샀던 자신이 원망스럽기까지 하다.

우리가 잘 모르고 즐겨 사 입고 쓰는 브랜드 중에는 우리 언어로 했을 때 의아한 내용이 많다. 패션 브랜드를 만드는 패션기업 입장에선 브랜드 의미가 모호할수록 다수 소비자를 대상으로 매출을 올릴 수 있다는 전략 때문인지 모르지만, 소비자들은 그래서인지 몰라도 브랜드 뜻 자체보다는 디자인과 스타일, 그리고 본능적인 느낌으로 쇼핑하는 경우가 대다수이다.

소비자들은 브랜드의 뜻을 파고들기보단 브랜드에서 나오는 제품을 보고 자신만의 이미지를 따라간다는 뜻이다. 패션 브랜드는 일반적으로 '상품'으로, 그 브랜드의 성격과 아이덴티티라고 하는 동일성을 설명하기 마련인데, 어디서 들어보지도 못한 영문 알파벳일지라도 기꺼이 자기 스타일을 맞추는, 해당 언어를 모국어로 사용하는 현지인들이 느끼기엔 브랜드 뜻과 상관없이 쇼핑에 나서는 이해하기 어려운 사람들이 많다는 뜻이다.

물론, 많은 브랜드 중에서도 가치가 있는 브랜드는 그 상품을 통해서 브랜드의 고향, 탄생, 성격, 성장기 등이 알려지게 되는데, 최근에는 이와 역행하는 짜깁기 식 브랜드를 흉내 내는 사람들도 생겨나서 문제가 되는 경우가 생긴다.

둘째, 외국 직수입 브랜드쇼핑몰에서 구매, 정말 외국 브랜드일까?

낯선 외국 브랜드를 좇아 스타일을 쇼핑하려는 사람들이 많아지고, 이에 덩달아 외국 상품 직수입쇼핑몰의 매출이 늘어나자, 상대적으로 매출이 줄어들며 고전하던 국내 쇼핑몰 운영자들이 묘안을 짰다.

외국 브랜드인 것처럼 호주에, 영국에, 이탈리아에, 미국에 상표를 출원해두고 외국 브랜드라고 칭하며 '위즈위드'나 '국내 쇼핑몰'에서 '외국 브랜드 상품'으로 팔겠다는 작전을 짠 것이다.

일례로, 외국 브랜드만 취급한다는 쇼핑몰에서조차 외국에 출원된 상표임을 증명하는 서류만 있으면 일단 외국 브랜드라고 인정하는 제도상 허점이 있었는데, 그 상표권의 소유자가 중국인이건, 한국인이건 간에 가리지 않았다. 외국에 출원된 상표이므로 외국 브랜드라고 인정했다는 뜻이다.

이와 관련된 실제 사례가 있다.

어느 날, 국내 종합쇼핑몰의 패션 담당 직원이 패션 브랜드를 론칭하려는 업체라며 소개해준 의류업체 사람들이 연락을 해왔다. 영국에 아는 친척이 있어서 영국에 상표를 출원하고 위 ○○○에 입점해서 영국 브랜드라고 판매를 할 계획이라고 말했다.

그들의 이야기를 정리해보면, 상표 등록까진 필요 없고, 일단 출원만 해두더라도 외국 브랜드로 증명(?)이 되므로 그 상표로 상품을 만들어 팔 건데, 처음엔 속옷을 만들 예정이고, 중국 공장에서 만들 예정이라고 했다. 그 사람들이 나에게 연락하면서 요청하는 내용은 자신들의 디자인을 봐주면서 속옷을 만들어 달라는 뜻이었다.

기가 막힐 노릇이었다. 결과부터 말하자면 난 이 제안에 대해 거절을 했다. 상표가 정식 등록조차 안 된 상태에서 브랜드라고 부르는 것도 우습고, 영국에 출원하고 중국에서 만든 뒤에 영국 브랜드처럼 비싸게 팔겠다는 그들의 계획이 마음에 들지 않았다. 하물며, 그들의 속임수 장사에 나한테까지 동참하라고 제안했다는 것 자체가 기분 나빴다.

나한테는 해프닝으로 지나간 기억이지만, 지금도 외국 브랜드라고 해도 출원자 이름을 검색해보면 한국 사람이 대부분인 경우가 많다. 엄밀히 따지자면, 이런 패션 브랜드화(?)를 시도한 장사는 정당한 상인의 상도(商道)가 아니며, 눈 가리고 아웅 하는 사기(?) 행위에 가깝다.

외국에선 아직 상표 등록조차 이뤄지지 않은 상표로서, 출원만 해둔 상태인데 어떻게 외국 브랜드라고 할 수 있을까? 하물며, 상표 등록은 외국에 했다고 하더라도, 모든 상표 권리는 물론이고, 디자인과 생산을 한국 사람이 하니 말이다. 외국 상표라고 하지만 해당 국가에서 디자인이 이뤄지지 않고 생산은 더더욱 안 하는, 단순한 라벨 수준의 단어조합을 일반 소비자들이 잘 모른다는 점을 악용해서 외국 브랜드라고 속이면서 판매하는 현실이다.

그런데 사실 이 정도는 약과이다. 오래된, 낡은 수법이다.

패션업체는 아니지만 이와 비슷한 경우를 예로 들자면, 국내 모 출판사는 영국에 '(가칭)옥스퍼드 출판사'라고 이름뿐인 페이퍼 컴퍼니를 설립한 뒤 국내에서 책을 제작하여 판매하기를, 영국에서 만든 영어교재라 하며 높은 가격에 판매한 적도 있으니 말이다.

한 가지 눈여겨볼 부분은 이런 꼼수 작업이 우리나라 사람들뿐만 아니라 다른 나라 상인들도 이용한다는 사실이다.

2000년대 초반, 나를 찾아오던 일본인 사장의 이야기이다.

일본 남부 하카다에서 신발 가게를 운영하는 나카무라 사장은 신발 밑창만 이탈리아에서 수입해서 중국에서 제조한 뒤 일본에서 팔았다. 이때 일본 신발 가게 직원은 손님에게 절대 이태리제 신발이라고 광고하진 않았다. 물론, 중국제라고도 하지 않았다.

나카무라가 원산지를 밝힐 필요가 없던 이유는 SHOP의 간판 덕분이었다. 나카무라 사장의 SHOP 이름은 '유로피안 메이드'. 언뜻 이해하자면 유럽 사람들이 만든 상품을 파는 곳이란 의미이다.

신발을 사러 이 매장에 들른 일본 소비자는 신발을 살 때 밑창을 확인하는데 이때 자연스럽게 made in Italy라는 표시가 보이는 것이다. 신발을 사려던 일본 고객은 신발 밑창에 적힌 이 표시를 보고 다소 비싼 가격임에도 아무 말 없이 구매한다. 신발 밑창만 이태리제인 것은 전혀 모른 채 말이다.

내가 겪은 일본의 상술 한 가지 더 소개해 보면, 일본 '쿠루메' 지역의 한 일본 매장 상인은 자기 매장을 '프랑스 패션 매장'이라고 홍보한다. 그리고 우리나라 동대문시장과 중국 광저우와 상숙 지역에 들러 매우 가격이 저렴한 현지 생산 청바지를 사서 일본으로 돌아간다.

이상하지 않은가?

일본에서 프랑스 패션상품 매장을 운영한다는 일본인 사장이 이따금 동대문시장에 들러서 옷을 가져가는데, 물론 실제로 프랑스에도 들러서 옷이나 패션 상품을 구매하기도 한다고 했다. 문제는 지극히 적은 한 두 벌의 옷을 살 뿐이지만 말이다.

이해했는가? 이 일본인 장사꾼이 쓰는 방법은 간단하다. 일본 매장에 돌아가선 프랑스에서 가져온 상품의 라벨이나 표식은 그대로 두고 우리나라 동대문시장에서 가져간 상품의 라벨은 모두 제거한다. 그리고 프랑스에서 수입한 제품과 같이 판매하는 것이다.

손님이 오면 프랑스에서 구매한 아이템을 보여주고 판매하면서 한국이나 중국에서 구매한 상품도 같이 판매한다. 물론, 원산지를 말하진 않는다. 일본손님들은 모두 프랑스 상품인 줄로만 안다.

게다가, 원산지를 의심하지 않을 수밖에 없는 일본인만의 친절한 서비스가 하나 더 추가되었는데, 이 장사꾼은 손님이 구매한 옷이 사이즈가 안 맞을 경우를 대비해서 매장에서 직접 간단한 수선을 해준다. 동대문시장이나 중국시장에서 산 옷을 갖고 간단한 작업 사이즈 수선은 직접 해버렸다.

바지 밑단에 트임이 있다면 봉제로 접해버리고, 허리 라인은 바지 27 사이즈를 사가면서 일본에선 허리만 25인치로 줄여버린다. 일본 여성은 골반이 허리보다 크기 때문에 한국의 27 사이즈를 사야만 골반이 맞는다는 것이다. 대신, 허리는 25 사이즈라서 허리 사이즈를 줄인다고 했다.

완벽한 눈속임이라고밖에 표현할 수 없는 일본 장사꾼의 이야기를 들으며 일본 잡지에서 보는 늘씬한 젊은 일본여자들, 우리가 흔히 보는 일본 패션잡지 속의 여성들은 트렌드에 민감하고 어떤 나라의 어떤 스타일인지 잘 알지 않는가 하고 물어보자 일본 사장은 웃는다.

그 사람들은 '시부야人' 이라고.

이 말은 극히 일부분의 여성일 뿐이라는 의미이다. 그들을 상대로 장사를 해도 별 이익이 안 되는 손님이란 뜻이다. 일본 장사꾼이 말해주는 일반적인 일본 여성의 80%는 가는 허리, 큰 골반, 그리고 '소스 얼굴'이 아닌 '간장 얼굴'이라고 했다. 서구화된 얼굴이 아니라 일본의 전통 얼굴이란 소리였다.

골반이 굵고, 다리는 짧으며, 코가 낮고, 얼굴이 동글동글하되 넓적한 스타일이라고 했다. 외곽으로 돌출된 광대뼈 구조에 네모 반듯한 턱선, 큰 입으로도 잘 가려지지 않는 치아 구조는 덧니가 대부분이며, 피부는 화산 분화구처럼 곰보와 거친 피부에 귤껍질 같은 스타일이 많다고 했다. 이게 일반적인 일본 여성들이며, 시부야 사람이라고 불리는 신세대 여성들은 일반적인 경우가 아니라고 했다.

자신은 일반적인 일본 여성을 대상으로 그들이 입고 싶어 하고, 사고 싶어 하는 프랑스 패션을 준비해서 팔 뿐이라고 했다. 일본의 젊은 여성들은 자신이 간장 얼굴인지, 소스 얼굴인지 관계없이 프랑스 상품을 사고 싶어 하는 마음은 같다고 했다. 그의 장사가 잘되는 이유였다.

이 이야기를 듣는 소비자 입장이라면 물론 기분 좋을 리 하나 없다. 거짓은 언젠가 밝혀진다. 한 번 드러난 거짓은 영원히 낙인을 찍는다. 장사는 두 번 다시 일어날 수 없다는 뜻이다. 그래서 알고도 속고, 모르고도 속는 패션계의 풍토는 하루빨리 없어져야 한다. 이 부분에서는 일본의 경우를 예로 들었지만, 비단 일본 사람들에게만 한정된 이야기일까?

패션을 하는 장사꾼들의 코는 소비자가 원하는 쪽으로 냄새를 맡고 방향을 향한다. 동대문시장, 인터넷쇼핑몰에 싼 옷을 외치며 장사하는 곳을 가보자. 유명 브랜드 이름 앞글자에 뒷부분은 ○○○이나 ×××로 가려두고 버젓이 무슨 무슨 스타일이라고 소개하며 파는 곳이 많다. 그들이 잘 팔릴까 해서 유명 브랜드 디자인 따라 하며 판매하는 게 아니라 사는 사람들이 있기 때문에 유명 브랜드를 모방하는 것이다. 누가 더 나쁠까? 우리가 원하는 상품을 만들어 팔라고 은연중에 재촉하는 소비자일까? 아니면, 팔리기만 한다면 어떤 상품도 만들어 판다는 장사꾼들일까?

27 명품인데 굳이 명품이라고 또 홍보하는 이유

패션 명품, 아직도 장인들이 만들고 있을까? 명품 브랜드 홍보 브로셔에서 보아오던 것처럼 프랑스, 이탈리아, 영국 등의 현지인들이 오래전부터 브랜드 공장에서 일하던 모습이 그려지는가? 오랜 세월 작업대 앞에 앉아 숙련된 기술로 정성을 쏟으며 제품을 만드는 모습이 그려지는가? 지금도 과연 그럴까? 지금은 누가 만들고 있을까?

명품이란 이미 인정받은 제품인데 왜 아직도 광고에 등장하고 사람들에게 홍보할까? 명품은 소비자가 스스로 알아서 찾아오는 브랜드이자 가치인데 굳이 광고를 해야 할까? 프랑스, 이태리, 영국 등에서 수십, 수백 년의 역사를 자랑하며 세계인들의 '사랑을 듬뿍 받고 있는 명품'이란 수식어를 붙이는 패션 브랜드들은 아직도, 지금도 그 나라에서, 그 나라 사람들이 수십 년의 장인 기술로 생산하고 있을까?

이에 대해 말하기 전에, 먼저 패션 브랜드의 가치(VALUE)에 대해 알아두도록 하자. 패션 브랜드의 가장 중요한 '조건'을 알아야만 상품 원산지가 중요한 이유, 누가 만드는가가 중요한 이유를 깨달을 수 있기 때문이다.

이른바, 패션 브랜드가 잘 되려면 '가치(VALUE)'를 담아야 한다. 간혹 뉴스에 보도되기를, 우리나라 세관에서 가짜 명품 브랜드 단속을 통해 드러나는 명품 시장의 어마어마한 규모는 그렇다 치더라도, 시내 유명 백화점 곳곳에 입점한 명품 브랜드를 보면 누구나 하나쯤 갖고 싶은 생각도 드는 게 사실이다.

그런데 그거 아는가? 세관에서 단속하는 명품 브랜드 뉴스는 단속의 효과보다는 해당 명품 브랜드들을 홍보해주는 효과가 더 크다는 사실을 말이다. 9시 뉴스에서 보도하는 명품 단속 현장을 보면 해당 브랜드 로고가 카메라에 뚜렷하게 잡힌다. 금액으로 얼마 규모라고 추정치를 보도하며, 안 보여도 될 브랜드 로고를 집중적으로 잡아준다.

소비자들은 이때 생각한다. '명품 브랜드를 가짜로 만들면 안 되는구나! 가짜 상품을 만들면 혼나겠구나!'라는 생각보다는 '요즘 저 브랜드가 인기구나!, 저 브랜드 제품이 저렇게 큰 규모로 만들어지다 니 인기 상품이구나!'라는 생각을 한다. 애드버토리얼(Advertorial) 이라고 하는 기사화 광고의 예이기도 하다.

다시, 브랜드의 가치에 대해 알아보는 본론으로 돌아와서, 사람들 이 특정 브랜드 상품을 사고 싶다는 마음을 가질 때에는 상품 디자인 이 예쁜 까닭도 있지만, 그 상품이 어떤 브랜드라는 게 이유가 될 때 도 있다.

연예인이 방송에서, 영화에서 대중에게 보인 이미지로 먹고사는 것처럼 브랜드는 오랜 기간 지녀온 '가치'로 먹고 살기 때문이다.

그렇다면, 우리에게도 익히 알려진 외국 럭셔리 패션 브랜드(한국 에선 '명품'이라고 불리지만 실제로 현지에선 '럭셔리 브랜드'에 속하는)들의 가치를 소유한 사람은 누구일까? 수많은 패션 브랜드가 있고, 그 어마어마한 가치를 소유한 사람은 몇 명이나 될까?

먼저, 아래 외국의 유명 브랜드의 주인이 누구인지 아는가?

[CHAMET], [TAG Heuer], [Hennesy], [Moet&Chandon], [KENZO], [CELINE], [GUERLAIN], [Christian Dior], [FENDI], [Donna Karan], [Givenchy]

위의 세계적으로 유명한 패션 브랜드들을 모두 '소유한' 주인은 오직 한 곳, LVMH그룹이다. LVMH그룹은 루이뷔통 브랜드를 소유 한 주인이기도 하다. 놀랐는가? 당신이 알고 있던 유명 브랜드를 가 진 곳이 패션기업 LVMH 한 곳이라는 사실에 놀랐는가? 물론, 특정 브랜드는 LVMH가 영업권만을 가진 경우도 있다.

전 세계의 사람들은 FENDI 제품을 사면서 LVMH그룹을 생각하진 않는다. 단지, FENDI 제품만이 간직한 디자인과 역사, 그리고 그 가치를 사는 것이다. 사람들은 LVMH그룹을 위해 돈을 썼다고 생각하지 않는다. FENDI 제품을 사는 자신을 위해 투자했다고 생각한다.

2005년 기준으로 매출은 180억 불, 영업이익은 36억 불이라는 실적을 달성한 LVMH그룹은 프랑스 공대 출신의 부동산 사업가 '베르나르 아르노 회장'에 의해 명품 그룹으로 탈바꿈하게 된다.

아르노 회장은 1984년도에 이르러 당시 경영난에 처한 '크리스티앙 디오르' 인수를 시작으로, 1987년 '루이뷔통', 이듬해에 '지방시', 1993년에 '겐조', 1999년에 '태그호이어', 2001년 '팬디' 등 60여 개 브랜드를 인수했다.

때론, 하나의 회사를 먹여 살리는 큰 자산 가치로 인정받는 패션 브랜드. 좋은 브랜드 하나가 회사를 살린다. 패션 브랜드 론칭은 쉬운 일만은 아니다.

2011년 봄, 우리나라 인천공항에 로열 구역이라고 불리는 27번, 28번 게이트 쪽에 신라면세점이 루이뷔통 상품 매장을 유치하는 데 성공했다는 소식이 전해졌다. 신라호텔 대표가 LVMH그룹 회장의 딸과 친분이 있고, 그 덕분에 LVMH회장이 기꺼이 신라면세점과 루이뷔통 상품을 제휴했다는 부분은 사업상 경영 수완이라고 치부할 수 있다.

이와 비슷한 예로, 제일모직 상무가 뉴욕패션협회에 이사로 등재되는 그 해에 뉴욕패션위크 오프닝 무대 패션쇼에 한국인 패션디자이너들이 참가했다는 것을 동시에 알고 있는 사람은 그 수가 별로 없다. 뉴스에 보도되기에는 한국의 패션디자이너들이 뉴욕패션위크의 오프닝 쇼를 장식했고, 이는 한국 패션디자인의 미국 시장 진출이 시작되었다는 내용만 보도되었기 때문이다.

어찌 되었건, 제일모직 상무는 뉴욕패션계를, 신라호텔 대표는 유럽의 명품 브랜드를 취급하는 사업을 추진하는 중이다. 제일모직에서 정구호 디자이너를 영입해서 '구호'라는 브랜드를 미는 이유도 알고 보면 상무와 정구호씨가 미국 파슨스디자인스쿨 동창이라는 배경도 작용했음을 유추해볼 수 있지만 말이다.

여기에 힘을 실어주듯 S그룹 회장은 압구정동 갤러리아 백화점 맞은편 건물을 개인 자금으로 사들였다. 어디에 쓰일까? 명품 쇼핑 사업을 하는 두 딸을 위해 기꺼이 내주지 않겠는가? 짐작이 현실이 될 날은 그렇게 멀지 않아 보인다.

S그룹의 두 딸의 미국과 뉴욕 패션계 활동을 눈여겨보기 전에, 우선 표면상으로 드러난 신라면세점과 루이뷔통과의 그 거래조건이란 걸 보면 판매수수료는 20% 내외로, 기존 인천공항에서 판매되던 다른 명품 브랜드들이 30% 내외를 부담하던 것과 큰 차이가 있다.

?_Point_

다만, 공항 면세점에서 판매되는 한국 상품들은 판매수수료로 50% 정도를 부담한다는 열악한 경쟁조건은 잠시 생략하도록 하자. 사실, 면세점이라면 세금이 없으니 더 싸야 한다고 생각된다. 그런데 왜 면세점이 더 비쌀까? 면세점이란 단지 쇼핑몰의 다른 이름일 뿐인가? 라고 고개를 갸우뚱하던 이유가 턱없이 높은 판매수수료 때문은 아니었을까? 정부로부터의 부과 세금은 면세이지만 운영기업에 내야 하는 판매수수료가 높은 구조 말이다.

루이뷔통이 신라면세점에 입점한 결과를 두고, S그룹 회장의 딸이기도 한 신라호텔 대표의 성과라고 칭송(?)받던 이 업적(?)은 뒤이어 샤넬 매장의 철수, 구찌 매장의 철수를 불러오며 명품 브랜드 간의 자존심 싸움으로 번지는 양상을 보였는데, 결과적으로 신라면세점에서 구찌와 샤넬이 철수하게 되면서 루이뷔통 상품의 상품 가격이 상승하게 된 것은 뻔한 순리였다. 일정 성장을 매출로 유지해야 하는 기업 입장에서 구찌와 샤넬이 철수하면 그들로부터 기대하던 매출 규모를 루이뷔통 하나로 얻어야 하기 때문이다.

물론, 사람들은 누가 무슨 브랜드를 운영하는 데 관심이 없고, 단지 어떤 브랜드의 어떤 디자인이 마음에 들면 그뿐이라고 생각하지만, 유럽 패션 브랜드들에 대한 명품의 조건을 이야기하면서 누가 주인인지, 누가 소유하고 경영하고 있는지 알아둬야 할 필요가 있다.

그 이유는 브랜드의 가치를 이야기할 때 누가 만드는가도 중요하지만 정작 누구의 소유인가도 중요하기 때문이다. A의 물건인 줄 알고 샀는데, B가 주인이라는 걸 알면 그 물건을 산 사람으로선 속은 기분마저 들기 때문이다.

그렇지 않은가?

사실은 그렇지 않다.

세계 사람들은 루이뷔통 제품을 사면서 LVMH그룹을 생각하지 않는다. 사람들은 루이뷔통이 LVMH그룹의 소유이기 때문에 쇼핑하는 게 아니라 단지, 루이뷔통 제품만이 간직한 디자인과 역사, 그리고 그 가치 때문에 산다. 게다가, 루이뷔통을 쇼핑한 사람들은 LVMH그룹을 위해 돈을 썼다고 생각하지 않는다. 루이뷔통 제품을 사는 자신을 위해 투자했다고 생각한다.

이 점이 브랜드의 가치를 설명하는 부분이다. 루이뷔통 상품을 쇼핑하면서 루이뷔통 역사를 샀다고 여기며, 루이뷔통의 역사가 자신의 삶과 어울린다고 착각하는 사람들이다. 사람들의 쇼핑이 실용적인 상품 소비에서 벗어나 '가치' 중심의 소비로 이동했다는 걸 보여주는 부분이다.

이러한 명품 브랜드의 가치를 소비하는 사람들 덕분에, 2005년 기준으로 매출은 180억 불, 영업이익은 36억 불이라는 실적을 달성한 LVMH그룹은 프랑스 공대 출신의 부동산 사업가 '베르나르 아르노 회장'에 의해 명품 브랜드를 소유한 그룹으로 발전하고 있다.

여기서 잠깐, 아르노 회장이 패션 브랜드 사업을 하게 된 일화를 소개하자면, 어느 날 아르노 회장은 사업 출장길에 택시를 탔는데 길을 잘 모르는 기사가 모 브랜드 본사 위치를 중심으로 길을 찾아가는 걸 보고 장차 패션 브랜드 사업의 가능성에 대해 확신하게 되었다고 한다.

출장에서 돌아온 후, 아르노 회장은 1984년도에 이르러 당시 경영난에 처한 '크리스티앙 디오르' 인수를 시작으로, 1987년 '루이뷔통', 이듬해에 '지방시', 1993년에 '겐조', 1999년에 '태그호이어', 2001년 '팬디' 등 60여 개 브랜드를 인수하기에 이르렀다.

게다가 명품 브랜드에 대한 아르노 회장의 예측을 정확히 지키기라도 하는 듯, 현재 세계 10대 패션 브랜드의 가치를 산정해볼 때 '루이뷔통'의 브랜드 가치는 211억 8,000만 달러에 달하며, 'H&M'의 브랜드 가치는 161억 달러, '나이키' 137억 달러, '구찌'는 83억 달러, '자라' 75억 달러, '아디다스' 55억 달러, '에르메스' 48억 달러, '갭' 39억 달러, '조르지오 아르마니' 34억 달러, '버버리' 31억 달러 등에 이른다.

현재의 가치를 높이며 큰 성공을 일궈낸 패션 브랜드들에 대해 그 기원

■ 홍콩 프라다

을 알아보려면 1900년대로 거슬러 올라가야 하는데, 1900년대에 세계 패션시장을 휩쓴 패션 브랜드들은 대개 가족주의 정서를 담은 브랜드였다는 공통점이 있다.

특정 디자이너의 후손들이 선친의 브랜드를 이어받아 제품을 디자인하고 생산해서 세계 시장에 내놓았다는 사실이다.

물론, 유럽의 당시 풍조에 반해 새로운 길을 모색한 브랜드도 있었는데 그건 바로 '샤넬'이었다. 유대인 사업가를 초빙해서 가족주의적 브랜드 경영이 아닌, 시장중심주의적 브랜드로 확장을 꾀했는데, 이를 본 다른 브랜드가 샤넬의 전략을 손가락질하며 폄하할 뿐 아무도 따라 하려 들지 않았다.

당시 대부분의 브랜드가 오뜨꾸뛰르(맞춤복)을 지향했던 반면, 샤넬은 화장품과 향수 사업에 뛰어들었기 때문인데, 어떻게 보면 정통성을 지키며 가족주의 정서를 유지하던 패션 브랜드 기업들은 일반적인 예측과 다르게 샤넬의 도전이 기대 이상의 성공을 이루자 너도나도 향수와 화장품 사업에 도전하기에 이르렀다.

그리고 자본과 매출을 중시하게 된 브랜드들은 2011년에 이르러 100년 전과 판이해졌다. 백화점에 진열된 명품 가운데 상당수는 유럽 현지가 아니라 임가공 비용이 싼 중국, 동유럽에서 만들어진 제품으로 변했고, 전통을 지키는 가족주의보다는 한 개의 상품이라도 더 판매하려는 상업주의가 강조되었다. 작가주의 가치보다 상업주의 매출이 더 중요한 시대가 되어버렸다는 사실이다.

다른 표현으로 말하자면, 그들은 가족이 지켜온 패션 브랜드의 가치에 맞서 경제논리를 들이대며 돈과 수익을 위해 그들의 조상이 지켜오던 전통과 가치마저 상품으로 내놓아 버린 것이다. 게다가, 그들의 돈을 위해 아시아 신흥 부자나라들은 100년 전 기억을 떠올리기만 할 뿐, 현재 소유주는 누구인지 알 필요도 없다는 듯 모른 체하며 그들의 브랜드를 쇼핑해주고 있는 상황이 되어버렸고 여기에 거의 대다수 브랜드가 동참하는 실정이다.

프랑스의 라코스테는 물론 영국의 버버리 등 유럽 각 브랜드는 상품을 만들 공장을 찾아 중국이나 동유럽으로 나가고자 러시를 이룬다. 가방 명품으로 인정받는 루이뷔통은 인도 공장을 적극 활용하고, 이 같은 명품 브랜드들의 중국, 동유럽 등의 공장 이전에 대해 품질 저하를 우려하는 소비자들의 목소리엔 '하청을 줘도 관리를 철저히 하므로 품질은 이상 없다.'고까지 말하는데 아무 거리낌이 없다.

이 말은 디자이너의 후손들이 선친의 브랜드를 이어받아 디자인하고 생산하여 시장에 내놓던 그들의 자존심은 이미 사라졌다는 뜻이다.

오로지 그들의 머릿속에는 원가절감의 목표가 있을 뿐이고, 시장 확산의 의지만 남아있다. 이러한 유럽 명품 브랜드 시장 상황에 견주어서 우리나라 인천공항에 면세점에서 생긴 패션 브랜드 간의 이전 투구 양상을 다시 생각하게 된다는 뜻이다.

그렇다면, 진정 명품 브랜드 소비자들은 '상품의 품질, 상품의 가치'만을 좋아해서 쇼핑했던 것인가?

유럽 여행, 영국을 다녀온 사람들은 '버버리 공장'을 찾는다. 생산하는 '공장'이 아니라 '버버리 제품을 싸게 파는 무인 매장'이다. 입구에서 나눠주는 번호표를 받고 들어가서 쇼핑을 한 후, 다시 나와 계산을 하는 형식이다. 옆에서 쇼핑을 도와주는 판매원이 없고, 제품 아래 가격표만 보고 사야 한다. 다만, '버버리공장'이란 어감처럼 싼 맛에 쇼핑은 가능하지만, 이월상품에 인기 없는 상품이 위주다.

일례로, 영국 현지에서는 버버리공장을 통해 일본, 한국의 쇼핑객들이 그룹 여행을 와서 쇼핑해간다. 지금 영국에서 버버리의 이미지는 70~80세 된 할아버지, 할머니들이 주로 애용하던 상표임에도 말이다.

대를 이은 전통 브랜드이기 때문일까? 사실을 알아보면 꼭 그렇지만은 않다. 영국 버버리는 젊은이들의 패션 패턴을 따라잡기 위한 '변화'에 노력 중이니 말이다.

버버리 이야기를 하면서 사업차 중국에 있을 때 아는 중국분을 따라서 옷 공장을 간 경험이 있다. 영국 브랜드 버버리를 생산하는 공장이라고 해서, 같은 업에 종사하다 보니 관심도 생기고 흔하지 않은 기회일 것으로 생각하고 동행 길에 나섰던 기억이다.

광저우에서 한 시간여를 달려 하이비엔춘(海邊村)이란 지역에 도착했다. 길을 달리다가 차가 멈춘 곳은 언뜻 지나치면 찾을 수도 없는 골목 앞이었다. 이곳을 몇 번 방문했다던 중국인도 여러 차례 전화 통화하면서 위치를 찾다가 겨우 차를 멈췄다.

다시 골목 안으로 찾아 들어가서 올라가기를 몇 분, 그래서 다다른 곳은 사람 한 명이 겨우 지나갈 정도의 통로와 그 사이를 들어가서 맞닥뜨리게 되는 간판도 없는 묘한 창고 건물이었다.

내가 이 창고 같은 낯선 건물을 방문했을 때도 그 안에서는 우리 눈에 익숙한 패션 브랜드를 생산 중이었는데, 나를 소개하여 데리고 간 사람의 표현을 빌자면 유럽 브랜드 본사에서 일감을 받아 생산하는 중국 공장에서 다시 재하청을 받아 생산하는 공장이라고 했다.

중국 공장에서 만난 버버리를 보며 과연 명품의 의미는 무엇일까? 의문이 들었다.

장인정신이 들어간 혼(魂)이 밴 제품? 사실, 우리가 부르는 명품이란 건 이미 현지인들에겐 그저 세계 사람들이 좋아하고 잘 사주는 인기 있는 '럭셔리 브랜드'일 뿐이다. 명품을 뜻하는 masterpiece 가 아닌, 사치품을 뜻하는 luxury인 것이다.

진정한 명품이란 숙련된 기술을 갖고 최종 소비자(end user)를 위한 노력과 집중으로 혼신을 다해 만드는 제품일 것이다. 단지, 브랜드 업체들이 인건비가 저렴한 동남아시아나 동유럽에 파견되어 품질 관리만 한다고 한들, 그 명품이란 의미가 유지될 수 있을까?

혹자는 유명 브랜드들의 특성을 짚으면서 라이선스 이야기를 하는 사람도 있다.

내가 이야기하는 중국에서 만드는 [버버리]의 경우에도 일본에 라이선스를 줬으며 중국에서 생산하는 버버리는 일본 업체가 주문한 상품으로 봐야 한다는 주장을 편다. 그래서 블루라벨, 블랙라벨 제품이란 뜻이다.

그러나 버버리의 라벨 색깔이 어떤가는 중요하지 않다. 사람들은 버버리로 알고 사고, 그 대가로 비싼 가격을 기꺼이 지급하기 때문이다. 버버리 매장에서는 손님들에게 상품을 판매할 때 "이 제품은 일본 업체가 라이선스를 받아 중국에서 생산한 제품으로써 가격은 영국에서 만든 버버리와 똑같습니다."라고 설명해주는가?

■ 홍콩 까티에르

물론, 핸드백 하나를 만들더라도 전체 부속품을 모두 영국에서(소비자들이 은근히 기대하고 있는 것이겠지만) 만든다는 것은 현실적으로 어려운 이야기일 수 있다. 대부분의 패션 브랜드가 중국에서 가공하고, 조립만 유럽 자국에서 하는 상황이니 말이다.

그뿐인가, 유럽 명품 브랜드 업체로부터 주문을 받아서 디자인까지 대행해주고 수량이 확정되면 중국이나 베트남에서 생산해주는 한국 회사도 있다. 국내 아웃렛에서, 면세점에서 유럽 브랜드라고 기껏 구매한 상품이 한국인 디자이너가 디자인하고, 한국기업이 중국, 베트남 등지에서 생산한 국산 기술과 디자인인 경우이다. 한국인 패션 디자이너들의 감성이 이미 세계 명품 업계에 진출했다는 뜻이기도 하다.

한편, 이탈리아 정부는 외국에서 생산하는 브랜드 업체들이 많아지자 최소한의 공정으로 20% 정도를 이탈리아에 작업해야만 메이드 인 이탈리아라고 원산지를 표시할 수 있다고 정하기도 했다. 오죽했으면 제발 20%만이라도 이탈리아에서 만들어야 한다고 규칙을 정했을까.

그러나 이마저도 중국에서 건너온 중국인 노동자들이 이탈리아 공장에서 제품을 만들고 있는 상황이다. 이탈리아 현지인들은 급여가 낮은 중국인들에게 일자리를 빼앗기는 바람에 정부를 상대로 항의하는 상황이지만 이미 저임금의 매력에 취한 유럽 브랜드 업체의 입맛을 바꾸기엔 역부족인 상황이다.

핸드백 등 대다수의 제품은 손잡이, 어깨걸이 끈 등, 따로따로 부속품을 동남아시아 등지에서 만들어서 수입한 뒤에 영국이면 영국, 이탈리아면 이탈리아 등지에서 조립만 하는 곳이 많다. 물론, 사람들이 사용하는 공산품이고 소비재이니만큼 어느 나라에서 만들건 간에 관여할 바는 아니다.

여기서 내가 말하고자 하는 것은 생산과정을 쏙 뺀 채 "이건 명품 브랜드이다!"라고만 내세우고 판매하는 장삿속을 지적하고자 하는 것이다. 법원에 가서 물어보라. 1년에 명품 때문에 과소비 등으로 파산에 이르는 사람들이 얼마나 많은지 알면 놀란다.

국내에서 근무하는 외국인들, 특히 유럽인들의 시선으로 한국인들을 바라보면 그 모양새가 우습다. 유럽인들도 잘 들고 다니지 않는 사치성 상품들을 한국인들은 자기 과시를 하기라도 하는 것처럼 손에 들고 다닌다. 진짜 바보들은 한국에 다 모였다. 아예 명품 로고로 치장한 집을 짓고, 명품 로고 모양의 시리얼까지 먹고 싶은 사람들일 것이다.

국내에서 살아가는 유럽 사람들은 말한다. 한국인들은 자기들이 들고 있는 게 모두 명품인 줄 아나 보다. 자신의 스타일을 보이는데 반드시 유명 브랜드로 치장해야만 하는 줄 아는가 보다고 말이다.

지금 당신의 옆에는 어떤 브랜드가 있는가?
그리고 그 브랜드는 어디에서 누가 만들었는가?
당신이 지급한 금액은 누구 주머니로 갔는가?
모든 걸 안 당신의 지금 기분은 어떤가?

28 패션디자이너의 경쟁력을 마케팅 하라!

패션디자이너는 아무나 하나? 패션디자이너가 되고 싶다는 사람들이 많다. 대학을 패션디자인과로 가려고 하는데 어떤 공부를 해야 하며, 우리나라 유명한 패션디자이너처럼 되려면 어떤 공부를 해야 하는지 묻는다.

필자한테도 멘토가 되어달라는 학생도 있고, 내가 쓴 책을 일본에서 유학생활 하던 중에 받아봤다는 사람도 있다. 필자가 어디에서 강연회를 할 때면 청중 속에 앉아서 카메라로 내 모습을 찍어가는 패션디자이너들도 있다. 책 내용 들으러 온 게 아니라 사진 찍어온 사람들이다.

미국의 파슨스디자인스쿨, 일본의 문화복장학원에서 유학하는 학생들이 많고, 이탈리아와 영국, 뉴욕에서 현지 패션업체에 취업하여 근무하는 사람들 소식도 전해 듣는다. 그런데 패션디자이너가 되려면 어떻게 해야 할까? PRADA의 프라다는 대학에서 사회학을 전공했지만, 현재 굴지의 글로벌 패션기업의 디자이너로 활동하지 않는가?

패션디자이너가 되려면 패션디자인을 전공해야 한다는 조언보다 현재 패션디자이너들이 어떻게 활동하는가를 아는 게 중요하다. 패션디자이너가 되려는 꿈을 품었다면 주목하자. 당신의 선배들 모습일 수도 있고, 미래의 당신일 수도 있다. 패션디자이너가 패션브랜드를 살린다.

샤넬의 패션디자이너 칼 라거펠드는 샤넬 출신이 아니다. 다른 브랜드에서 옮겨온 이직 디자이너다. 디자이너 한 명이 샤넬의 상징이 되는 시대, 패션디자이너는 이제 패션 브랜드와 같은 시대다. 패션디자이너를 마케팅하라!

어떤 브랜드가 있었다. 연세대학교를 졸업한 젊은이가 내세운 패션 브랜드로 샤머니즘 문양을 패턴에 적용해서 일대 큰 인기를 끌었다. 바지 밑단과 재킷 등의 원단에 샤머니즘 문양을 넣어 완성한 스타일은 한눈에 보기에도 뭔가 상당히 독특한 이미지를 주는 디자인들이 많았다. 그런데 잘 나가던 이 브랜드는 전국에 대리점도 열고 판매율도 높아갔는데 어느 순간 디자인 느낌이 약해지더니 급속도로 쇠락해버리고 말았다.

왜 그랬을까? 우선, 단조로운 패턴 형태의 디자인인 까닭에 다른 업체들이 모방하기가 쉬웠다. 디자인권이나 저작권 등과 상관없이 비슷한 문양들이 쏟아졌다.

검은색 바탕에 주황색 문양을 넣은 스타일들이 여기저기서 나오다 보니 브랜드만의 특색이 없었고, 심지어 내부 디자이너 팀장을 자기 여자 친구로 교체했다는 소문까지 돌았다. 브랜드 콘셉트를 세우고 인기를 얻기까지 일조했을 패션디자이너 대신 자기 여자 친구를 팀장으로 앉히는 바람에 먼저 일했던 디자이너들이 대부분 퇴사를 한다거나 하는 소문이 끊이질 않았다. 그 이후에 브랜드는 사라졌고, 들리는 이야기로는 현재 홍콩 쪽이랑 중국에서 다른 회사 옷을 주문 생산해주는 사업을 한다고 전한다.

이런 사례는 패션계에선 새로울 건 아니다. 다른 브랜드 역시 초창기 '나도 꼭 한 벌은 갖고 싶은 옷'이라고 말하던 젊은 여성 소비자들이 많았는데, 어느 순간 감도가 약해지고 디자인력이 떨어지더니 그 브랜드 그 처음 느낌을 살리지 못하고 있다. 옷이 예뻐서 여성들이 갖고 싶어 했던 옷인데 이젠 어디에서나 볼 수 있을 정도로 특이하지 않은 옷이 되어버렸다. 이 역시 패션디자이너가 교체되었다는 소문이 패션계에 퍼졌다.

중국 베이징에 들러 지인이 운영하는 브랜드 중국지사를 방문했을 때의 일이다. 국내에서 인기를 구가하던 남자 톱 탤런트 황모 씨가 대표로 있던 브랜드 중국지사는 그의 여자 친구 남모 씨와 함께 중국 시장에서 패션사업을 확산시키고 있었는데, 한류스타가 주인공으로 출연한 한중 합작 드라마를 만들 정도로 의욕적인 사업을 펼치기도 했다.

그러나 현지에서 만난 그 회사 디자이너를 보니 당시 어려움이 있다는 황 대표의 이야기가 피부로 전해졌다. 중국 대학에서 패션 디자인을 전공했다는 중국 여성의 패턴과 디자인 실력은 매우 초보 수준이었고, 같이 일한다는 직원들의 전공 분야 역시 MD나 사입 쪽이었다.

중국에 이 브랜드가 처음 진출하면서 너도나도 몰렸던 중국 대리 상들이 이제는 가격이 높다는 이유 등으로 하나둘 계약을 해지하는 분위기였는데, 중국 내에서 해당 브랜드의 인지도가 점점 약화되고 그 때문에 중국 측 장사꾼들이 손을 놓으려는 분위기였던 것이다.

남자와 여자가 만나는 곳에서 서로 인연이 생기는 건 어쩔 수 없다. 자연의 섭리이니 어떻게 하겠는가? 그런데 패션계를 비롯하여 사내 연애, 사내 결혼을 하는 커플들이 많다. 특히, 서로 보완되는 업무를 하는 남녀 간에 인연이 맺어지는데 이들은 결혼하고 장래에 부부 회사를 만들 계획을 하곤 한다.

패션디자이너 여자, 패션영업팀 남자, 이 둘은 사랑해도 될까요?

패션 브랜드 회사에서 영업을 담당하는 사람들은 대부분 남자다. 지방 출장이 많고 거래처 사람들을 만나 영업을 하면 술자리도 있고 장시간 이야기를 나눌 필요도 있기 때문에 남자가 많다. 그런데 패션 영업을 하다 보면 대리점 사장들과 친분이 생기고, 어느새 이들의 가슴엔 나만의 패션 브랜드를 론칭해서 패션 브랜드 사업을 하고 싶다는 꿈을 갖게 된다. 그 순간 자신에게 부족한 것이 무엇인지 생각하게 되고, 그들은 회사의 디자인실을 기웃거리게 된다.

그래서 패션계에는 패션디자이너와 패션마케터 커플이 많다. 물론, 패션디자이너와 패션디자이너의 커플도 많다. 그들은 일하다가 공동의 꿈을 지녔다는 걸 알게 되고, 서로 친근감을 공유하게 되어 커플로 발전하게 되는 경우를 자주 봤다. 물론, 출판계에도 출판영업자와 편집자가 이성일 경우 커플이 되는 일이 많다. 남과 여가 만나고, 서로 하는 일이 분담되었을 때 상대방에게 호감을 느끼게 되는가 보다.

그들이 퇴사하게 되면 100% 패션회사를 차린다. 여자가 디자인하고 남자가 판다. 여자가 생산공장을 관리하고 남자가 판매처를 관리한다. 하지만 의욕만으로 시작한 사업은 좋은 결과를 만들어 내기가 너무 어렵다는 걸 알게 된다. 남자와 여자는 다시 생각을 고쳐먹고 각각 다른 패션 브랜드 회사에 취업하게 된다.

그 이유는 바로 상대방의 일에 대해 몰랐다는 점이다. 각자 자기 일에 대해선 전문가였지만 상대방이 하는 일에 대해선 잘 몰랐기 때문에 호흡을 맞출 수 없다. 상대방의 일을 알고, 그 속에 내 일을 넣어야 하는데, 내 일에만 충실하다 보니 유기적으로 조율해주고 관리를 해줄 매니저가 없었던 게 가장 큰 문제점이다.

코코 샤넬을 아는가? 그녀는 자신이 디자인과 경영을 동시에 하다가 나중엔 전문경영인을 들였다. 코코 샤넬이 성공할 수 있었던 건 전문경영인에게 경영을 맡겼고, 자신의 후임으로 칼 라거펠트 같은 뛰어난 디자이너를 데려왔다는 점인데, 그건 바로 사람을 보는 안목이 있었다는 것이고, 좋은 인재를 자신의 회사에 데려올 방법을 알았다는 부분이다. 코코 샤넬이 디자인도 해보고 경영도 해본 경험 덕분에 자신보다 더 잘하는 경영인을 볼 수 있었고, 자신의 뒤를 이어 디자인을 발전시킬 디자이너를 찾을 수 있었다는 뜻이다.

패션 브랜드 회사의 영업팀장과 디자인팀장이 만난다고 해서 서로의 일에 대해 호흡을 맞출 줄 모르고 각자 자기 일만 열심히 하던 사람들이라면 그들의 조합은 오래갈 수 없다. 바로 깨지고 만다.

그래서 패션디자이너는 여러 가지를 알아야 한다.

패션디자이너는 누구를 가리켜 패션디자이너라고 말할까? 대학에서 전공한 사람? 학원에서 배운 사람? 또는, 실무 현장에서 직접 기술을 배우고 자신만의 감각으로 시작한 사람?

여러분이 잘 아는 프라다(Miuccia PRADA)는 1950년 이탈리아 밀라노 태생으로 밀라노대학에서 사회학(?)을 전공하고 박사학위까지 받은 뒤, 할아버지의 요청에 끝내 패션디자이너로 활동한다. 1978년도에 가업을 물려받아 토트 가방 디자인으로 캣워크를 하고, 거래처기업들이 호평해주는 환경 속에서 자금을 지원받아 패션디자이너로 거듭난다.

그런데 우리나라에서는 패션디자인을 전공해야만 패션디자이너로 생각해주는 이상한 풍토가 있다. 그렇다면, 대통령학과를 졸업해야만 대통령 출마 자격을 주어야 하는 게 아닐까? 국회의원학과를 전공해야만 국회의원 자격을 줘야 하고 말이다.

패션디자이너는 감각으로 승부한다.

옷에 대한 봉제 기술은 양장사가 잘하고, 패턴은 패턴사가 한다. 패션디자이너는 패션에 대한 감각을 살려 디자인을 창작하고 사람들의 생활 문화에 영향을 준다. 패션디자이너는 미싱사가 아니고 봉제

사가 아니며 재단사가 아니다.

일부 패션 브랜드사에서는 패션디자이너를 의상디자이너와 구분하지 않고 같게 대우한다. '패션=의상'이라는 관점 때문이다. 패션은 의상과 잡화, 시계, 신발, 모자, 벨트, 보석류 등을 모두 포함하며 의생활뿐만 아니라 식생활과 주거 생활, 문화생활 전반에 걸쳐 모든 영역에서 활동한다.

패션디자이너는 그래서 책도 많이 봐야 하고, 사회 각 분야에 관심을 두고 알아야 하며 다양한 사람들을 만나며 그들의 생활방식에 관심을 가지고 이해하며 자신의 디자인에 반영해야 한다. 의상디자이너는 데님 디자이너, 아동복 디자이너, 언더웨어 디자이너, 드레스 디자이너, 가죽 디자이너, 스웨터 디자이너 등으로 나뉜다. 패션디자이너 학과에서 의상디자인만 가르친다는 것은 상당히 잘못된 것이다.

핸드백 디자이너, 신발 디자이너, 악세서리 디자이너들도 있다. 그뿐만 아니라 시각디자인과 출신들이 패션디자인을 하기도 하고 포토그래퍼들이 사진 수정 기술을 배워 웹디자이너를 하기도 한다.

디자이너와 디자인과의 경계가 무너지는 요즘 분위기에서 '패션디자이너란 어떻다.'고 규정하는 것은 시대의 흐름에 어긋나는 생각일 수 있지만, 패션디자이너의 원뜻만큼은 알고 있어야 한다.

사람들은 브랜드가 무엇이고 트렌드가 무엇인가를 질문하기도 한다. 브랜드란 자신만의 색깔을 지니고 자리 잡는 데 성공한 상품이다. 브랜드란 개인도 되고 회사도 되며 특정 상품도 된다. 개인이 어떤 영역에서 선두 위치에 올랐다면 그 사람은 그 분야의 '브랜드'가 될 수 있다. 그리고 그 사람을 본받기 위해 따라가며 배우는 사람들이 있다면 그게 바로 '트렌드'가 된다.

브랜드가 앞장서고, 트렌드가 뒤따라서 간다는 말이다. 브랜드가 트렌드를 만든다는 의미로도 설명된다. 최근에는 패션디자이너가 건물을 디자인하고, 아파트를 디자인하며 그릇과 텔레비전, 스마트폰 휴대전화까지 디자인한다. 사람들은 굳이 영어단어로 '콜레보레이션' 이란 의미의 ' 협업(協業)'이라고 부르는데 이는 올바른 표현이 아니다.

패션디자이너의 의미와 의상디자이너, 브랜드와 트렌드에 대해 의미를 잘 알고 있는 것 역시 패션에 대해 제대로 아는 것이 된다.

옷에 대한 감각이 있고 언제나 스타일리시하게 잘 차려입고 다니는 패션디자이너들이 부러웠는가? 그들은 당신의 생각만큼 멋진 사람들이 아니다. 패션디자이너는 자기 말고 다른 이들을 꾸며주고 개성을 잘 보이게 해주는 직업이다.

패션디자이너들이 자기를 잘 차려입고 다닌다면 그건 다른 이들에게 신경 쓸 시간이 없다는 것과 같다. 지나친 자기 고집과 자기중심적 사고에 빠진 사람들이기 때문이다.

29 디자인 vs 모방, 브랜드를 살리는 디자이너의 경쟁력은?

패션디자이너들이 일하는 기획실, 또는 디자인실 등을 가보면 세계 각국에서 오는 패션잡지들이 수북하다. 원단과 샘플 패턴, 가위, 봉사, 재봉틀, 재단대, 작업지시서 등등이 많을 것 같지만, 그에 못지않게 패션잡지들이 한 공간을 차지한다.

이 잡지들은 패션디자이너들의 감각을 뒤처지지 않게 보완해주는 역할일까? 살짝 펼쳐보면 여기저기 가위질에 난도질당한 페이지가 보이기 시작한다. 맞다. 일본이나 미국 등지에서 각 시즌 출시된 착장 스타일을 오려서 자기 작업지시서에 붙이고, 주머니 어디, 깃 어디를 어떻게 바꿔달라고 화살표 표시를 하기에 이용된 흔적이다.

하늘 아래 새로운 게 없다고 떠벌리는 사람들이 말한다. 그러나 이건 표절이고 카피이다. 음악에만 표절이 있는 게 아니다. 패션디자이너는 세상의 것들을 취합해서 자기만의 감성을 담아 감각적으로 표현해내는 사람이다. 실제로 감성을 개발하려고 노력해야 하고 세상의 모든 지식에 관심을 두고 체험해야 한다. 체험하지 못한 지식이 어떻게 마음에 담겨 감성으로 드러날 수 있는가?

외국 패션잡지에서 그 해 유행할 트렌드 스타일을 골라서 그에 맞는 원단을 찾아 나서고 디자인을 약간 변경해서 자기 디자인이라고 작업지시서의 디자이너 란에 이름 쓰는 사람이 태반이 넘는다. 제대로 멍청하거나 정신 나간 사람들이다. 다른 이의 디자인이지 그게 어떻게 자기 이름 걸고 내놓을 만한 자기 디자인인가?

맞춤복을 하는 디자이너와 기성복을 하는 디자이너가 있다. 패션디자이너 출신들이 1인 스타일리스트 직업을 택해서 유력 사업가들 수트 디자인을 꾸며주고 오더를 받아서 먹고 사는 사람들도 있다. 젊은 여자 디자이너들이 적지 않게 진출한 이 분야에는 남자 사업가들이 1인 스타일리스트라는 이름으로 수트를 고를 때 옆에 동행시키거나 자기 치수 알려주고 최신 유행하는 수트로 만들어달라고 요구하기도 한다.

그러면 그냥 수트만 만들어줄까? 패션디자이너 중에는 손님들과 같이 웃으며 술 마셔주고 말동무 해주며 영업하는 사람들도 참 많다.

한 해에 배출되는 패션디자이너는 1만 5천 명가량이다. 그러나 패션 브랜드 업체나 기타 디자이너 수요가 이뤄질 만한 곳이 드물다 보니 대부분 외국으로 유학을 가거나 외국 업체에 취업한다. 우리나라 패션디자이너 막내로 취업하면 120에서 150만 원 정도의 급여를 받는데 미국 패션기업에 취업하면 막내 디자이너라고 해도 300만 원은 받는다. 물론, 우리나라 대기업 패션 브랜드 업체에 취업해도 그 정도는 받는다. 여기서 말하는 건 대다수 중소기업 패션업체들 수준이다.

중소기업 패션업체들이라고 하면 의류프로모션업체들도 있고, 인터넷쇼핑몰도 있으며, 위에서 설명한 스타일리스트업체들도 있다. 사정이 이렇다 보니 패션디자이너들도 빠른 시간에 많은 디자인을 해야 하는 현실에 고전하게 되고, 먹고 살려다 보니 남의 디자인 카피하며 떠돌이 인생을 살게 되는 이유도 된다.

그러나 한 가지 분명한 것은 집에 돈이 없어서 외국 유학 갈 형편도 안 되고, 자기 이름 내고 의상실 부티끄를 열지 못한 상황이라 하더라도 패션디자이너는 자신의 이름과 감각으로 승부해야 하는 직업이란 점이다.

패션 브랜드 업체에 취업하여 주어진 콘셉트와 스타일에 맞게 자신의 디자인을 개발하고 기획하는 과정이 1단계라면 나중엔 자신만의 색깔을 지닌 디자인을 선보이며 이름을 거는 게 최종 관문이다. 따라서 나중을 위해서라도 카피캣(COPY CAT)이라는 치욕적인 수식어에 자기 이름을 붙이지 말자. 지금 당장 옆에 패션잡지는 내던지고 수첩과 연필을 들고 거리로 나가고, 박물관에도 가고 여행도 다니자.

감각은 움직일 때 생긴다.

30 남의 디자인 카피로
눈속임 마케팅하는 사람들

백화점에 판매 중인 브랜드가 히트 쳤다면 매장 피팅룸에 손님들이 많아지고, 얼마 지나지 않아 시장과 쇼핑몰엔 똑같은 혹은 유사한 디자인이 넘쳐난다. 카피(COPY)다. 디자인 카피에 대해 알아두자. 단, 디자인 카피를 말하기 전에 패션디자이너의 종류를 알아보는데, 패션디자이너 분야에는 활동하는 분야로 구분해서 여러 종류가 있다.

먼저, 청담동이다. 그 시초는 돈 많은 누군가 먼저 시작하면서 후배들을 불러 모은 경우이고, 자기 명분과 연예인 같은 지명도를 생명으로 여기는 곳이다. 때로는, 각자의 아래에 문하생 제도를 두어 다수 디자이너를 고용, 그들로부터 아이디어를 받아 자신의 이름을 걸고 시장에 내놓는 사람들도 대다수 있다.

이처럼, 청담동이 자기 명분이 강조되는 곳이라면 동대문은 오로지 돈을 벌려는 사람들이 모인 경우가 많다. 밀라노, 파리, 뉴욕에서 주목받은 스타일은 사진만 보고도 바로 공장에 입고, 다음 날이면 SHOP에 걸어두는 초스피드의 장소다. 콘셉이나 브랜드의 가치란 찾아보기 어렵다. 패션디자이너 빅터 리로 활동하는 필자는 그래서 동대문이 아니라 돈대문이라고 부른다. 물론, 이런 현상은 2000년대 들어와서 시작된 것으로 보인다. 1990년대 후반까지만 해도 다양한 디자인과 스타일이 강점으로 많은 외국 바이어가 몰리는 곳이 바로 동대문이었기 때문이다.

청담동과 동대문이 있다면 온라인 세상으로 넘어와서 쇼핑몰에

165

서 활동하는 디자이너들이 있다. 주로 제일평화시장, 청평화시장에서 샘플을 가져와서 사진만 찍고 판매하는 경우가 많은데 히트상품은 자신들이 외국에서 직접 생산해서 판매하기도 한다. 어떻게 생각하면 디자이너이고, 다르게 생각하면 스타일 카피스트이기도 하다. 일단, 뜬다 싶은 디자인은 온라인쇼핑몰부터 등장하니 말이다.

물론, 필자가 말하는 패션디자이너들의 세계가 여간해선 성공하기어려운, 때로는 취업조차 힘든 곳이기 때문에 많은 패션디자이너가남다른 고민을 안고 산다는 점도 이해한다. 피팅 되는 55사이즈에외모가 어느 정도 필요한 곳이다. 생각해보자. 디자인 창의력만 갖추면 된다고 말하지 말자. 요즘엔 디자이너가 직접 입어봐야 옷을 제대로 만든다고 말하는 곳도 많고, 백화점 피팅 제안 미팅처럼 거래처랑만날 때에도 회사 디자이너들의 스타일리시한 면모가 주목받는 시대이기 때문이다.

이미지가 중요한 패션 브랜드 시장에서 디자이너, 회사 로고, 임직원, 유통처 인테리어 디자인 등 모든 것을 통합하는 분위기이기 때문에 생긴 흐름이다. 이처럼 디자이너의 세계가 단지 디자인 창의력만갖고서는 활동하기 쉽지 않은 무대임을 고려하고 디자인 카피에 대해 알아보도록 한다.

패션잡지

가장 많은 카피가 이뤄지는 곳은 잡지다. 패션디자이너에게 주어진 재단 가위는 원단만을 자르라고 존재하는 건 아니다. 시장에서 수만 원을 주고 사온 비싼 재단 가위이지만 대부분 시간을 잡지 오리는데 보낸다. 외국에서 새로 나온 스타일과 디자인을 보고 자신이 만들어야 하는 브랜드에 맞춘다. 주머니 모양을 바꾸고 원단을 바꾸며 깃이나 안감을 바꾸기도 한다.

문제는 품평회에 참석한 기자나 담당 임직원들도 디자이너와 같은 잡지를 이미 본 경우다. 그들의 눈에 익은 디자인과 스타일링이 등장하는 순간 어렵게 본떠서 만든 디자인이 무대 아래로 던져진다.

백화점 브랜드 SHOP

백화점 매장에 들러 피팅룸에 들어가 사진을 찍는 경우다. 사진 촬영이 어렵다면 쇼핑을 했다가 카피제품을 만든 후 한 달 이내에 반품한다. 샘플로 쓰려고 가져와서 사무실과 공장으로 옮겨 다니는 순간 상품에 오염이 되면 회사 샘플실에 남는 신세가 되지만 그렇지 않고 관리를 잘했다면 여지없이 반품한다.

다른 브랜드를 똑같이 만들진 않지만 대부분 원부자재와 디테일한 디자인을 바꿔서 내놓는다. 자신만의 감성이나 느낌, 아이디어는 없다. 오로지 팔리는 디자인의 스타일만 본뜨기에 급급하다.

인터넷쇼핑몰

인터넷쇼핑몰도 예외는 없다. 몇몇 잘 나가는 쇼핑몰을 구경하며 인기 높은 디자인을 살핀다. 마음에 드는 디자인이 보이면 손으로 그리거나 모니터에서 스크린 캡처를 하고 컬러로 프린트한다.

적당히 크기를 맞춰 작업지시서에 붙이고 자기가 살짝 바꾼 실이나 단추, 스냅, 고무줄 등의 부자재를 붙여서 샘플실로 내보낸다. 디자이너는 스스로 되뇌인다. 나는 카피한 게 아니라 더 예쁘게 나만의 스타일을 추가한 거라고 자위한다.

케이블 방송

집에 퇴근 후에는 케이블 방송 패션채널에 손이 간다. TV를 보며 디자이너들이 고생하는 내용을 보며 자기 자신의 신세에 대해 연민을 가진다. 하지만 이내 프로그램 시청 후에는 패션쇼 방송으로 눈길을 바꾼다.

외국 디자이너들의 패션쇼를 방송해주는 덕에 런웨이를 가지 않아도 집 안방에 누워 다른 디자이너의 디자인을 볼 수 있다. TV를 시청하던 중 자신의 눈에 들어오는 디자인이 보인다. 회사에서 판매하는 브랜드를 붙여도 어울릴 것 같다. 이 순간 작업지시서를 들고 대략적인 스케치를 딴다. 아니면, 스마트폰으로 모니터를 촬영한다. 때로는 동영상 모드로 촬영한다. 회사에 가서 팀장에게 보여주고 의견을 물어본 후 작업지시서를 그릴 것인지 판단해야 하기 때문이다.

여기까지 디자인 카피가 이뤄지는 현실에 대해 공개했다. 물론, 우리나라엔 자기 스스로 감성을 쌓고 아이디어를 넣어 디자인하는 사람들이 많다. 아니, 그럴 것이라고 믿고 싶다. 그러나 동대문시장, 인터넷쇼핑몰, 백화점 등에 나가봐도 그 옷이 그 옷인 경우가 많고, 각 브랜드마다 다른 점은 모델만 다르다는 지적도 나온다.

이 책이 세상에 나온 이후로는 역사책을 펴고 공부하는 디자이너, 인문도서를 꺼내고 진지하게 토론하고 공부하는 디자이너들이 많아지기를 바란다.

31 제품 가격은 뉴욕 맨해튼에서 결정된다?

미국 뉴욕은 관광객에겐 천국이겠지만 패션비즈니스맨에겐 피를 말리는 전쟁터와 같다. 특히, 맨해튼 거리지역은 전 세계에서 활약 (?)하는 패션계의 고수들이 모여서 단돈 10센트를 두고도 경쟁을 벌인다. 이런 사정을 패션인 아니면 절대 모른다. 패션 브랜드 제품 가격은 실상 뉴욕에서 바이어 입맛에 따라 정해지는 셈이다. 뉴욕에서 정해진 원가를 기준으로 공장이 생산하고, 시장에 풀린 이 제품의 소비자 가격을 기준으로 다시 다른 경쟁 업체들이 공장 생산가격을 정하고 소비자 가격에 반영한다.

브랜드를 소비자에게 팔기 위한 마케팅이 아니라 바이어로부터 생산 주문을 얻기 위한 마케팅이 벌어지는 전쟁터다. 가격, 공장, 기술력, 유통력까지 총동원해서 마케팅해야만 바이어의 마음을 얻을 수 있는 장소에 관해 이야기한다.

일전에 호텔에서 만나는 하청업체와 바이어의 대결이 있었다. 10센트에 피를 말리는 오더 수주 현장이었는데, 사람들은 뉴욕을 생각하면서 뉴요커를 떠올리고 낭만을 얘기하지만, 패션인들은 이처럼 치열한 생존경쟁이 펼쳐지는 일터를 떠올린다.

맨해튼 지역에는 세계 각 지의 패션기업들이 몰려있고 소호 shop들도 있는 패션의 거리가 있는데 이곳은 소리 없는 무역 전쟁이 벌어지는 곳이기도 하다. 겉으로 드러나는 아름다움은 둘째 문제이다. 뉴욕 맨해튼 거리에서 펼쳐지는 전투현장으로 들어가 보자.

중국과 베트남 등지에서 패션 의류를 생산하는 에이전시들은 해마다 정기적으로 뉴욕에 모여서 주문을 내는 바이어 기업들과 함께 그 해의 생산 주문을 따내기 위한 경쟁을 한다.

한번은 A 회사에서 내는 주문이 물량이 많아서 많은 에이전시가 경쟁을 벌인 적이 있는데, A 회사의 생산주문 담당자는 자신이 묵는 호텔로 각 에이전시 사장들을 오라고 한 뒤에 그 해에 생산해야 할 디자인 아이템 샘플들을 보여주면서 각 샘플에 대해 생산가격을 알려달라고 했다.

물론 세부적인 생산 요소로 납기와 생산지, 가격과 일정 등도 있지만 일단 가격적인 면을 알려달라고 했을 때 그 자리에 모인 에이전시들은 저마다 신중하게 치열한 가격 내기에 들어갔다. 물량이 몇십만 장 단위에서 결정되는 큰 오더인 까닭에 이익률은 장당 얼마 꼴로 뽑아야 했는데 세계의 패션비즈니스를 쥐락펴락하는 뉴욕 맨해튼에서 제일 중요한 부분은 가격이었다.

그 해에 사용할 수 있는 원단과 생산처 공장 목록을 머릿속에 꿰고 바이어가 보여주는 샘플을 눈으로 본 후에 가격을 내야 하는 일종의 시험이었다. 결국, 오더 주문을 받은 업체는 각 장당 단가를 5센트, 10센트 단위까지 떨어뜨리며 주문을 따는 데 성공했다. 제품 한 장 생산하는데 10센트가 남는다면 우리나라 돈으로 100원 남는 셈이지만 전체 물량이 60만 장 정도 된다면 60만 × 100원이므로 전체 금액은 원화로 6천만 원이었다.

뉴욕 맨해튼에서는 이렇게 말도 안 될 것 같은 일들이 빈번하게 벌어지는데, 월마트 반바지 주문물량이 한 디자인에 60만 장이라는 것, 그 외에도 단가만 맞추면 280만 장짜리 셔츠 물량이 있고, 해마다 50만 장씩, 100만 장씩 생산을 기다리는 주문 수량이 넘치는 곳이 뉴욕이다.

실제 주문을 받아서 생산에 들어가면 주문은 신용장으로 거래되며 50만 장이건 100만 장이건 주문은 1만 장 또는 2만 장 단위로 나눠서 이어진다. 아무리 많은 물량이라도 자칫하다가 생산이 불가능해질 때는 주문업체도 큰 손해가 나기 때문이다.

뉴욕은 그래서 막대한 돈이 오가는 무역시장인 동시에 단돈 10센트에도 울고 웃어야 하는 치열한 삶의 현장이다. 그리고 이처럼 치열한 미국 패션시장에서 성공한 한국인들이 있다.

먼저 필자가 만나본 업체는 미국 교포 출신으로 로스앤젤레스 자바 시장에서 터를 닦아 연간 매출 7억 달러 이상을 벌어들이는 성공한 패션 브랜드 F 브랜드의 경우이다. 그리고 유대인 자금주를 만나서 독특한 패션 디자인 기획과 생산으로 성공한 B 브랜드를 들 수 있다.

유럽, 아시아, 오세아니아 등 전 세계를 다니며 거래하는 이들은 세계 각지에서 열리는 패션위크 박람회에 나가면 이미 유명인사다. 이들은 한국인 디자이너를 고용해서 미국 현지에서 근무하게도 하고 해마다 전국 패션위크를 다니며 디자인 기획과 아이템 발굴에 여념이 없다.

모 유명 브랜드는 싱가포르에 지점, 다른 브랜드는 마카오에 지사를 내고 생산과 물류를 하며, 제품 생산 원가 가격을 내릴 수만 있다면 제품을 선적한 배를 남아프리카 마다가스카까지 운항시키며 미국 시장으로 들여온다. 빠른 디자인으로 독특한 감각, 낮은 단가로 성공한 패션업체로 볼 수 있다.

그러나 위에서 설명한 에이전시들의 입장은 바이어로부터 오더 주문 물량을 따내기 위해 경쟁하던 위치에서 벗어나 중국이나 베트남 등지의 생산공장 사장들과 대면하면 다시 바뀐다. 미국에서 바이어를 상대하던 입장에서 벗어나 중국에서 그 자신이 바이어가 되는 상황에선 고압적인 자세를 취하며 생산공장을 휘두르며 생산 과정의 권력자로 군림하려 든다.

가령, 바이어에게 제시한 가격을 깎기 위해 생산공장 주무르는 몇 가지 방법을 구사한다. 예를 들어 본다.

첫째, 샘플 트집 잡기

샘플을 받고 부족한 부분을 지적하며 재생산, 재지시를 하는 경우이다. 누가 보더라도 샘플의 큰 오차는 없다. 그러나 청바지의 경우 똑같은 원단에 똑같은 공정을 거쳐 생산하더라도 완제품은 반 인치 정도 차이가 날 수 있는데, 에이전시는 이 같은 사이즈 오차를 트집 잡아서 샘플 재생산 지시를 내린다.

이들이 원하는 것은 단 한 가지. 납품 기일을 못 맞추게 하거나 연장해달라고 부탁하기를 기다렸다가 가격을 낮게 재조정하는 일이다. 공장에서는 자신들의 잘못이 없다고 하더라도 샘플을 트집 잡아서 지적하는 바이어에게 적극적으로 항변할 수가 없다.

둘째, 부자재 바꾸기

신용장으로 주문을 해두고 생산에 들어간 후에는 전적으로 공장의 작업 효율에 좌우된다. 패션의류라는 건 사람이 사람을 위해서 만드는 작업이고, 각 작업자의 1일 업무 효율에 따라서 하루 생산량이 다소 차이가 날 수도 있다.

그런데 에이전시는 공장을 휘둘러야 자신의 말을 잘 듣고, 또한 바이어에게 약속한 낮은 단가를 맞출 수 있기에 공장으로부터 어떻게든 가격 재조정을 할 구실을 찾게 된다. 이럴 때 자주 쓰는 방법의 하나가 부자재 교체 방법이다.

이 글을 읽는 당신이 궁금하게 생각할 수 있다. 처음에 주문할 때, 샘플을 보고 주문했을 것이고, 신용장에 기재된 디스크립션(상품 명세)에 나와 있는데 어떻게 그게 가능한가 되묻게 된다.

여기까지 알아도 당신은 최소한 무역거래에 초짜는 아니다. 그러나 다시 한 번 더 신용장을 자세히 보라. 와이셔츠의 예를 들어 버튼을 앞에 몇 개, 커프스에 몇 개 등으로 표시했지만 정확하게 어떤 버튼을 쓰라고는 적혀 있지 않다.

게다가 공장에는 추가 오더까지 같이 넣겠다며 살짝 분위기를 띄워 주고 부자재는 이걸로 바꿔달라는 얘기를 한다.

예를 들면, 일반 플라스틱 버튼을 코코넛 버튼으로, 코코넛 버튼을 자개 버튼으로 바꿔달라는 식이다. 부자재를 바꿔달라는 요구 중에는 실을 바꿔달라는 요구도 가능하고, 지퍼를 쇠 지퍼에서 플라스틱 지퍼로 바꿔달라기도 한다.

근데, 이런 요구는 거래를 여러 번 해본 공장에서는 통하지 않는다. 작업에 일단 들어가면 실 하나, 버튼 하나 바꾸기가 상당히 어렵다는 걸 이미 알기 때문이다. 작업자 라인에서 재봉틀에 실을 바꿔 끼운다는 것은 소량 주문은 상관없지만 천 장, 만 장 단위로 가면 전체 속도가 느려지고 불량률도 생기게 된다.

작은 부자재 하나일지라도 제품을 만들 때에는 작업자의 감각에 익숙해야 하는데, 실 하나 바꾸고 버튼 하나 바꿔도 전체 공정 속도가 느려진다. 에이전시 입장에서는 거래를 시작한 지 얼마 안 되는 공장에 이런 요구를 한다.

셋째, 샘플 흠집 내기

에이전시가 자주 쓰는 방법은 흠집 내는 방법도 있다. 가령, 공장으로부터 샘플을 받고 그 샘플에 흠집을 내어 공장으로 다시 돌려보내는 방법이다.

예를 들어, 핫피스 또는 고무 나염 등을 붙이는 티셔츠 등에서 자주 사용한다. 손으로 잡아당겨서 뜯어지면 "이렇게 잘 뜯어지는 작업 품질을 어떻게 검토하라고 하나?"라며 되돌려 보낸다.

사실, 남자 어른의 힘으로 핫피스나 나염을 당기면 안 뜯어지는 제품은 별로 없다.

넷째, 완제품 검사에 에이전시 클레임 걸기

공장이 물건을 다 만들면 출고 전에 바이어가 공장에서 검사하는 과정이 있다. 물론, 이런 과정은 오퍼에 서로 협의해서 적고, 신용장 내용에도 기재된다. 이에 따라 공장에서는 제품을 다 만들고 바이어가 와서 검사한 후 검사확인서만 내려주기를 바라게 된다.

공장에서는 검사확인서만 들고 신용장을 들고 은행에 가면 돈을 주기 때문이다. 그런데 문제는 여기서 생긴다. 에이전시가 제품을 무작위로 열어 뜯어보면서 1번 박스에서 한 개, 3번 박스에서 2개를 꺼내 비교한다고 하자.

이때, 각 제품을 제대로 비교하면서 사이즈, 색상, 바느질 상태, 부자재 상태, 무게까지 비교해보고, 심지어 검침기를 동원해서 혹시라도 있을지 모르는 부러진 바늘까지 찾는다. 이를 거친 후에는 포장 상태를 보고, 제품을 모두 컨테이너에 넣을 때까지 기다리며 지켜본다.

제품이 컨테이너에 모두 입고되고 차가 출발하기 전에 검사확인서를 공장 측에게 주는데 에이전시가 막판에 뒤집는 경우가 여기서 발생한다. 제품 무게가 다르다. 바느질 상태가 다르다. 염료 컬러가 다르다. 심지어는 원단 느낌이 다르다는 이유를 붙인다.

원단 느낌이 다르다는 것은 에이전시에서 나온 검사직원이 1번 박스 제품과 3번 박스 제품을 꺼내어 비교하면서 손바닥으로 서로 쓸어보고 그 느낌이 다르다고 말하는 것이다. 공장에서는 항변하고 이의를 제기해보지만, 검사직원은 손바닥으로 쓸었을 때 달라진 원단의 결 모양 등을 트집 잡으며 검사확인서를 못 주겠다고 얘기한다.

위에서 알아본 트집 잡기 외에도 수많은 방법이 자행되는 곳이 바로 무역 비즈니스 분야이다. 바이어는 돈을 깎으려고 하고, 공장은 돈을 더 받으려고 한다. 하지만 언제나 상대적 약자는 공장이기 때문에 다음 거래를 위해서라도 울며 겨자 먹기로 바이어의 요구에 따라서 휘둘리는 게 공장이기도 하다.

뉴욕을 생각하면 아름다운 거리 풍경을 생각하는가? 맨해튼에 밀집한 소호 거리 SHOP을 보며 디자인의 거리라고 생각되는가? 그 안에서 일하는 패션인들은 바이어와 공장 입장 사이에서 피를 말리는 접전을 벌이는 중이다. 밀고 당기는 치열한 전투가 벌어지는 곳이 바로 뉴욕이다.

끝으로, 하나만 더 얘기하자면 신용장 인보이스나 패킹 리스트에 회사 인감 찍은 위치가 다르다고 결제를 거부하는 곳도 많다. 기가 막히고 코가 막히지만 이런 일이 생기는 곳이 세계 패션계이기도 하다.

 **_Tip_**

바이어의 횡포에 맞서는 공장의 소심한 복수?

브랜드 업체와 일하는 공장에서 일하는 생산근로자들이 이따금 좋은 브랜드의류를 자신이 만든 거라며 주위 사람들에게 선물할 때가 있다. 브랜드 업체가 입고시킨 원단과 부자재를 주문량만 맞추고 나머지 자신들이 입을 옷으로 만든 경우이다. 자신의 실력을 뽐내려고 자랑하기도 하고, 일부는 외부에 팔기도 한다.

32 패션디자이너의 생존법칙, 자신을 마케팅 하라!

패션디자이너들은 관대하다?

아름다운 옷을 만드는 직업을 가진 패션디자이너는 성격도 아름답고 우아할까?

천만에다. 패션디자이너 세계에서 성공하려면 남자나 여자나 기가 세고 대찬 성격들이 두각을 보일 때가 있다. 남자와 여자를 가리지 않고 서로 경쟁하는 분야이고, 서로의 감각에 대해 칭찬 한마디 하지 않는 분야가 바로 패션계이다.

겉으로 화려한 의상을 치장하고, 속으론 거친 욕설을 내뱉는 이들이 있다면 그들이 바로 패션디자이너이기도 하다. 술도 잘 마시고 성격도 남자답고(물론, 여자들이) 씩씩하다. 공장 사장들도 잘 다루고 스트레스 직종에서 버티는 그녀들만의 노하우이기도 하다.

패션디자이너들의 세상으로 들어가 보자. 패션디자이너들은 연애관이 자유로운 편인데, 업무 때문에 만나게 된 모 패션디자이너는 남자친구가 있음에도 거래처 모 직원과 어느 날 미팅 후에 일(?)을 저지르고 임신 상태에서 결혼하게 된 일이 있다. 물론, 개인적인 경우이겠지만 그만큼 남녀 교제에 스스럼없고 자기 스타일과 주장이 강한 사람들이 많다는 점을 보여주는 예이기에 소개한다.

실제, 필자와도 몇 번 일하면서 마주친 적이 있는 그녀는 자기 남자친구를 자랑한 적이 있기에 다른 남자와 결혼하리라고는 생각도 못했으며, 더구나 그 상대가 새로 거래를 튼 업체의 담당 부서 팀장이란 것에 또 놀란 기억이다.

또 다른 패션디자이너의 경우를 예로 들자면, 중국에 출장 온 모 패션디자이너는 동행한 현지 남자에게 버젓이 자기 다리를 주물러 달라고 한다. 사람들이 있건 없건 침대에 누워 다리가 아프다며 남자에게 다리를 주무르라고 한다. 문화 차이니까 이해하라고 하진 말자. 그녀는 한국 여성이었다. 다리를 주물러준 남자는 중국 거래처 남자였다.

그뿐이 아니다. 일본 출장길에 사장과 동행한 모 패션디자이너는 하루 리서치를 마치고 사장 방에서 모여 회의를 마친 후에도 자기 방으로 돌아가지 않고 계속 머무르며 사장을 당황하게 했다는 이야기도 있다. 연애에 관대한 패션디자이너들의 세계라고 할 수 있을까? 물론, 모든 사람이 그런 건 아니다. 하지만 패션디자이너라면 다시 생각해보자. 자기 주위에 그런 일이 없었는지, 내가 느끼기엔 아직도 패션디자이너들은 자유로운 영혼으로 살아간다.

거래처나 출장지에서 일어난 일이라고 생각되는가? 또 다른 일을 소개한다. 국내 굴지의 패션 대기업의 제품들을 하청 생산하는 중견 규모의 패션기업들이 있다. 유수 브랜드를 가진 국내 패션 대기업은 디자인과 기획을 하고 관련 제품들을 국내 생산업체에 하청 주는 방식으로 생산하는데, 이 하청업체 사장들은 하루에도 몇 번씩 거래처인 대기업에 들러 인사를 하기에 바쁘다.

그도 그럴 것이 대기업에서 주는 결제 어음은 할인시장에서 현금처럼 교환되며, 대기업의 모 브랜드를 담당하고 있다는 사실을 통해 다른 기업들의 제품 생산 주문도 받기 때문이다. 그런데 한 가지 재미있는 점은 이 대기업의 하청업체 감독 시스템이다.

대기업에서 보면, 중견기업들이라고 해도 거래처이다 보니 하청업체의 품질경영 상황을 체크하고 다음 해 거래처 선정 시에 평가 자료로 쓰는데, 이때 대기업은 불특정한 자사 직원을 하청업체에 파견하여 체크항목들을 검사하고 점수를 매긴다. 이때 점수가 70점을 넘지 않으면 다음 해에 거래하지 못하게 된다.

이때 어떤 일이 벌어질까? 대기업 임원도 모르는 낯 뜨거운 일들이 벌어지곤 했다.

가령, 하청공장에 파견된 대기업 직원은 검사를 마친 후 하청업체 직원들과 저녁 식사라도 하게 되는데 하청업체 사장은 자사의 패션디자이너들을 대기업에서 파견 나온 직원들 사이사이에 앉힌 후 분위기를 이끈다.

심지어 여자 패션디자이너가 대기업 직원에게 안주를 집어주며 입에 먹여주는 모습도 볼 경우가 있다. 하청업체의 살아남기 전략인 셈인가? 접대를 받은 대기업 직원은 그 업체에 대해서 어떤 평가 점수를 내릴까?

패션계가 치열한 경쟁의 분야이다 보니 스트레스를 받는 건 패션디자이너들도 마찬가지이다. 정말 아무나 할 수 없는 일이란 생각이 들 때가 한두 번이 아니다. 우리 회사에서 벌어진 일이다. 한 번은 동대문에서 매주 화요일에 찾아오는 바이어들에게 선보일 시즌 상품의 샘플을 기획하면서 패션디자이너 두 명이 싸움이 벌어졌다.

여자 디자이너 3명을 두고 있었는데, 팀장급과 대리급 직원이 싸움이 붙은 것이다. 대리급 직원은 자신이 기획한 디자인을 팀장이 몰래 가져가서 자기 디자인인 것처럼 썼다고 울고불고 화가 났고, 팀장급 직원은 대리가 거짓말한다며 마주 화를 내는 상황이었다. 급기야 재단 가위를 들고 서로 노려보며 싸우는 두 명을 떼어놓는 위험한 순간도 있었다.

하지만 끝이 아니었다. 팀장이 화가 덜 풀렸던지 귀가하면서 자신의 남자친구인 같은 회사 원단 담당 남자직원에게 이야기했고, 다음 날 그 남자가 우리 회사를 찾아와서 대리에게 맞서 또 싸움을 벌이는 게 아닌가. 결국, 두 명 모두 퇴사를 시키면서 일을 마무리했지만, 패션디자이너들의 디자인 중요성에 대해 생각하게 된 계기였다.

TV와 방송, 신문에서 만나는 유명 패션디자이너들도 크게 다르진 않다. 유명 패션디자이너 한 분은 평소 TV에서 고상한 말투와 겸손한 행동으로 이미지를 연출했지만, 그와 한 번이라도 일해본 사람들은 하청업체이건 모델이건 간에 현실을 깨닫게 된다.

심각하게 욕도 잘하고 이따금 낯 뜨거운 행동으로 모델들을 당황하게 하는 걸 알기 때문이다. 카메라 안에서와 밖의 행동이 전혀 다른 경우였다.

여기서 소개하는 패션디자이너의 세계는 약과이다. 하지만 업무적으로 엄청난 스트레스를 받는 패션디자이너라고 모든 일을 너그러운 시선으로 이해해주기만은 어렵다. 패션디자이너는 프로라면 자신의 감정도 제어할 줄 알고 절제해야 하기 때문이다.

패션디자이너는 자기 고집대로 디자인하는 게 아니다. 다른 사람들이 아름다울 수 있도록 자신의 재능을 사용하는 사람들이다. 다른 사람들이 아름다워지게 한다는 건 내가 겸손해야 하고, 나 먼저 아름다운 사람이 되어야 한다는 뜻이다. 내가 겉으로만 아름답고 속으론 그렇지 않다면 그건 진정한 패션디자이너가 아니다.

이 책에서 이 내용을 공개하는 이유는 지금부터라도 모든 패션디자이너가 자신의 잘못된 부분은 고치기를 바라는 마음 때문이다. 그리고 소비자들 역시 제품을 고르고, 디자인을 고를 때 겉으로 보이는 꾸며진 이미지보다 그 패션디자이너에 대해 잘 알고 제대로 알아본 뒤에 그가 만드는 디자인에 관심을 두자는 말을 하기 위해서이다.

33 패션디자이너는 스타일을 돈으로 환산한다

그 사람의 스타일을 금전적인 수치로 판가름한다는 건 패션디자이너의 고질병 중의 하나이기도 하다. 패션 브랜드에서 근무하는 디자이너들은 사람을 만날 때 습관적이자 본능적으로 상대방을 살핀다. 머리끝에서 발끝까지 트렌드와 유행, 컬러와 사이즈, 가격까지 한눈에 파악해서 기억해둔다. 회사에 돌아가서 디자인할 때 적극 활용할 가치를 담는 과정이다.

패션디자이너는 그래서 사람을 만나면 머리끝부터 발끝까지 보게 된다. 이때 대략적인 가격이 매겨지는데, 주로 생산원가를 기준으로 총합계 가격을 매길 수 있다.

가격을 매긴 후에는 상대방의 사이즈 체크가 가능하다. 원단은 얼마나 소요될 것이며 어떤 신체 체형을 지녔으니 조금 더 멋진 스타일링을 위해 어디를 어떻게 바꿔보면 좋겠다는 식의 스터디가 이뤄진다.

패션디자이너와 만나면 그들의 시선을 막을 수 없다는 뜻이다. 그들은 단 1초도 안 되어 모든 것을 판단하기 때문이다. 물론, 필자 역시 마찬가지다.

일하면서 사람을 만났을 때 머리부터 발끝까지 보게 되는데 헤어스타일과 헤어 상태, 안경과 피부톤, 귀걸이와 목걸이, 어느 브랜드 스마트폰을 사용하는지와 담배를 피운다면 어느 담배이며 인사를 나눌 땐, 명함을 꺼낼 때 상대방에게 건네는 방식과 어떤 명함케이스인지 본다.

상의는 로고가 있는지 살핀다. 영문 알파벳이라면 무슨 뜻인지 보고, 클리비지룩을 입었다면 시선을 다른 곳에 둔다. 클리비지룩은 체형이 큰 서양 여성들 가슴 라인을 돋보이게 하려고 입곤 하는데, 동양여성은 체형을 살리는 다른 스타일링을 추천한다.

바지는 브랜드를 보고, 정장 바지는 상의와 코디를 맞췄는지 본다. 신발은 구두일 경우 광택이 나는지, 컬러감을 살펴본다. 하이힐 경우엔 발가락 형태와 발뒤꿈치가 까졌는지 반창고를 붙였는지 살핀다. 하이힐 높이가 얼마나 되는지 보는데, 상대방이 걸을 때 체중이 앞으로 쏠리는지, 뒤로 있는지 본다. 하이힐을 신을 때 그 사람의 건강상태가 드러나기 때문이다.

특히, 하이힐을 신을 땐 발가락과 발 모양 상태를 본다. 다른 사람들의 시선이 잘 닿지 않는 발가락과 발 모양에서는 소홀히 관리하는 경우가 있다. 위에서 아래로 하고 나면 그 사람의 소지품을 본다. 핸드백을 어깨에 걸친 상태 등을 보는데, 그 사람의 심리가 드러난다.

패션디자이너가 바라보는 스타일링 가치를 말하는 이유는 금액적인 부분과 그 사람의 교감대를 다루기 위해서다. 비싼 아이템들을 걸

181

쳐도 그 사람의 상태와 어떤 마음을 드러내는 행동을 하면 그 아이템들은 값싼 재고상품보다도 못하기 때문이다.

그럼, 가격이 비싼지 싼 옷인지 아는 방법이 있는가 궁금할 것이다. 물론, 있다. 예를 들어서, 블라우스는 실크인지 폴리에스테르인지 보고 그 사람의 키를 통해 원단 소요량과 가격이 나온다. 특히, 숄더 라인과 암홀, 커프스를 살펴보면 디자인에 따라서 작업자의 실력을 가늠하게 되고 생산단가를 파악할 수 있다.

수량과 납기 등의 조건으로 여성 블라우스 공임은 3~5천 원이면 가능한데, 이처럼, 원단값+임가공+부자재(단추 등) 비용을 더하면 원가가 되고, 이동하는 차비와 제품 운송거리와 판매처에 들어가는 비용을 더하면 블라우스 금액이 나온다.

물론, 이런 계산은 패션디자이너들이 매일 하는 일이라서 어려운 게 아니다. 같은 블라우스 하나라도 가격이 다른데, 일반적 가격은 3만 원 정도이지만, 백화점에선 10만 원대가 넘는 경우가 대부분이다.

필자가 소개하는 가격구조를 보면 독자들은 원가에 비해서 소비자 가격이 너무 비싼 게 아니냐고 물을 수 있다. 그러나 과연 그럴까? 가격 차이를 원단과 부자재로만 생각하면 안 되는 이유를 알아보자.

첫째, 쇼핑을 즐기는 시간도 가격이다.

식당에서 사 먹는 것과 집에서 만들어 먹는 것의 원자재 가격 차이는 크지 않다. 있다고 해도 큰 차이는 아니다. 그런데 식당 가격은 비싸고 집에서 먹는 음식은 상대적으로 재료값만 들까? 그 이유는 서비스의 여부가 차이점이다. 서비스를 받는 것도 비용에 포함된다.

두 번째, 생산 기술 노하우를 적용하는 게 포함된다.

식당 주방장은 요리 맛을 내는데 자신의 시간을 투자했다. 배우기도 하고 그동안 시간과 정성을 썼다. 스파게티를 예로 들자면, 스파게티 주방장이 만들면 만족할 맛을 내지만 그렇지 않고 본인이 직접 만들어 먹으면 맛없는 스파게티가 나올 수 있다는 뜻이다.

세 번째, 분위기를 느끼는 감성 충족 가격이 포함된다.

당신이 만나는 사람에게 특별한 대접을 해주고 싶은데 당신 마음이 제대로 표현되지 않을 것 같다면 어떻게 할까? 집에서 직접 차려주는 것과 식당에서 사주는 것과 차이점이다. 고급 인테리어를 갖춘 곳에서 이야기하는 것과 집에서 만나 이야기를 하는 것의 차이를 말한다.

이런 요소들을 무시한 채 모든 제품에 대해서 원자재 가격은 싼데, 완성된 제품 가격은 왜 비싸냐고만 물을 수 없다. 제품을 만드는 기술자와 고객의 감성을 충족시켜주는 서비스가 있다. 원단과 부자재 원가만 이야기하며 옷값을 낮추라기엔 가격에 포함되어 고려해야 할 것이 많다.

34 패션디자이너는 여자를 보며 마케팅한다

여자들은 다른 시선에 민감하다. 상대방의 눈빛을 보고 그 사람의 감정이 자신에게 전달된다고 믿는다. 그래서 서로에 대한 감정은 말하는 게 아니라 느끼는 거라는 여성들도 많다. 그래서 여성들은 자신의 옷을 고를 때 '자기 스타일'에 연연해 하는 경우가 많다.

내 스타일이네
나한테 어울리네

심지어 이성을 선택할 때도 자신과 어울리는 사람을 고르는 여성도 있다.

저 남자가 딱 내 스타일인데
저런 스타일이 내가 찾던 이상형인데

여성들은 머리카락 끝부터 발톱 끝까지 예뻐 보이게 관리한다. 물론, 모든 여성이 외모관리에만 신경 쓴다는 얘기가 아니다. 여성들은 자신에게 맞는 스타일, 즉, 꾸미기에 관심이 있다는 뜻이다. 스커트를 고르더라도 볼 때와 입었을 때를 생각해 보고, 티셔츠를 고르면 거울을 보거나 일행에게 물어본다.

"예뻐?" "어울려?"

그런데 옷을 들고 몸을 좌우로 돌려보며 거울을 보던 여자 중에는 거울에 비친 얼굴에 집중하면서 콤팩트나 아이라이너를 들고 갑자기 메이크업하는 경우도 있다. 옆에서 지켜보는 사람이 있다면 그 여성이 쇼핑하러 온 것인지 메이크업을 고치러 온 것인지 착각하게 되는 일이다.

이러한 여성의 스타일 고르기는 유명 연예인이라고 다르진 않다. 필자가 일주일에 한 명씩 당대 내로라하는 여자 연예인들을 초빙해서 스타일을 연출하며 인터뷰를 진행했을 때의 일이다.

첫 초대 손님은 왕빛나였고, 이어서 이지현, 이지혜, 백보람, 아유

미를 비롯하여 이정현, 이유리, 함소원, 곽지민, 진보라, 유인영 등, 다수의 여자연예인이 참여해주었는데, 개개인의 개성에 따라 이미지 연출 및 스타일링이 이뤄진 것은 다르지만, 촬영이 이뤄지는 스튜디오에서 각종 패션 아이템과 의상들을 보고 고르는 방법은 크게 다르지 않았다.

내가 진행한 스타일링 방법은 패션 아이템을 각 스타가 직접 고르게 하고 몇 가지 종류별로 귀여움, 섹시함 등의 이미지로 나눈 후 인터뷰를 진행하며 패션스타일에 대해 팁을 전달하는 방식이었다.

각 여자 연예인 스타는 행거에 걸린 블라우스, 티셔츠, 스커트, 데님 청바지 등을 고르며 즐거운 얼굴이 가득했는데, 그 이유는 인터뷰가 끝난 후 스타가 고른 옷들이나 패션 아이템들은 샘플로 한 장밖에 없거나 하는 다른 사정이 없으면 스타에게 선물로 증정했기 때문이다. 자기가 고른 아이템들을 인터뷰 후에 자기가 갖는다는 게 얼마나 즐거운 일인가.

하여튼 인터뷰를 진행하면서 나는 스타일링을 하는 여자 스타들의 모습을 곁에서 지켜보는데, 같이 온 스타일리스트에게 물어보거나 거울 앞에 서서 스커트나 블라우스, 후드티셔츠 등을 대보며 어울리는지 보는 게 전부였다.

여자 연예인 스타들과 스타일에 대해 일을 한다는 것은 상당히 즐거우면서도 신경 써야 할 부분이 많은 과정이다. 개성이 강하고 자기만의 세계를 가진 스타들이 많아서 그들의 환경을 배려해줘야 할 필요도 있었는데, 인터뷰하면서 사진을 촬영하는 순간순간 자연스러우면서도 아름다운 모습을 담기 위해서도 그랬다.

기분 좋은 쇼핑에서 여자 스타들은 웹매거진과 인터뷰도 하니, 일도 하고 쇼핑도 하는 즐거움이 있었지만, 한편으론 자기 마음에 안

드는(미리 여자 스타의 스타일을 염두에 두고 고르는 패션 아이템이라 그럴 리는 거의 없지만) 스타일들이 대부분일 경우 인터뷰 촬영 시에 예쁜 표정이 나올 수 없었기 때문이다.

그래서 각기 다른 스타들이 올 때마다 나는 간단한 소품을 준비해주며 색다른 촬영장 분위기를 만들곤 하였는데, 함소원에게는 영양 성분이 있는 과자를 주기도 하고, 이정현에게는 브로콜리를 미리 사서 삶았다가 촬영장으로 가져가려고 했던 적도 있다. 가수 겸 배우로 활동하는 이정현에게 주려고 했던 것이었는데, 집에 냉장고에 넣어두고 급하게 나오느라 잊어버린 실수가 있었지만 말이다.

함소원과는 이후에 서울패션위크에 온다는 함소원 이야기를 듣고 의상을 물어보기에 만들어준 적이 있다. 직접 동대문종합시장에 같이 데리고 가서 원단을 고르게 하고, 디자인을 세부적으로 설명해주며 이해하는데 도왔다. 그리고 패션디자이너들이 일하는 방식에 대해 함소원이 모르고 있던 부분도 알려준 기억이다. 함소원의 매력을 잘 살려낼 수 있도록 조언하고 디자인해서 만들었던 옷이다.

한편, 이때 함소원에게 만들어줬던 의상은 당일 인터넷을 뜨겁게 달구며 여러 매체에 소개되었고 화제가 되었는데, 이날 이후부터인가, 다른 여성 스타들 역시 시스루 의상이 트렌드가 되며 작품 제작발표회장 등에서 스타일링한 모습을 대중에게 선보이기 시작했다.

정리하자면, 여자는 스타일링 할 때 신경 써야 할 부분은 패션 아이템의 사이즈나 컬러, 디자인 패턴이 전부가 아니다. 스타일링은 무엇보다도 그 아이템이 내 체형에 제대로 맞는가를 먼저 봐야 하는데, 입어보고 신체 가까이 대보고 하는 것만으로 알 수는 없다.

목, 어깨, 가슴, 허리, 힙, 발목, 손목 순서대로 맞추는 게 중요하다. 이 순서는 패션디자이너들이 캣워크에서 워킹할 패션모델을 뽑을 때 보는 순서이기도 하다. 내 옷을 입혔을 때 스타일링이 가장 좋은 모델을 찾고자 한다면 이 순서대로 라인을 본다. 일반 여성들도 자기 몸에 어울리는 옷을 고를 때는 패션디자이너가 되어 옷을 골라야 한다.

가령, 상의는 우선 목선 처리를 보고 내 목 라인과 맞는지 확인해야 한다. 목의 두께, 피부톤의 차이에 따라 상의가 다르게 보일 수 있다.

상의를 고른 후에는 어깨 디자인이다. 어깨선이 예쁘지 않다면 먼저 체형교정을 받아야 한다. 어깨선이 좌우 대칭으로 곧은 자세가 제일 좋다.

목과 어깨를 본 다음엔 가슴 라인과 허리, 힙 라인이다. 가슴은 너무 크지 않은 체형이 스타일에 좋은데, 패션디자이너들은 가슴이 큰 모델보다는 오히려 빈약한 모델을 찾는다. 전체적인 멋진 스타일이기 때문이다.

힙은 일반적으로 볼륨감이 예쁘다고 말하지만, 반드시 그렇진 않다. 두드러진 스타일 포인트가 힙 라인인 것은 맞지만, 튀어나온 힙은 오히려 바지를 잡아당겨서 배 쪽이나 허벅지 안쪽에 자극을 준다.

그리고 스타일링의 완성은 옷 밖으로 빠져나오는 부분으로 발목과 손목이 중요하다. 스타일링이란 시선 유도가 중요한데, 약점을 가리고 장점을 두드러지게 해주는 게 스타일링의 기초다

35 패션디자이너가 얼굴을 팔아야 브랜드가 뜬다

패션디자이너는 연예인이 아니다. TV에 자주 얼굴 비추고, 예능프로그램 나와서 시청자들을 위해 웃고 즐기고 떠드는 게 아니란 뜻이

다. 패션디자이너는 자신의 작품을, 자신의 디자인을 옷으로 만들어서 대중 앞에 보이는 것으로 살아간다. 패션디자이너가 먼저 나설 게 아니라 자신의 디자인이, 자신의 스타일이 먼저 나서야 하고, 패션디자이너는 사람들에게 가볍게 '목례' 정도의 인사만 하면 될 뿐이다.

그런데 요즘 패션디자이너들 가운데에 자신의 작품보다, 자신의 디자인 작업대보다는 TV 앞에, 신문기자 앞에 대면하고 앉기를 원하는 패션디자이너들이 많은 듯하다. 그 이야기를 해보려고 한다.

얼마 전에 패션 프로그램을 제작하는 곳에서 연락이 왔다. 내가 꺼내던 패션 이야기를 본 것인지, 내가 집필했던 책을 본 것인지 모르지만 어떻게 연락처를 알아내어 내게 연락을 했다.

패션 쇼핑몰 관련 프로그램을 제작하는데 심사위원 역할로 출연을 섭외한다는 요청이었다. 이미 결정된 것인지 생각하고 미팅을 하자는 얘기에 어떤 프로그램인지 궁금하기도 하여 방문을 했는데, 내게 연락을 해온 막내 작가가 나를 안내해서 다른 자리에서 잠시 기다려 달란다.

담당 피디가 다른 미팅 중이라서 잠시 뒤에 같이 보자고 하는데, 예전에 KBS나 MBC를 다녀본 이후 외주제작사 분위기, 그것도 패션채널 프로그램을 제작하는 곳의 환경이 신기하기도 해서 즐겁게 이야기를 나누었다.

잠시 후 담당 피디가 만나자기에 막내 작가 안내를 받고 회의 공간으로 갔더니 오른쪽에는 담당 작가 두 명이 앉아있고 왼쪽에는 담당 피디라는 사람이 앉는다. 오른쪽 작가 두 명 가운데 내 바로 옆 작가는 메인작가인 듯 내게 여러 질문을 하고, 그 옆 작가는 서브작가인 듯 노트북 컴퓨터에 내가 한 이야기들을 옮겨 적기에 바쁜 게 아닌가.

방송 프로그램 구성안을 세부적으로 짜려고 그런가 보다 생각하고 담당 피디와 담당 작가가 물어보는 질문에 대해 여러 가지 내가 알고 있는 패션 비즈니스에 관해 이야기해주는데 어느 순간 '내가 뭐 하고 있는지' 의문이 들었다.

담당 피디와 작가들의 질문을 들어보니 심사위원 역할로 출연할 수준에 있는 사람인지 물어보는 것 외에도 해당 프로그램에 어떤 심사를 하는 게 좋은지, 어떤 체크항목을 두는 게 좋은지 등의 세부 진행 구성안까지 물어보는 게 아닌가.

애초에 막내 작가에게 말해두기를 연예인 P씨가 진행하는 프로그램으로 소개받고, 시즌 2 프로그램으로 만든다고 하기에 P씨의 팬인 내가 그 프로그램을 P씨가 진행한다면 나도 기꺼이 심사위원 역할로 출연하겠다고 해둔 터였다.

그때 막내작가는 담당 제작진이 P씨 측과 얘기 중이라고 하기에 미팅을 하러 갔던 것인데, 외주제작사 피디와 작가들이 물어보는 질문이 프로그램 세부 진행 사항까지 확인하려 드는 것 같기에 발을 빼기로 했다. 난 다른 업무가 있어서 짧은 미팅을 마치고 나왔지만, 한편으론 어이가 없고 황당한 경험이었다.

예전에 패션 관련 집필을 했을 때, MBC '손에 잡히는 경제'에서 출연 요청을 받고 당시 MC였던 김방희 기자와 생방송으로 좌담했던 적이 있어서 그와 같은 방식으로 생각했던 것이다.

그 이후에도, EBS 다큐프라임 및 SBS '그것이 알고 싶다.' 측에서 섭외 연락을 받고 응했을 때도 바로 촬영이었지 출연 의향을 물어보는 연락은 아니었던 탓에 패션채널 측과의 기억은 지금도 유쾌한 기억은 아닌 것으로 남아있다.

한 가지 다행이었던 점은 그 프로그램 진행자가 P씨가 아니었다는 점이다. 그렇게 방송 출연하고 연예인(?)처럼 되어버릴 순간이 있었지만 안 나간 게 천만다행이었다. 이후에도 간혹 새로운 책을 출간하게 되면 교보문고 등에서 강연회를 열기도 하지만, 내가 해서는 안 되는 분야나 내게 맞지 않는 일에 대해서는 완곡한 거절을 하고 있다.

그러고 보니, 지난 2004년 중국 방송에 출연했던 일이 있다. 홍콩패션위크를 마치고 현장에서 중국 방송 출연 및 패션쇼 섭외를 받고 승낙을 했을 때였다. 나를 초대한 방송국은 중국 남방 TV였고, 2004년 8월 내 디자인을 선보이며 홍콩 등 중국 등지에 생중계되었다.

이후에 중국에서 더욱 활발히 패션 비즈니스를 하던 중에, 광동성에 소재한 유서 깊은 모 호텔 측으로부터 회장의 결제를 받았다며 1층에 나만의 부티끄를 만들어주겠다기에 한국 패션디자이너 빅터 리의 중국 첫 부티끄를 열었던 기억이다.

패션디자이너의 TV 방송 출연은 철저히 패션디자인과 관련된 방송으로 제한적이어야 한다는 확신을 하게 된 계기였다. 그리고 너무 자주 있어서는 안 되며 반드시 필요할 때에만 최소한의 정보 공개를 조건으로 등장해야 한다는 게 나의 지론이다.

사람들이 패션을 좋아한다는 건 디자인과 자신의 감성에 맞는 스타일을 좋아한다는 것이다. 그 패션디자이너가 누구인지, 그 사람이 어떤 인물인지 중요한 게 아니다. 사람은 누구나 실수를 하게 마련이고 실수를 할 때 그동안 패션디자이너를 좋아해서 그의 패션 브랜드를 좋아했던 사람들이 떠나가게 된다.

패션디자이너에게도 안 좋고, 패션 브랜드에도 안 좋다. 사람들이 현재에도 유럽 명품을 좋아하고 그 스타일을 거부감 없이 소비하고 즐기는 이유도 마찬가지이다. 루이뷔통 디자이너가 누군지 알고 루이뷔통 제품을 사는 사람은 극히 드물다.

샤넬 디자이너가 세상을 떠난 지 오래되었고, 그의 후임 디자이너가 칼 라거펠드라는 사실을 아는 사람들도 별로 많지 않다. 사람들은 샤넬이라는 브랜드가 지닌 가치와 역사를 값어치 있다고 여기며 자신의 인생에 동행하려는 것이다. 소비를 하게 된다.

그런데 요즘 우리나라 패션계 디자이너들을 보면 여기저기 얼굴을 못 비춰서 안달 난 사람들이 많다. 어떤 디자이너는 9시 뉴스에 나오고, 또 다른 사람은 8시 뉴스에도 나온다. 패션디자이너의 어떤 디자인이 사람들에게 어떤 반응을 얻었다가 아니라 '어떤 패션디자이너가 있다.' 수준으로 나온다.

이건 명백한 광고다. 사람들에게 인물을 홍보하려는 것밖엔 안 된다. 청바지 디자이너가 외국 박람회에서 백만 달러어치 주문을 받았다고 나온다. 사람들은 그 디자이너가 백만장자라도 된 듯 부러워하고 기억한다. 어떤 디자이너가 동대문에서 출발해서 패션위크 등 유럽에서 활동한다고 나온다. 사람들은 그 디자이너보다도 동대문에서 장사하면 언젠가 나도 패션디자이너가 될 수 있다고 생각하게 된다.

이건 아니다. 명품은, 패션디자이너는 TV나 미디어에 얼굴을 자주 비춘다고 되는 게 아니다. 연예인들과 친한 척하고 예능 프로그램 나와서 웃긴다고 되는 게 아니다. 패션디자이너는 패션디자인이 없으면 사라진다. 사람들은 철저하게 그의 패션디자인을 보고 그 자체를 향유하려고 하기 때문이다. 사람들은 패션디자이너에게 관심이 없다. 단지, 그가 만들어내는, 그가 창작하는 콘셉트와 자기 스타일이 어울리는 정도에 관심이 있다. 패션디자이너는 그다음이다.

그럼, 도대체 뭐가 명품이고, 어떤 분이 패션디자이너일까?

대답은 간단하다. '명품'이란 최고의 소재를 사용해서 그 소재를 제일 잘 다루는 사람이 일을 맡아 만들어낸 제품이다. 그것도 짧은 시간이 아니라, 아주 오래전부터 기술을 갈고 닦고 연마한 장인 중의 장인이 만들어낸 작품을 뜻한다. 요즘 우리 주위에 명품이 과연 진짜 있는지, 여러분이 더 빨리 이해할 수 있을 것이다.

어떤 분이 패션디자이너일까?

정치인은 국회에서 일하고, 선생님은 학교에서 일하며, 어부는 바다에서 일한다. 농부는 논에서 일하고, 가수는 무대에서 노래를 부르며, 소설가는 책을 써내어 생존을 알린다. 패션디자이너는 자신의 작업실에서 작품을 만들고, 디자인을 구상하고, 패션쇼를 하면서 존재감을 이어간다.

1960년대에 이미 프랑스 파리와 미국 뉴욕 패션계를 발칵 뒤집어 놓은 분이 바로 작고하신 '앙드레 김 선생님'이셨다. 그런데 2010년이 된 지금도 당시처럼 파리와 뉴욕을 휘저은 한국 패션디자이너는 나타나질 않았다.

어떻게 된 일일까?

'앙드레 김 선생님의 날'이 미국에서 지정되고, 외국 정부로부터 훈장을 받는다는 게 우연한 일이 아니란 뜻이다. 진정한 패션디자이너란 바로 '앙드레 김 선생님'처럼 삶의 마지막 순간까지 자신의 무대에서 최선을 다하는 사람이다.

정리하자면, 새파랗게 어린 후배가 까마득한 선배를 평가하고 헐뜯는다고 해서 후배의 가치가 올라간다는 것은 불가능하다는 뜻이고, 어떤 사람이 TV에 얼굴을 자주 비춘다고 해서 '제2의 앙드레 김'이란 타이틀을 가져갈 순 없는 것이란 뜻이다. 알맹이가 빠지면 껍데기가 무슨 소용이 있겠는가?

화려한 패션 숨은 마케팅

패션디자이너로서 매스컴에 얼굴 비추고 이름 알릴 시간에 자신의 작업실에서 디자인 구상을 하나라도 더 해보시는 게 어떨까? 대한민국 글로벌 패션 브랜드의 탄생을 누구보다도 바라는 사람으로서, 예쁜 포장지로 잘 싸맨 허울뿐인 껍데기가 아니라, 제대로 된 가치(VALUE)와 싸구려 아닌, 오래가는 값어치(Price)를 지닌 디자이너를 보고 싶다.

36 백화점 입점 마케팅, 선택이 아니라 생존의 문제

백화점에 입점해 있어야 브랜드다운 취급을 해주는 우리나라 소비자 특성상 백화점을 빼놓고 브랜드 대리점 전개하기란 거의 불가능한 일이다. 그래서 백화점 입점을 마케팅 비용 차원에서 감안하고 손해가 나더라도 백화점에서 영업을 지속하려는 브랜드 본사들이 많은 것이다.

역으로 생각하자면, 백화점에 입점한 업체만 브랜드로 대우하는 소비자의 인식이 바뀌어 로드숍이나 일반 인터넷상품들도 브랜드로 취급하게 된다면 우리나라 패션 아이템의 디자인도 달라지고 품질과 소재 등의 개발도 훨씬 높아질 것으로 생각한다.

백화점 상품할인권, 누구를 위한 할인인가?

여러분이 자주 가던 백화점에서 어느 날 날아온 할인권을 받았더니 3만 원권, 5만 원권이었다면 여러분 기분은 어떤가? '백화점에서 나를 대우하고 있구나!, 이 백화점은 그래도 할인권이라도 보내주네 기쁘다.'고 할 것인가?

그 할인권은 수백억 원어치도 발행될 수 있다. 그 이유는 백화점으로선 단 1원도 책임지지 않는 할인권이기 때문이다. 백화점에 들러 보면 안다. 할인권을 받는 매장이 있고, 그렇지 않은 매장이 있다. 손님들은 당연히 받는 매장으로 간다.

그 매장에서는 여러분이 가져온 할인권을 받고 제품 가격에 적용해서 쇼핑하게 해준다. 맞다. 할인권 가격만큼 그 매장의 매출에서 손실분이 생기는 구조이다. 당신이 할인권을 쓰면 쓸수록 그 매장만 매출이 줄어든다.

백화점 매장의 자리다툼, 명당자리는 어디?

백화점에는 MD 구성 시즌이 되면 입점업체들 사이에서 일대 전쟁이 벌어진다. 매출이 좋은 업체 브랜드는 그나마 안정권이지만 그래도 다른 업체에 밀려서 안 좋은 매장 위치가 선정될 수도 있으므로 신경을 곤두세운다.

백화점에서 가장 좋은 자리는 에스컬레이터 올라오는 맞은 편 자리이다. 두 번째 좋은 자리는 에스컬레이터 내려가는 쪽 자리이다. 그다음 좋은 자리는 고객들이 움직이는 통로 매장이며, 가장 안 좋은 자리는 구석 자리 위치이다.

백화점에서 당신의 이동 방향은 자유롭지 않다. 백화점에서 내가 가고 싶은 대로 움직이는 것이지 무슨 누가 가라고 하는 방향으로 가는가 하는 의문이 생기겠지만, 통계적으로 이미 증명된 사실이다. 백화점에 들러 사람들은 에스컬레이터를 타고 위층으로 올라간 후 왼쪽으로 걸어간다.

왼쪽엔 다시 위층으로 올라가는 에스컬레이터가 있다. 하지만 이 곳을 타지 않는 사람들은 왼쪽 매장 통로로 이동해서 상품들을 본다. 에스컬레이터에서 내려서 오른쪽으로 걸어가는 사람들은 거의 없다.

또한, 백화점에서는 할인행사를 할 때에도 이벤트매장을 구성해두고 입점업체들과 행사업체들을 대상으로 매대를 빌려주면서 세일행사를 연다. 아웃도어전, 수영복전, 신사정장바지전, 남성복수입브랜드전 등등 이벤트 명칭은 여러 가지이지만 목적은 한 가지이다. 매출을 높이자는 취지뿐이다.

백화점의 바이어? 위탁판매가 바이어일까?

백화점 입점업체들에게 담당 바이어의 권한은 상상을 초월한다. 영캐쥬얼 바이어, 스포츠의류 바이어 등등 모든 층마다 바이어가 있고, 그 위에 본부장 또는 점장이 있다. 백화점의 점장이란 그 백화점 지점의 지점장을 말한다. A 백화점 강남점이라면 그 강남점을 책임지는 사람이다.

각 담당 바이어는 입점업체를 결정하는데 권한이 있다. 심지어 에스컬레이터 옆에 매대를 설치하고 행사판매를 하게 해줄 권한도 있다. 이 에스컬레이터 옆자리에 매대 하나를 두기 위해 행사업체들과 입점업체들 간에 치열한 경쟁이 벌어진다.

예를 들어, 강남 모 백화점에서 직수입 브랜드의류를 에스컬레이터 옆에 매대 두 대를 두고 행사를 진행했던 적이 있는데, 하루 매출이 300~400만 원까지 뛰었다. 유럽산 의류에 직수입이고 가격은

195

상대적으로 다른 유럽 브랜드에 비해 저렴했기 때문이었다.

담당 바이어는 회사로 직접 방문하고 전화를 걸어오며 입점을 권유하기 시작했다. 일반 입점 매장에서도 하루에 매출이 그 정도 나오기 어려운데 매일 매출이 균일하게 나오므로 SHOP을 내주겠다는 표시였다.

그러나 이와 달리 반대로 매출이 기대한 이하로 나오면 바이어의 대우가 달라진다. 1일 매출을 근거로 일주일 영업 계획을 짜는 위치이다 보니 하루하루 매출을 비교해서 적게 나오면 행사를 마치고 다음 행사는 넣어주지 않든가 수수료율을 높이는 계약을 따로 요구한다.

37 패션 브랜드의 세일 마케팅

패션은 세일해도 남는 장사다?

패션 아이템의 평균 제조원가는 소비자 가격 대비 25~30% 비율이다. 그래서 소비자가격 기준 70% 세일가격에 팔아도 장부상에는 이익이 남는 구조이다. 그럼, 패션은 왜 세일을 할까? 어떻게 하든 팔기 위해서 처음엔 비싸게 가격을 내고 점차 할인해주면서 팔려는 걸까?

세일을 안 하는 브랜드도 있다지만 정확한 의미에서는 세일을 안 하는 게 아니다. 모든 아이템은 세일을 한다. 직원 세일이라도 한다. 물건을 100장 만들어내면 다 팔리는 게 아니다. 어떻게 되든 재고는 남는다. 남는 재고를 끝까지 갖고 갈 수 있는 용기 있는 패션기업은 없다. 남에게 주든, 직원들에게 저가에 팔든 재고는 무조건 없애야한다.

패션기업에 있어서 세일행사는 남는 게 아니다. 장부상으로 남아도 실질 이익은 없다. 오히려 마이너스 매출이다. 패션 브랜드의 가격의 진실과 세일을 통해 패션업체가 얻는 득과 실을 알아보자.

패션 아이템은 유통구조에 따라서 가격이 나뉜다. 1만 원짜리 청바지를 만들었다고 하자. 백화점 수수료 30% 전후로 계산할 때, 1만 원짜리 원가의 백화점 내에서 소비자가 가격은 최소 5만 원이 되어야 한다. 그래야 백화점에 약 1만 5천 원 지급하고 3만 5천 원 받아서 1만 원 원가 빼고 2만 5천 원을 가져간다. 물론, 이 금액에서 아직부가세는 계산하지 않은 상태이다.

그러나 이렇게 하면 각종 할인행사와 이벤트에서 손해를 볼 위험이 있다. 그리고 정기 세일 행사라도 닥치면 무조건 손해를 본다. 세일하더라도 세일 매출의 약 30%를 백화점에 내야 한다.

백화점에 따라서 세일 기간 매출은 약 20% 내외의 수준으로 조정해주는 곳도 있지만, 문제는 할인율이다. 50% 정기세일을 할 때 5만 원짜리 바지는 2만 5천 원이 된다. 여기에 25%면 6천250원이 된다. 1만 원짜리 바지 팔아서 1만 8천 750원을 받고, 1만 원을 빼면 8천 750원을 벌게 되는데, 부가세까지 빼고 교통비에 인건비 등을 빼면 백화점에 내는 수수료보다도 적을 수 있는 금액이 된다.

예를 들어, 만에 하나 백화점 매장에 본사 직원이 아니라 중간관리자를 두어 12% 정도의 수수료를 주게 된다면 금액은 턱없이 줄어든다. 결국, 세일판매를 하는 동안은 패션업체로서 소비자 가격 기준비용을 제외한 돈은 남을지 몰라도 전체적으로 경비가 더 추가되므로 손해를 보는 구조이다.

패션업체가 손해를 보면서라도 세일행사를 하는 이유는 여러 가지 이유가 있지만 가장 큰 이유는 자금 회전율이고, 그다음 이유는 새로운 상품을 위한 창고 비우기이며, 마지막 이유로는 브랜드 충성 고객을 확보하고 브랜드를 더 알리기 위함이다.

패션 브랜드 업체에서는 소비자가격의 배수를 원가 대비 5배로 할 경우엔 대부분 손해를 보는 구조가 된다. 백화점에서 판매할수록 손해를 보면서도 패션업체들이 백화점에 들어오려고 하는 이유가 있다면 그건 대리점 확대를 위한 전략이 가장 크며, 실제로 백화점에선 크게 이익이 나지 않지만, 대리점 전개를 위해 백화점에 머무는 패션업체들도 많다.

우리나라처럼 제품 제조업체보다도 유통업체가 순이익을 더 많이 가져가는 구조에서는 제조업체들이 제품 개발에 힘쓸 여력이 줄게 되어 상품의 획기적인 개발이 어렵다.

그래서 백화점에서 입점했던 업체들도 백화점의 수수료에 견디지 못하고 로드숍[ROAD SHOP]으로 영업망을 바꾸기도 하지만 그건 인지도 높은 브랜드에 한해서이고, 대다수 신규 패션 브랜드 및 새로 론칭하는 입장에서는 백화점 입점이 필수가 된다.

예를 들어, 국내에 독특한 콘셉트로 인지도 높은 모 브랜드는 소비자가 배수를 10배수로 두는데, 서울 자양동 공장에서 생산할 때는 1만 5천 원짜리 원가인 바지가 백화점에서 판매되는 순간 15만 원이라는 가격표가 붙게 된다.

이런 가격 차이가 생기는 것은 위에 설명한 이유 때문인데, 백화점 가격을 15만 원으로 10배수를 지켜야 대리점에서 판매할 때도 같은 가격에 판매할 수 있으며, 대리점 마진율로 33% 또는 35%를 줄 수 있다.

브랜드 본사에서는 백화점만 보고 사업을 할 수는 없으며 대리점을 많이 확보해야 전체적인 브랜드 제품의 가격 경쟁력도 생기고 브랜드를 더욱 발전시킬 수 있는 자금도 확보할 수 있어서 대리점이 매우 중요하기 때문이다.

그럼, 대리점은 어떻게 생기는가?

브랜드 본사로부터 대략 30%의 마진율을 수익으로 하는 패션대리점이 되려면 부동산 담보 1억 원 정도에 현금담보 2천만 원 선에서 15평 정도 규모의 대리점을 열게 된다. 상품을 위탁으로 할 때 대리점 마진율은 33% 정도가 되고, 사입으로 하면 대리점 마진율은 35%가 된다. 이벤트 할인행사 기획상품 등은 물론 수수료가 변동되지만 말이다.

결국, 백화점 입점 브랜드들로서는 백화점 밖으로 쫓겨나가지 않도록 수수료를 견디며 영업을 해야 하고 유지해야 한다는 조건이 붙는다. 대리점을 확보하기 위해 백화점에서 장사한다는 논리가 생긴다.

그럼, 전체적인 경기가 안 좋고 소비력도 없을 때 백화점에 간신히 들어온 업체들은 어떻게 매출을 유지할까? 이럴 때는 유통가의 병폐로 한때 사용되던 꺾기라는 방법도 있었다.

매출력 약한 입점업체가 백화점의 매출 올리기 작전은 [꺾기]

백화점에서 쇼핑만 해보던 사람들은 '꺾기'란 단어를 모른다. 스포츠 선수들이 경기 기술 가운데 팔다리를 꺾는 꺾기인가 생각해보는 경우도 있겠다. 어떤 의미에서는 백화점에서 입점업체들이 가끔 하는 꺾기도 스포츠에서 상대 선수의 기술을 무력화하기 위해 시동하는 공격 기술 꺾기와 같을 때가 있지만 말이다.

인기 판매자 자격을 얻기 위해 온라인 판매자들이 '물건 되사기'를 했다면 백화점 입점업체의 '꺾기'는 자기 물건 되사면서 백화점 매출만 올려주게 되는 결과를 만든다. 백화점 소비자들을 대상으로 하는 매출 올리기 광고 효과가 아니라 백화점 담당자 체면도 세워주고 다음 MD 개편 시즌에도 퇴점당하지 않고 살아남기 위한 매출 유지 방법인 셈이다.

물론, 장사가 잘되는 업체들은 꺾기를 하지 않는다. 매출이 떨어지거나 장사가 잘 안되는 업체들이 택하는 마지막 방법인 셈이다. 백화점 매출 수수료로 약 40% 정도의 비용을 지급하고 자기 물건 되사는 방법이긴 한데, 수수료 40%에 해당하는 돈은 광고효과도 없다. 영업 비용으로 빼는 돈인 셈이다.

이때 꺾기는 상당히 비밀스럽게 진행되어 브랜드 업체나 관련 직원들이 하진 않는다. 낯선 인물이 투입되어 현금으로 상품을 사는 방법이 주로 쓰이는데, 백화점에 입점해서 살아남으려는 업체 입장에서는 돈 들어갈 일들이 또 있다. 백화점에 따라서 백화점 내에 인테리어 비용을 입점업체가 부담하는 경우를 말한다.

백화점 영업을 위해 입점한 브랜드 업체지만, 백화점 거래에서 갑과 을은 구분된다. 다시 말해서, 백화점 등에서 이뤄지는 할인행사, 입점업체 입장에서는 별로 돈 안 남는 장사인데도 불구하고 세일기간만 돌아오면 전력을 다한다. 백화점에서 밀려나지 않기 위한 고육지책인 것도 있고, 지난 시즌 상품을 비우고 새로운 시즌 상품을 넣기 위한 상품 전환을 위한 것도 있다.

그래서 제언하자면, 백화점 세일행사에 온 소비자라면 입점업체들 물건을, 그것도 되도록 새로운 브랜드 업체의 제품을 사주는 것도 좋다. 새로운 브랜드가 커 나갈 수 있어야 우리나라 패션 브랜드 산업 구조가 탄탄해지니 말이다.

여기까지 첫 단계 '숨은 마케팅'을 살펴봤다. 이 글을 읽는 내내 당신이 그동안 모르던 사실을 알게 되었을 수 있고, 일부는 이미 알고 있던 내용도 있을 것이다. 그러나 필자가 [숨은 마케팅] 편을 통해 하고 싶었던 이야기는 패션디자이너로서 겪은 패션계의 마케팅 진실을 밝히고, 현명한 소비자들의 바람직한 소비를 요구하기 위함이다.

명품 브랜드라는 마케팅에 속아서, 상표만 '명품'인 것을 모르고 마치 잘 만든 '명품'으로 착각하는 소비자들이 없기를 바라는 마음이 크다. 그리고 필자 역시 순우리말 글로벌 패션 브랜드 콩나물[KONGNAMUL]을 전개하며 세계 패션 무대에서 뛰고 있듯이 우리나라 다른 패션디자이너들 역시 자신의 디자인에 뜻 모를 외국 영어 이름 붙이지 말고, 또한 외국 패션계에 돈 내고 하나마나 한 패션쇼 하는 대신 자기 이름 걸고 내세울 브랜드에 가치와 정성을 담는 작품 활동에 집중하기를 바라는 마음이 컸다. 아무쪼록 필자의 의도가 다른 소비자와 패션디자이너, 패션계 모든 분에게 도움 되기를 마음뿐이다.

두 번째 단계 [화려한 패션]에서는 소비자들이 패션에 관해 궁금하게 생각하는 이야기를 다룬다. '동안(童顏)이세요.' 라는 표현이 '예쁘다.'는 표현이 아니라는 것에 대해 말하고, 옷 잘 입는 여자가 되기 위한 5가지 습관에 대해 말한다. 예쁘게 보이기 위한 스타일을 찾기보다 먼저 해야 하는 [자기관리]에 대해 제안하면서 진정한 패션스타일은 마음에서 나오는 이유를 알아본다.

본 PART는 패션마케팅의 기초 상식으로써 온라인쇼핑몰 사업자뿐 아니라 패션대리점 운영자, 패션디자이너 등 모든 패션인이 알아둬야 할 필수 상식이기도 하다. SHOP을 찾는 고객을 대상으로 해야 할 이야기와 하지 말아야 할 이야기를 알아두고 고객이 SHOP을 나갈 땐 호감을 느끼고 가도록 하는 대화의 기술이 담겼다.

앞서 PART 01에서 패션마케팅의 기술적 패션에서 시스템의 전략 노하우를 알았다면 PART 02에서는 고객을 상대할 때 활용하는 관계의 전략에 대해 살펴보자. 패션비즈니스는 생산자와 판매자, 소비자와 판매자가 이뤄내는 아름다움의 비즈니스다. 그래서 어느 한 쪽을 소홀해도 제대로 성공하기 어렵다. 본 도서에서 숨은 마케팅과 화려한 패션으로 구분한 이유다.

화려한 패션
_패션마케팅에 도움되는 기초 상식

01 여자가 옷을 잘 입으려면 알아둘 것들

어떻게 하면 옷을 잘 입을 수 있을까? 여성이라면 항상 이 고민에서 벗어날 수 없다. 그래서 외출하기도 번거롭고 귀찮아질 때가 있는 게 사실이다. 여성의 외출은 시간과 노력을 겸비해야 하는데 메이크업하고 네일아트를 하고 나서도 헤어스타일을 꾸며야 하고, 들고 나갈 소품까지 골라야 한다.

하지만 무엇보다도 여성의 전체적인 이미지를 보여주는 건 옷, 코디네이션이다. 이렇게 해야 할 일 많고 생각해야 할 부분 많은 패션 그리고 스타일링. 도대체 여자의 옷 잘 입는 노하우는 어디에 있을까?

이런 고민 싹 날려주는 옷 잘 입는 여자의 5가지 습관에 대해 공개한다. 기본적인 5가지만 알아도 당신은 이미 스타일리스트가 된다.

습관 _1 : 머리를 자주 빗는다. 오래 앉아 있지 않고, 앉을 때도 허리를 곧게 편다.

머리카락은 자주 빗겨줄수록 건강해진다. 참빗과 같은 간격이 촘촘한 빗으로 자주 빗겨주자. 숱도 늘어나고 굵기도 굵어지며 건강한 모발이 되는데 좋다.

손가락을 세워 두피를 꾹꾹 눌러주는 두피마사지도 혼자 할 수 있다. 사무실에서 일하면서, 집에서 TV를 보다가도 쉽게 할 수 있다. 헤어스타일이 건강하면 어떤 옷을 입어도 효과가 증가한다.

습관_2 : 과식을 하지 않는다. 천천히 먹는다.

식사는 급하게 빨리 먹지 않는다. 천천히 속도를 유지하며 먹도록 하자.

음식을 천천히 섭취하면 우리 뇌에서는 음식을 많이 먹었다고 생각하고 포만감을 느끼게 한다. 평소보다 적은 양을 먹었는데 배가 부르게 된다. 먹으면서 살 빼는 일이 가능해진다. 살이 빠지면 몸매가 살아나고 라인이 드러나게 되므로 패션스타일링에 효과가 더 좋다.

습관_3 : 스트레스를 받지 않는다. 얼굴에 손을 자주 대지 않도록 한다.

얼굴 피부는 되도록 손을 대지 않는다. 손에는 다양한 세균이 많다. 손으로 얼굴을 자주 만지거나 손과 얼굴이 닿는 경우가 많으면 아무래도 세균이 옮아갈 가능성이 높다. 얼굴 피부에 트러블이 생기는 건 물론이다.

얼굴 피부를 보호하는 방법은 세안을 잘하는 것도 포함된다. 메이크업을 하고 난 이후에 폼클렌징으로 지우고 미지근한 물에 세안하여 말끔히 지우자.

더운물은 모공을 넓혀서 자칫하다간 이물질이 모공으로 들어갈 수도 있고, 찬물로 세안하면 모공이 좁아져서 모공에 든 메이크업 찌꺼기가 제대로 닦이지 않을 수 있다.

스타일링의 기본은 얼굴이다. 얼굴이 말끔하고 피부도 예쁘면 청바지에 흰 티셔츠만 입어도 예쁘게 보인다.

습관_4 : 하이힐을 자주 신지 않는다. 최대한 편안한 발 상태를 유지한다.

하이힐은 여성의 로망이라고 부른다. 다리가 길어 보이게 하고 키가 커 보이게 한다. 그러나 그건 당신의 착각이다. 키가 커 보이게 하고 다리가 길어 보이게 하더라도 그건 잠시 잠깐일 뿐이다.

하이힐은 여자의 발가락을 기형으로 만든다. 발바닥에는 우리 건강에 영향을 주는 다양한 혈관과 근육이 있다. 이곳에 하이힐 같은 신발로 계속 불편한 자극을 주게 되면 건강에 무리가 온다. 발이 불편하면 표정이 불편하게 되며, 당신의 예쁜 얼굴도 찡그린 상태가 된다.

허리가 휘고, 어깨가 틀어지며 쉽게 피곤하고 무릎 관절에도 이상이 온다. 발가락은 새끼발가락이 굽어지고 앞이 좁은 하이힐은 발가락이 모이게 되어 원치 않는 무좀도 생길 수 있다.

하이힐은 자주 신지 말고 특별한 날 최소한의 시간만 착용하자. 스타일은 오래 지속되는게 아니라 자주 바꿔줘야 더 좋다. 그리고 하이힐을 신는 날에는 편안한 운동화나 뮬 같은 신발을 하나 더 준비하자. 장소에 따라서 자리에 따라서 바꿔 신어도 좋겠다.

습관_5 : 몸에 달라붙는 옷을 피한다. 옷에서 피부에 닿는 부분은 되도록 면 소재를 고른다.

옷은 피팅감 좋은 옷이 예쁜 옷이 아니다. 피부에 달라붙어서 내 몸매를 훤히 드러내는 옷은 속옷이면 충분하다. 몸매가 좋은 여성이 라인을 드러내는 옷을 입는다고 해도 그건 올바른 스타일링이 아니다.

몸매가 좋은 여성은 어떤 옷을 입어도 그 라인이 드러나고 다른 이들의 시선을 붙잡는 아름다움을 준다. 스타일링이란 여성의 단점을 감춰주고 장점을 부각하는 능력이 있다. 몸매가 예쁜 장점을 부각하는 옷은 신체에 달라붙는 옷이 아니라 부분적으로 예쁜 라인을 드러내는 옷이다.

전체를 다 볼 수 있는 옷은 숨김의 미학이 없다. 모두 드러내면 예쁘지 않다. 살짝 드러내야 예쁘다. 게다가, 피부에 닿는 옷은 깨끗한 면(棉) 소재가 되어야 하는데 몸매에 달라붙는 탄성을 살리다 보니 합성섬유로써 나일론 소재이거나 폴리우레탄 소재가 많이 들어갈 수 있다.

천연섬유 소재를 사용해야 피부에도 큰 해가 없는데 합성소재를 사용하다 보면 피부가 민감한 사람은 피부 자극에 트러블이 생길 수 있다.

옷을 잘 입는 여자는 위에서 설명하는 바와 같이 생활의 습관이 달라야 한다.

스트레스를 받지 말고 표정이 환해야 하며, 피부에 닿는 부분은 해가 없는 천연섬유 소재를 선택해서 피부 보호에 노력한다. 머리카락은 어떤 옷을 입든 그 사람의 건강상태와 활기를 보여준다. 아무리 좋은 옷을 입어도 헤어 상태가 푸석하거나 밝지 않으면 전체적으로 스타일이 살아나질 않는다.

이처럼 평소에 자기 건강을 지키는 노력을 하면 스타일링은 내 매력을 더욱 살려주는 방향으로 살아난다. 다시 말하지만 스타일링이란 그 사람의 이미지를 전혀 다르게 바꿔주는 게 아니라 그 사람의 매력을 더욱 돋보이게 해주는 것이다.

02 패션 5요소 : 스타일 코디, 헤어스타일, 네일아트, 스킨케어, 메이크업

패션스타일에 신경 쓰는 여자는 그렇지 않은 여자들보다 상대적으로 사회생활을 잘한다. 다시 말해서, 자기 관리를 잘하는 사람이 다른 사람들과의 관계에서도 잘 대응하기 때문인데, 스타일에 신경을 쓴다는 것은 다른 이들의 이목을 염두에 둔다는 것이고, 자신의 매력을 돋보이게 하는 방법을 찾고 연구한다는 뜻이다.

패션스타일은 말하자면, 머리끝부터 발끝까지 이미지를 완성시키는 작업이다. 이미지를 완성한다는 것은 내 스타일을 보완한다는 뜻이지 변신한다는 건 아니다. 내 모습을 다른 사람으로 바꿔주는 스타일링이란 없다. 나의 단점을 감춰주고 장점을 돋보이게 해주는 게 스타일링이다.

코디네이션은 내 인상을 좌우한다. 옷은 나를 위해 입는 게 아니라 상대방을 위해 입는다. 나만 편하자고 입는다면 속옷을 입거나 아무것도 안 입는 게 제일 편하다. 그렇지 않은가? 코디네이션은 상대방이 나를 보고 어떤 이미지를 갖게 하느냐는 방법이다. 거울을 보고 나에게 잘 어울리는 스타일을 고르되 당신이 만날 사람, 당신이 가야 할 장소에 맞게 스타일을 꾸미자. 당신이 센스 있는 사람이 되고 안 되고는 순전히 당신의 몫이다.

헤어스타일은 내 건강을 좌우한다. 헤어스타일은 건강한 사람과 그렇지 않은 사람을 구분한다. 머리카락 끝이 갈라지고 윤기 없는 모발은 그 사람의 인상을 아파 보이게 하고 기운 없어 보이게 한다. 옷을 입어도 어쩐지 힘들어 보이고 일찍 귀가해야 할 것처럼 느끼게 해준다. 헤어스타일은 그래서 내 건강을 얘기해주는 바로미터 (barometer)인데, 모발 상태가 윤기가 흐르고 밝은 사람은 성격도 밝게 보이고 특히 긴 헤어스타일일 경우 어깨를 내려오는 모발은 원피스와 흰 티셔츠뿐 아니라 청재킷 등과도 잘 어울린다.

네일아트는 스타일의 완성을 좌우한다. 옷은 예쁘게 입었는데 손톱이 깨지거나 매니큐어가 군데군데 벗겨진 상태라면 그 스타일링은 미달된 상태다. 네일아트는 아크릴을 붙이거나 복잡하게 만든 필요는 없다. 단, 건강한 손톱을 만들고 컬러는 유행하는 색이나 자신의 기분에 맞는 색을 입히도록 한다. 인조손톱을 길게 덧붙여서 너무 긴 네일을 만들지는 말자. 개인의 취향에 따라 다르기도 하지만 긴 손톱은 그만큼 내 손톱에 필요한 산소 유입량을 줄일뿐더러 쉽게 부러질 위험도 있다.

스킨케어는 활력을 좌우한다. 피부가 깨끗한 사람은 얼굴이 예쁜 사람보다도 더 매력적이다. 동안 가꾸기도 좋고 피부 잡티 관리나 경락마사지도 좋다. 스킨케어는 스타일링의 시작이다. 스킨케어는 집에서 혼자서도 가능한 경락마사지가 도움되고, 요가나 필라테스도 좋다. 무엇보다도 스킨케어에 가장 좋은 활동은 밤 10시경에 잠드는 것이며, 흐린 날에 외출할 때도 자외선 차단제를 발라주는 일이다. 마스크 팩은 일주일에 두세 번 정도가 적당하며 땀을 많이 흘리는 사람이라면 잠자기 전에 메이크업을 다 지운 상태에서 팩을 해도 좋다. 그 이유는 피부 세포가 취침 상태에 휴식을 취하면서 무저항 상태에 놓이므로 영양분 흡수가 효과적이게 된다.

땀을 많이 흘린다는 건 피부 건강에도 좋은 점은 아니다. 자주 닦아줘야 하고 원하든 원치 않든 피부에 자극을 주기 때문이다. 만약 당신이 땀을 많이 흘리는 체질이라면 먼저 물을 줄여보도록 하자.

처음엔 운동량을 늘리고 물을 적게 마시면서 시작하되 점차 운동량을 줄이고 물 흡수를 계속 줄이도록 한다. 우리가 먹는 음식에는 그 자체로 수분이 많아서 따로 수분이 필요하지 않을 수 있다. 가령, 식사할 때 국이나 수프만 먹어도 그 안에 물이 있는 상태라서 따로 물을 마시지 않아도 된다. 또한, 밥을 먹으면서 물을 자주 같이 마시는 행동은 나쁜 식습관이다. 위장의 운동을 방해하고 영양소가 골고루 흡수되는 걸 막을 수 있기 때문이다.

메이크업은 이미지의 완성이다. 코디네이션이 내 스타일을 전혀 다른 사람으로 바꿔주지 않듯이 내 얼굴을 바꿔주는 메이크업도 없다. 바로 말해서, 못생긴 여자를 메이크업만으로 미인으로 바꿔줄 수 없다는 뜻이다.

메이크업은 전체적인 스타일링할 때 이미지 완성도를 높여주는 보조 역할이다. 섹시한 메이크업을 하고 섹시한 의상을 입는 게 아니라 섹시한 의상을 입고 메이크업을 섹시해 보이도록 완성해준다. 의상을 입고, 헤어스타일까지 예쁘게 되었다면 네일아트로 손을 가꾸고 제일 중요한 얼굴 역시 전체적인 스타일과 조화되도록 마무리해주는 작업이 필요하다. 그다음엔 당신의 기분을 즐겁게 해주는 핸드백을 골라서 들고 현관문을 나서면 된다.

03 내 몸이 원하는 스타일

쇼핑에 나섰는데 이 옷도 예쁘고, 저 옷도 예쁘다면 어떤 옷을 사야 할까? 이럴 때, 눈이 원하는 아이템보다 내 마음이 몸에서 원하는 아이템을 골라야 한다. 그리고 내 몸이 원하는 스타일을 찾는 방법은 '장바구니' 노하우를 사용해야 한다.

가령, 쇼핑을 시작하면 첫날은 윈도쇼핑(아이쇼핑)만 하도록 한다. 예쁜 옷을 보고 구경하고 만지고 입어본다. 지갑을 열진 않는다. 홀 몸으로 가볍게 집에 돌아온다. 그리고 잠자리에 들어서 다음 날 아침까지 옷에 대해 생각하지 않다가 다음 날 아침 다시 옷을 생각해본다. 어제 쇼핑몰에서 만났던 옷과 핸드백, 아이템들에 대해 기억해보자. 어떤가?

이때 기억나는 옷이 있다. 그 옷이 당신의 마음이 몸에서 원하는 옷이다. 지갑을 들고 지금 그 옷이 있는 곳으로 달려가서 사자. 신발이나 핸드백, 시계 등도 마찬가지이다. 한눈에 들어오는 아이템보다 다음 날도 기억에 남는 아이템이 진짜 내 아이템이다. 첫눈에 반해서 성급히 샀다가 나중에 후회할 수가 있다. 내가 입기는 그렇고 다른 사람에게 선물로 줘버리는 아이템들이 많다. 이젠 그렇게 돈 낭비 하지 말자. 여자의 스타일과 쇼핑은 현명하고 지혜로운 즐거움이다.

인터넷쇼핑몰에서 쇼핑할 때도 마찬가지이다.

마음에 드는 상품들을 골라서 '장바구니'에 담아두고 돈 지급 시점은 늦춘다. 한눈에 미리 사지 말고 기다렸다가 나중에 다시 들러서 장바구니에 담긴 아이템들을 하나씩 빼본다. 이것보다는 이게 좋고, 저것보다는 저게 좋고. 하나씩 빼 가면서 지금 사고 싶은 것과 나중에 사도 되는 것을 구분한다.

어차피 사야 하니까 지금 사자고 하는 건 바보나 하는 짓이다. 어차피 사야 하는 아이템이란 없다. 하루만 지나도 내 기분이 달라지고 새로운 트렌드가 유행할 수 있다. 장바구니에서 내가 담았던 아이템들을 하루에 하나씩 빼도 좋고, 일주일 뒤에 한 번에 다시 보면서 빼도 좋다. 처음에 사고 싶었던 것보다 계속 사고 싶은 아이템만 남는다. 쇼핑 지갑을 열 때는 바로 지금이다.

04 입기만 해도 기분 좋은 옷, 그렇지 않은 옷

옷은 함부로 사는 게 아니다. 돈 있다고 취미 삼아 사지도 말고, 무조건 내 마음에 들고 예쁘다고 사지 말고, 다른 곳보다 가격이 싸다고 무턱대고 사지 말라는 뜻이다. 왜냐하면, 모든 옷에는 스토리가 있기 때문이다. 패션디자이너로 활동하는 필자 역시 나만의 디자인과 그 옷에 하고 싶은 이야기를 담아 스타일을 담는다.

가령, 디자인하면서 그에 맞는 감성과 아이디어를 담고 이 옷을 누가 입었으면 좋겠다고 머릿속에 그리면서 만든다. 디자이너가 쏟은 감성과 그 옷을 입었을 때 어울리는 사람을 생각하며 만들어진 옷이다. 그래서 함부로 옷을 사라고 권하지 않는다.

그런데 옷을 샀는데 기분도 좋아지고 두고두고 행복감을 느끼는 옷이 있다. 왜 그런지 이유를 따지기 전에 필자의 이야기에 그런 옷을 찾는 방법을 알면 얼마나 좋을까 기대하는 당신을 위해 행복한 옷을 고르는 방법이 있다.

행복한 옷을 쇼핑하는 가장 좋은 방법은 옷을 고를 때는 당신이 가장 사랑하는 사람을 떠올리는 것이다. 그리고 당신이 꿈을 이루는 장소에 선 모습을 마음에 담는다.

당신이 기억만 해도 행복하게 되는 그 사람 앞에서 입을 옷이고 당신이 꿈을 이루는 그 자리에 섰을 때 입을 옷이다. 입기만 해도 기분 좋은 옷이 되고, 바라보기만 해도 행복한 옷이 된다. 왠지 그 옷만 보고 있으면 뭔가 나한테 행운을 가져다주는 옷 같기도 하고 그 옷만 입으면 왠지 좋은 일이 생길 것만 같은 옷이다.

그러니까, 큰맘 먹고 옷을 쇼핑하러 나섰다면 눈에 들어오는 예쁜 옷을 무조건 사지는 말자. 지금 마음 상태에 따라서 잘 샀다고 생각한 옷도 시간 지나면 옷장만 채우고 있는 있으나 마나 한 옷이 될 위험이 있다.

누구 앞에서 입을 옷, 원하는 꿈의 무대 그 자리에 섰을 때 입고 싶은 옷이 옷장 안에 존재하는 한 그 옷을 보면서 사랑하는 사람을 떠올리게 되니 행복하고, 정상의 자리에 꿈을 이루었을 때를 생각하니 행복하다.

05 신발은 저녁에 사라?

사람들은 신발을 쇼핑하려면 저녁에 사라고 한다. 온종일 일하고 걷고 먹고 했으니 저녁때 발이 붓게 되므로 저녁에 사라고 한다. 그래야 저녁때 신어도 편안한 신을 살 수 있다고 말한다. 그러나 이 이야기는 온종일 같은 신발만 신는 사람들을 위한 조언이다. 밤새워 일하는 사람들은 그럼 아침에 신발을 사야 할 게 아닌가? 아침에 발이 가장 많이 부으니 말이다. 하지만 실제 그런가?

정리하자면, 저녁에 신발을 사러 쇼핑에 나설 게 아니라 당신은 하루에 최소 두 켤레 이상 신발을 갈아 신는 사람이 되어야 한다.

가령, 하이힐을 신고 외출했었다면 사무실이나 집에 돌아온 뒤에는 슬리퍼 등 편안한 신발로 바꾸는 것과 같다. 우리가 신는 신발은 내 발이 더러워지는 걸 막아주는 기능 외에도 내 기분을 바꿔주는 기능이 있기 때문이다. 하이힐을 보면서 편안함을 느끼는 여자는 없다. 반대로, 슬리퍼를 보면서 예쁘게 스타일을 만들어준다는 느낌을 받는 여자도 없다.

비 내리는 날에는 장화(레인부츠)를 신듯이 맑은 날에는 운동화나 샌들을 신도록 하자. 레인부츠를 신거나 일반 부츠를 신으면 발 냄새 때문에 걱정하는 여성들이 많은데 그래서 남자친구와 식당에 가더라도 부츠를 벗는 곳은 꺼리게 된다.

맞다. 신발은 저녁에 사는 게 아니라 아무 때나 사도 좋다. 다만, 내 발 치수보다 조금 큰 치수를 사고, 발바닥 볼 부분이 편안한 신발을 사자. 신발을 샀다면 하루에 최소 두 번은 갈아 신도록 하자. 발이 불편한 신발이었다면 편안한 신발로 갈아 신고, 편안한 신발이었다면 다소 불편한 신이어도 감수해보도록 하자. 발에 긴장감을 주어 발 근육을 자극함으로 건강에 도움이 된다. 신발이 발에 자극을 주면서 정신을 환기시켜주고 건강을 자극해준다.

한 신발을 오래 신지 말자. 발의 볼이 넓어지고, 발 냄새가 배며 신발이 쉽게 닳는다. 한 신발을 오래 신고 있는 당신이라면 그 신발의 발바닥 닿는 부분을 보라. 헤지거나 흙색으로 변했을 것이다. 그 안을 현미경으로 들여다볼 용기가 생기는가?

06 난 어떤 옷을 입어야 할까?

　사람들이 옷을 고르는 이유는 많다. 하지만 고르면서 많은 사람이 고민한다. 중요한 자리가 있는데 입고 갈 옷이 없다는 고민, 옷을 사러 왔지만 어떤 옷을 입어야 할지 모른다는 고민, 옷을 샀지만, 나한테 잘 어울리는지 또 고민이다.

　난 학생이니까 학생답게 입어야지. 난 직장인이니까 직장인답게 입어야지. 난 파티에 가니까 파티에 어울리는 옷으로 입어야 한다고 생각한다. 소개팅 자리가 있으니까 내게 어울리는 원피스를 하나 더 사야지라는 여성도 있고, 취업을 위한 입사 면접이 있으니 깔끔하게 보이도록 정장을 새로 사야지라는 남성도 있다.

　그럼, 정답은 뭘까? 난 어떤 옷을 입어야 할까? 먼저 옷에 대한, 옷을 입는 이유를 알아야 한다. 옷은 나를 위한 옷이 아니라 다른 사람에 대한 예의다. 학교 선생님을 만나면 그분에 대한 예의에 어긋나지 않도록 예의를 갖춰 옷을 입듯이 다른 사람에 대한 예의를 지키기 위해 옷을 입는다.

　다시 말해서, 옷을 입는 이유는 상대방에 대한 예의를 보이기 위함이므로, 내가 편한 옷만 무조건 입고 다녀도 안 되고, 상대방이 편한 옷만 입고 다녀도 안 된다. 정장을 입을 곳에는 정장을 입고, 편안하게 있어도 되는 곳에서는 내게 좋은 옷을 입는 게 낫다.

　난 어떤 옷을 입어야 할까? 스타일링이 고민될 때는 내가 주로 만나는 사람들, 내가 주로 머무는 곳에 오는 사람들을 먼저 생각하고, 그 사람들과 어울리는 옷을 고른다. 나만 좋다고 튀는 옷을 입을 게 아니라 다른 사람들이 내 옷을 보고 자신들과 같은 사람으로 생각하고 편안함을 느끼게 해주도록 해야 옷 잘 입는 사람이다.

내게 옷을 잘 입었다고 칭찬해주는 사람은 내가 아니라 상대방이기 때문이다.

07 체형 커버 스타일링 노하우, 알고 보면 중요한 건 따로 있다

나는 마른 체형이니까 가로줄 무늬 옷을 입어야겠어. 나는 키가 크니까 귀여운 스타일의 옷보다는 정장 형태의 옷을 골라야 하지 않을까? 난 키가 작으니까 밝은색 옷에 높은 굽의 신을 신어야겠어.

자기 체형 때문에 어떤 옷을 입을지, 어떤 스타일을 해야 할지 고민하는 사람들이 많다. 뚱뚱하면 어두운색을 입고, 날씬하면 세로줄 무늬의 밝은 옷을, 피부가 검은 톤이면 밝은 톤의 컬러 아이템을 좋아한다. 자기 체형과 자기 스타일을 알고 단점을 막기에 급급한 스타일링이다.

그러나 정작 중요한 것은 자기 체형의 단점 가리기가 아니다. 체형 커버를 위한 스타일링보다 가장 중요한 스타일링의 목적은 자기 마음의 표현이다. 자기 마음대로 입고 자기 마음대로 편하게 느낀다면 그게 바로 나를 위한, 내게 꼭 맞는 스타일링이다.

스타일링은 반드시 컬러를 맞춰서 입는 속칭 '깔 맞춤'이 전부가 아니다.

정장 스타일이 유행하기도 하고, 학생복 디자인이 유행하면서 각기 다른 용어가 튀어나오는 곳이 패션계이다. 학생복 옷차림 스타일을 프레피룩이라고 하듯이 사람들의 스타일을 지칭하는 용어는 시시각각 변한다. 스타일은 트렌드에 따라서 변한다는 뜻이다.

그래서 트렌드를 쫓아가는 스타일링보다 더욱 중요한 건 내 마음에 편안한 스타일링이다. 정장을 입고 사회 저명인사들과 만나는 자리에서 비싼 저녁 식사를 해본들 내 마음이 편안하지 않은데 무슨 소용이 있겠는가? 진정한 스타일링이란 나를 위한 작업이고 내 마음이 편안하고 즐거워지는 작업이다. 스타일링을 하면서 다시 생각해보자.

지금 나는 충분히 행복한가?

내가 즐거운 일을 하고 있는가?

여기에 답이 있다. 그런데도 불구하고, 사람들은 자신의 스타일링을 생각하면서 자기와 비슷한 이미지의 연예인을 떠올리며 그 사람을 따라 하려고 노력한다. 내 키를 보거나 생김새를 보거나 이미지는 ○○○와 닮았으니까 ○○○가 TV나 영화에서 입고 나오는 스타일을 따라서 입으면 스타일링이 잘 된 거라고 착각한다. ○○○에게는 전문 스타일리스트가 있으니까 나 혼자 생각해서 실수하는 것보다 ○○○ 따라 하면 스타일이 살아난다고 여긴다.

그럼, 과연 그럴까? 먼저 하나만 확인해보자. ○○○와 닮았다고 생각하는 건 당신 자신인가, 아니면 주위 사람들인가? 당신이 ○○○와 닮았다고 착각하고 ○○○처럼 입는다면 대단한 실수를 하게 된다. 100% 똑같은 사람도 없을뿐더러 스타일을 ○○○와 똑같이 하고 다니면 사람들이 당신에게 건넬 말은 "○○○ 스타일 따라 하는 사람이구나!"가 전부라서 그렇다. 오히려 ○○○가 인기를 더 얻게 되고, 다른 사람들에게 주목을 받는다.

이해가 잘 안 된다면 코스프레를 생각하자. 만화 주인공을 흉내 내는 사람들은 헤어스타일이나 옷을 똑같이 만들어 입는다. 그리고 스스로 자기가 흉내 낸 만화주인공이 되었다고, 최소한 그 만화주인공처럼 보인다고 착각한다.

하지만 사람들은 그 사람에게 뭐라고 말해주는가? 기껏 잘 들어봤자 듣게 되는 말은 만화주인공 △△△ 흉내 낸 거구나 정도이다. 당신에게 대단하다고 말하지도 않고, 그 만화주인공처럼 하늘을 날거나 변신해보라고 요구하지도 않는다. 이미 당신은 당신이지 그 만화주인공 △△△이 아니기 때문이다.

다시 생각해보자. 연예인 ○○○을 따라 해보려는 마음이 든다는 건 스타일링에 관심이 있다는 의미도 되므로 바람직하다. 자기의 스타일을 연구하고 어울리는 이미지를 찾으려고 노력한다는 것과 같기 때문이다. 그러나 무조건 ○○○을 따라 하지 말자. 당신이 어울릴지 안 어울리지도 모르지만, 그보다 더 큰 문제는 ○○○가 인기 있을 경우 다른 여성들이 당신처럼 ○○○을 따라 하려고 든다는 것이다. ○○○처럼 생긴 사람들이 거리거리에 쏘다닌다면 어떤 기분이 드는가? 집단으로 정신병이 발병한 게 아닌 이상 제발 누구 ○○○ 아무개를 따라 하지 마라.

또 한 가지 추가하자면, 인터넷쇼핑몰에서 예쁘고 잘 생긴 피팅모델들이 입고 있는 옷을 보고 무턱대고 따라가지 마라. A 쇼핑몰이 인기 있다면 A 쇼핑몰에 몰려든 사람들은 모두 그 쇼핑몰의 남자 여자 피팅모델을 보고 옷을 산다는 뜻이다.

어떻게 되겠는가? A 쇼핑몰 출신 동호회 모임이라도 할 것인가? A 쇼핑몰 스타일의 사람들이 거리에서 서로 마주치게 된다. 이보다 더 뜨악한 순간이 어디 있는가? 이제 스타를 따라 하는 시대도 아니고, 인터넷쇼핑몰에서 피팅모델을 따라 하는 시대도 아니다. 제대로 되는 스타일링이란 남을 따라 하는 게 아니라 자기 자신만의 체형의 장단점을 알고 단점은 축소하고 장점을 부각시키는 스타일링을 해야 한다.

08 패션 브랜드가 여자를 유혹하는 방법

패션 브랜드 업체는 1년에 두 번, 혹은 1년에 한 차례 이상은 광고를 한다. 아니, 해야만 한다. 소비자를 위해서가 아니다. 대리점 사장들을 위해서이다.

대리점을 운영하는 패션 브랜드 업체가 광고할 때는 대리점 사장들을 위해서라도 반드시 톱모델을 쓴다. 톱모델을 쓰지 않으면 대리점 사장들이 생각하기를 '이 회사가 이제 돈이 없나?'라는 의구심이 생기고, 대리점 영업과 브랜드 전망에 대해 걱정하기 시작한다. 대리점을 열 때 브랜드 본사에 맡겨둔 부동산 담보와 현금 보증금에 대해서 걱정하기 때문이다.

그래서 브랜드 본사에서는 별실효성이 드러나지 않더라도 일단 톱모델을 사용한다. 톱모델 전략으로 브랜드 이미지를 높이려는 계획이라고 말하지만, 그 속내는 대리점 사장단을 안심시키기 위한 전략도 있다.

톱모델 ○○○이 브랜드 이미지의 지향점과 딱 맞아떨어져서 광고 모델로 계약하게 되었다는 언론보도 뉴스를 믿지 말자. 요즘 인기를 얻는 모델이고 대리점주들이 안심할 만한 모델이라서 쓴다는 게 맞다.

패션 브랜드의 톱모델 전략은 영화투자사의 톱스타 캐스팅 전략과 일정 부분 비슷하다. 예를 들어서, 영화투자사 투자담당 직원은 투자할 영화를 고를 때 톱스타 위주로 고르게 된다고 고백한다.

그 이유는 투자한 영화가 만에 하나라도 흥행이 저조해서 윗선에서 내려올 수 있는 투자실패에 대한 경과보고서를 작성할 때 담당직원으로서 편리하다는 것이다. 직장 상사가 투자책임 경과보고서를 지시하더라도 톱스타 ○○○가 나오는 영화라서 투자했다고 하면 직장 상사도 '운이 없었군'으로 생각할 수 있다고 한다.

그런데 독립영화감독을 후원하려고 적극 제안해서 회사 상사들이 움직이게 했는데 결국 투자한 영화가 흥행이 안 될 땐 모든 책임을 자신이 져야 할 위기가 닥친다는 것이다. 그래서 영화 투자 담당자들은 직장 상사들이 보더라도 거의 흥행이 될 것으로 믿게 되는 작품을 우선하여 고르게 된다는 것이다.

비교해보면, 대리점주들을 위해 톱스타 모델을 쓰거나 직장 상사를 위해 톱스타 배우를 캐스팅한 영화에 투자하는 투자사이건 입장은 크게 다르지 않다는 걸 알게 된다. 물론, 톱모델이 얼굴을 드러낸 패션 브랜드를 보면 여성들의 마음도 흔들린다. 모 드라마에서, 모 영화에서 인기를 끈 연예인 스타가 어떤 옷을 입고 있는지 자신도 그 옷을 입고 따라 하고 싶어 하는 마음이 들게 된다.

패션은 그래서 여성을 향한 판타지를 만드는 데 주력한다. 여성 의류 브랜드 화보를 보면 금방 눈치채겠지만, 화보 촬영 시에는 항상 요트 앞에서, 멋진 여행지에서 촬영한다. 재산도 많고 여행을 다닐 정도로 여유가 있다는 걸 은연중에 보인다.

혹은, 모 드라마에서 큰 인기를 끈 여자 스타가 나온다면 배경 없이 그 여자 스타가 입었다는 가치성만 높이는 작업을 한다. 여성들에게 특정한 이미지가 굳어진 여자 스타일 때는 브랜드에서 이미지를 만들어 보여줄 필요가 없다는 뜻이다.

패션 브랜드는 항상 여성들에게 판타지를 보여주고, 여성들에게 이렇게 살라고 유혹한다. 그 광고 문구를 자세히 들여다보면,

이렇게 화장하라!
이렇게 입어라!
이렇게 꾸며라!
이렇게 행동하라!
이렇게 관리하라 뿐이다.

그렇게 하면, 다른 여자들보다 더 이렇게 예뻐지고, 더 자유로우며, 더 돈도 많이 얻고, 더 능력 좋은 남자를 만난다고 유혹한다.

09 마네킹은 왜 다 예뻐야 할까?

마네킹은 예뻐야 한다. 그런데 마네킹에 걸린 옷을 쳐다보는 사람은 많아도 그 마네킹 자체가 예쁠수록 비싸다는 걸 아는 사람은 별로 없다. 그러나 실제 마네킹은 예쁠수록 비싸다.

특히 여자 마네킹은 비싸다. 여성은 어떤 옷을 사기 전에 항상 '어

떻게 입을까?'를 고민한다.

언제 입는지, 언제 입고 싶은지는 이미 정해져 있다. 새로운 옷을 입어야 할 순간이 있어서 미리 쇼핑하러 나온 것이기 때문이다. 그렇다 보니, 마음에 드는 예쁜 옷을 발견하면 '어떻게 입을까?'를 고민한다.

집에 어떤 옷이 있는지 조목조목 기억하고 방금 발견한 옷과 코디를 맞춰본다. 비 오는 날, 흐린 날, 눈 내리는 날 등 날씨가 어떨 때는 어떻게 입어야 할지 고민한다. 비 내리는 날에는 레인부츠를 신고 저기 보이는 스웨터를 걸친 후 간편한 재킷을 입을까? 아니면 레인코트를 입고 레인부츠만 신을까? 여성의 마음은 바쁘게 고민이 많아지는 순간이다.

그런데 여자의 고민을 한 방에 날려주는 존재가 바로 마네킹이다. SHOP에서 앞에 세워둔 마네킹은 그 브랜드에서 새로 출시한 아이템을 가장 먼저 걸치고 있으며, 실제 여성들의 마음을 훔쳐보며 '나처럼 입어봐'라고 꼬드긴다.

"예쁜 것들은 다 죽어야 해."라며 독설을 내뿜던 여성들도 예쁜 여자나 마네킹이 입은 옷을 보면 '쟤처럼 나도 입으면 예뻐질 거야.'라는 착각 속에서 어느덧 지갑을 들고 그 옷을 계산하는 자신을 본다.

마네킹도 시즌에 따라서 피부색이 변한다. 여름에는 선탠을 한 것 같은 피부톤의 마네킹이 유행하고, 겨울에는 털모자와 두꺼운 패딩 점퍼 등을 입은 하얀 마네킹이 자주 나온다. 마네킹은 8등신 몸매에 44인치 혹은 44반 인치 정도의 몸매를 지닌다.

물론 당연하지만, 도자기 피부에 큰 눈, 긴 속눈썹, 도톰한 입술, 발그레한 어리게 보이는 볼, 핑크 톤의 입술까지, 게다가 작은 손까지

화려한 패션 숨은 마케팅

마네킹은 다른 여성들이 닮고 싶어 하는 모든 요소를 다 모아서 완성된다.

여성들은 자기만의 이상형 여자가(마네킹이) 입고 있는 스타일을 보고 자기도 모르는 새 정신없이 순식간에 계산대로 달려간다. 그리고 다른 여자들이 들을까 봐 조용히 말한다.

"저 마네킹이 입고 있는 거 주세요."

마네킹은 스타일링에 고민하는 여성들을 위한 가장 든든한 스타일리스트인 동시에 여성들이 닮고 싶어 하는 미지의 그들 모습도 된다. 더불어 여성이 들른 옷가게에서 요즘 유행하는 신상품 디자인을 가장 먼저 입는 존재가 바로 마네킹이다.

그래서 마네킹이 예뻐야 한다. 옷가게로서는 피팅모델 역할이 되고, 손님으로서는 자신의 미래 모습, 저 옷을 입으면 자신도 마네킹처럼 예뻐질 수 있다는 꿈의 스타일이기 때문이다. 여성들은 마네킹을 쳐다볼 때 마네킹 얼굴을 본다. 마네킹이 얼마나 예쁜가가 아니라 어떤 옷을 입고 있기에 예쁠까 생각하며 본다.

저 마네킹은 나보다 별로 안 예쁜 것 같은데
저 마네킹은 나랑 비슷하게 생긴 것 같은데

여성들은 마네킹을 보면서 자신과 마네킹을 동일시하는 것을 넘어 자신의 모습이 마네킹보다 더 예쁠 수 있다고도 여긴다. 그래서 마네킹은 예뻐야 한다. 여성 고객들에게 비춰줄 여성 고객들의 모습이 되어야 하기 때문이다.

10 예쁜 옷 vs 싼 옷

당신이 여자라면 예쁜 옷과 싼 옷 중에 어떤 옷을 사겠는가?

당신이 백화점에 들러 쇼핑할 때이거나 인터넷쇼핑몰 첫 페이지에서 예쁜 옷을 봤다. 그런데 당신이 가진 돈보다 조금 더 비싸다고 하자. 한숨을 쉬고 백화점 다른 SHOP이나 다른 인터넷쇼핑몰을 찾았는데, 조금 전 봤던 스타일과 똑같진 않지만 비슷한 스타일이 있는 걸 찾아냈다.

정답은 비싸더라도 예쁜 옷이다. 여자는 자존심이다. 남자보다 힘도 약하고, 경제력도 부족한 여자들이 많지만 그래서 남자들을 이기기 위한 수단으로 '자존심'을 택한다. 즉, 남자들이 대시 해오고 말을 걸고 싶어 하도록 '예쁜 여자'가 되려고 한다. 자존심을 높이는 과정이다.

먼저 위에서 비싸더라도 예쁜 옷을 산 이유는 당신이 여성이기 때문이다. 생각해보자. 당신이 머문 백화점이나 인터넷쇼핑몰은 당신 말고도 수많은 사람이 온다. 지금 발견한 그 스타일의 옷을 당신도 살 수 있지만 다른 사람도 살 수 있다는 뜻이다.

여자는 잠시 고민한다. 지갑 사정을 보자면 스타일이 비슷하면서 조금 싼 옷을 사야 하는데, 굳이 비싼 옷을 산 이유는 바로 다른 여자들 때문이다. 당신 외에도 그 자리에, 그 사이트에 다른 여자들이 올 것이고 당신이 싼 옷을 샀고, 다른 여자가 비싼 옷을 샀다면 당신은 언젠가 닥칠지 모르는 창피함을 무릅써야 한다. 그래서 돈을 조금 더 무리해서라도, 아니면 카드를 쓰더라도 비싼 옷 쪽으로 가게 된다.

당신의 속마음은 당신의 쪽팔림 내지는 창피함을 말하진 않는다. 당신이 자존심 때문에 비싼 옷을 산다고 말하진 않는다. 당신 마음속에서도 철저히 숨기고 드러내지 않는다. 대신 당신은 자기 암시를 준다.

'비싼 옷 사서 오래 입으면 돼. 싼 옷이 비지떡이야.'

이 글을 보고 혹시라도 여성비하라고 생각하진 말자. 여성 비하가 아니라 여성들이 택하는 자존심에 관해 이야기하려는 것이다.

가령, 똑같은 디자인에 똑같은 사이즈의 옷이 있다고 생각해보자. 내가 보기에 딱 내 스타일의 옷이다. 두 옷을 보니까 가격만 차이가 난다. 하나는 10만 원, 다른 하나는 2만 원이다. 당신이라면 어떤 옷을 사겠는가?

이 질문엔 아마 2만 원짜리 옷을 산다고 얘기할 것이다. 그렇다면, 한 가지 더 조건을 붙이자. 10만 원짜리 옷에는 누구나 보면 알만한 브랜드 라벨이 잘 보이는 곳에 붙어 있고, 다른 2만 원짜리 옷에는 아무 표시도 없다. 당신은 어떤 옷을 사겠는가?

이 질문에는 성향이 반반 나뉜다. '그래도 난 검소하고 알뜰한 여자이니까 2만 원짜리 옷을 살 거야.' 라고 대답한다.

조건을 하나만 더 붙이자.

모처럼 모인 여고 동창회. 반가운 친구들과 만나서 즐거운 이야기를 나누는데, 오랜만에 만난 친구가 나와 똑같은 디자인 옷을 입고 있다. 그런데 저 친구는 브랜드 라벨이 잘 보이는 10만 원짜리다. 나는 그게 없는 2만 원짜리 옷이다. 다른 친구들이 10만 원짜리 옷을 입은 친구를 보며 역시 유명한 브랜드 옷은 다르다고 부럽다고 말해주는데, 다음은 당신 차례이다. 당신의 그때 심정은 어떨까? 당신은 차라리 10만 원짜리 옷을 살 걸 하고 후회하는가? 안 하는가?

자존심이란 혼자 있을 땐 중요하지 않다. 자존심이란 남들과 같이 있을 때 생기는 본능이기 때문이다. 여자에게 있어서 예쁜 옷과 싼 옷이란 가격이 중요하지 않다. 나 혼자만 아는 쇼핑에서 2만 원짜리를 사도 좋지만, 누구나 아는 브랜드라면 10만 원짜리를 사고 싶은 게 우리 본능이다. 그래서 패션 브랜드 업체들은 항상 고민한다. 예쁜 옷을 만들되 합리적인 가격을 찾느라 고민을 한다. 디자인을 기획하고 콘셉트를 유지하는 것 외에도 가격을 정하는 게 진짜 어렵다.

대한민국 거리 곳곳에 진짜와 가짜를 구별할 수 없는 명품으로 불리는 핸드백들의 물결을 보면서 당신은 어떤 생각을 하는가? 많은 여자가 오로지 그 핸드백이 예뻐서, 디자인이 독특해서 들고 다니겠는가? 아니면, 어떤 다른 이유에서인가?

여자의 자존심은 패션스타일링의 가장 기본이다. 핸드백이 비싼 걸 알기 때문에 굳이 들고 다니는 여성들이 많다.

11 여자는 꾸며야 여자다?

꾸미는 건 여자의 본능이라는 말이 있다. TV와 광고 속에서 자주 등장하는 말이다. 당신이 여자라면 다시 생각해보자. 꾸미기가 여자의 꿈이라도 되는가, 아침에 일어나서 꾸미고, 저녁에 잠잘 때 또 꾸미는가? 하루에 세 번 정기적으로 신체에 신호가 오는가?

'넌 여자니까 지금 꾸밀 시간이야. 넌 여자니까 다음 꾸밀 시간은 언제 무렵이야. 꾸미지 않으면 배고 고프고, 잠이 쏟아지고 화장실을 가고 싶어져. 반드시 하루에 한 번 이상은 꾸며야 해.'

위에 적어둔 신호가 오는가? 아니다. 그래서 꾸미기가 여자의 본능이라는 말은 다분히 자극성 멘트에 지나지 않는다. 여자의 꿈은 꾸미기가 아니라 예뻐지고 싶은 사회적 필요성에 따른 행동이라고 봐야 한다.

다시 말해서, 여성에 따라서 꾸미는 걸 좋아하는 여자도 있고, 그렇지 않은 여자도 있다. 꾸미기를 좋아하는 여자가 많은 만큼 꾸미기를 즐기지 않는 여자도 많다는 것이다. 물론, 혹은 꾸미는 방법을 몰라서 안 하는 여자들도 많다는 점은 예외로 하고 말이다.

여자의 꾸미기, 과연 어떻게 생각해야 할까?

패션디자이너를 비롯하여 뷰티 산업에 종사하는 수많은 사람은 여자의 꾸미기에 관해 이야기하고 여자를 예쁘게 해주면서 돈을 번다. 여자가 꾸미지 않는다면 이 세상엔 존재하지 않을 산업이 정말 많다는 이야기도 사실이다. 예쁜 여자를 위해 존재하는 많은 산업을 통해서 남자와 여자가 돈을 버니 말이다.

하지만 뷰티 산업에 종사하는 사람들이 싫어하는, 공포스러워 하는 여성들도 많다.

예를 들어서, 메이크업하는 걸 미술공부 해야 하느냐며 거추장스럽게 여기는 여성이 그렇다. 평소는 물론이고 특별한 외출 이벤트에도 아이라인 그리기도 귀찮고, 마스카라는 생각도 안 한다. 그래서 외출 약속이 있지만, 아무것도 하기 싫어지기도 하고, 복잡한 메이크업도 하기 싫어서 외출하기 싫다는 여성이 많다.

그래서 예쁜 여자들은, 특히 여자 스타 연예인들의 경우엔 행사와 일정이 다 끝나고 숙소에 와서 혼자 있는 시간이 되면 남들이 예쁘게 꾸며준 의상이나 메이크업을 다 지우고, 최소한의 가벼운 옷만 입고 휴식을 취하는 경우가 많다.

여자의 꾸미기가 본능이라면 도저히 상상할 수 없는 일이지 않은가?

그래서 여자의 꾸미기에 대해 '이렇다!'고 할 수 없는 까닭이다. 다만, 여자라서 자신이 예뻐 보여야 한다는, 예뻐 보이고 싶다는 마음은 가진다. 다른 여성들과의 경쟁심도 있고, 남자들에게 호감을 주는 여자가 되고 싶다는 마음 때문이기도 하다.

여자의 꾸미기를 본능으로 보는 대신 '예쁜 여자'를 보고 싶어 하는 사회적 필요성과 이에 적응을 하는 사회활동으로 이해해보도록 하자. 한 걸음 더 나아가서 무조건 예쁜 여자보다도 말을 할 때나 행동으로서 아름다움이 더욱 돋보이는 여자가 진짜 예쁜 여자라는 점을 깨닫자.

얼굴이 예쁜 여자가 아니라 향기나는 여자가 되도록 하자. 여자의 향기는 책을 통해 많은 독서량을 바탕으로 생기게 된다. 사람과 사람 사이에서 대화하고 예의를 갖추는 것 역시 많은 독서를 통해 배우고 깨닫는 과정에서 생긴다.

12 "달라진 거 없어? 나 어때?" 가르마 스타일 물어보는 여자

여자는 관심을 원한다. 매일 다른 옷을 입고, 기분에 따라 새로운 스타일을 연출한다. 하루는 귀여운 스타일, 다른 날은 씩씩한 소년 스타일, 또 다른 날은 순수한 스타일 등으로 변신하는데, 그 이유는

'관심'이다.

　패션쇼영화를 만들면서 부르기를 [쇼 무비]라고 말하는 나는 예전엔 패션쇼를 열어 패션모델들에게 디자인을 입히는 캣워크를 하는 대신 연기자들에게 내 디자인을 입혀서 연기를 통해 패션쇼를 한다. 그래서 내가 만든 쇼 무비를 관람하는 사람들은 패션쇼영화에 대한 저마다의 느낌이 드는데, 이 느낌이 내 디자인과 쇼에 대한 감동으로 전환되기를 유도하는 쇼이기도 하다.

　하루는 패션쇼영화에 출연하기로 한 여자배우와 대본 리딩 미팅을 하는데 여자배우가 물어본다.

　"저 달라진 거 없어요?"

　난감했다. 어디가 달라졌다는 것인지 감을 못 잡겠다. 옷으로 말하면 어제와 달라졌지만, 예전에 본 옷이었고, 한 번 봐서 어디가 달라진지 모르고 지금에서야 찾는 걸 들킬까 봐 헤어스타일도 조심스럽게 살펴봤지만, 어제와 같은 스타일이었다.

　애써 웃음 지으며 내가 변명한 것은 "난 알아. 자, 거기가 달라졌네."하는 게 고작이었다.

　그러자, 여자배우는 말했다.

　"그래요? 저 가르마 바꾸니까 어때요? 더 나아요?"

　그러고 보니 가르마가 반대쪽으로 향했다.

　이 이야기를 알게 된 여러분은 어떤 느낌이 드는가? 여성이라면 대부분 공감할 것이고, 남자라면 '정말 여자들이란'이라는 속마음을 가질 것 같다. 하지만 어떤 쪽이건 여자의 변신, 여자가 자신의 이미지 스타일을 바꿔보려고 하고 자신에게 어울리는 걸 찾아내려는 노력엔 박수를 쳐줘야 하지 않을까?

여자의 스타일은 여자 관심의 표현이다. 그래서 여자에게 칭찬받는 남자가 되려면 여자에게 칭찬을 자주 해줘야 한다. 주로 하는 칭찬은 물론 '예쁘다.'가 되겠지만, 이 외에도 '스타일 멋지다.', '오늘 어려 보인다.', '옷 잘 어울린다.', '영화배우 같다.' 등등, 뭐든 칭찬하는 말이라면 어법을 다르게 해서 칭찬하는 게 좋다.

여자에게 관심을 표현한다는 것은 여자가 자신에게 관심이 있는 상대에게 호감을 주는 것과 같다. 말이 좀 어렵다면 이렇게 생각하자. 여자는 자신에게 관심을 주는 남자에게 호감을 느낀다. 자신의 변화, 자신의 변신, 자신에게 어울리는 스타일, 자신만을 위한 이벤트 등을 좋아한다.

물론, 여자에게 큰 이벤트를 해야만 한다는 건 절대 아니다. 빌딩을 사주고 비행기를 사준다는 이벤트가 아니라 여자에게 '예쁘다.'라는 말 한마디가 그 이상의 효과를 준다는 뜻이다.

TV에 자주 등장하는 패션디자이너나 연예가 리포터들을 보면 시청자들 귀에는 거슬릴 정도로 연예인들을, 특히 여자연예인들에게 칭찬을 쏟아 붓는 장면을 자주 볼 수 있다.

예뻐요, 멋있어요. 최고예요. 역시 ○○○에요 등, 쉴 새 없이 칭찬을 퍼붓는다. 왜 그럴까? 그건 연예인이라는 직업적 특성 때문에 다른 연예인과 경쟁하는 그들을 치켜세우면서 리포팅을 조금 더 편안한 분위기에서 하려는 칭찬이다.

특히, 여자 연예인들은 이제 갓 신인으로 등장했을 때 자신들이 받던 언론의 주목과 무수한 팬을 보며 환희를 느끼는데 시간이 흐를수록 더 어리고 예쁜 여자연예인들이 나오면 자신들이 받았던 관심이 사라질까 봐 걱정하게 된다. 그래서 보톡스를 맞고, 성형수술을 하며 턱을 깎고 화장을 더욱 진하게 하기도 한다. 불안함으로 인해 나타나는 증상이다.

이럴 때 주위에서 자신에게 칭찬을 해주고 격려를 하고, 자신이 최고라며 얘기해주면 그 말이 거짓인 줄 알면서도 기분이 편안해진다. 100% 진실은 아닌 줄 알면서도 동시에 100% 거짓말이 아닐 것이라는 착각을 하기 때문이다.

그렇다면, TV 속에 등장하는 연예인과 우리 주위 여자친구, 애인, 누나, 언니는 다른 사람인가 하면 그렇지도 않다. 같은 여성이고 같은 문화에서 성장한 사람이란 뜻이다. 그럼, 어떻게 해야 하겠는가?

맞다. 여자에게는 칭찬하라. 그리고 또 칭찬하라. 여자에게 칭찬한다는 것은 진실을 감추는 거짓이 아니라 오히려 여성으로부터 나 자신이 대우를 더 받을 수 있게 되는 나를 위한 칭찬이기도 하다.

여성은 자신을 이해해주고 배려해주는 사람들과 같이 있고 싶어 하기 때문이다. 자신과 같이 있을 때도 자신만 생각해주고, 자신의 모습을 세세히 살펴보고 예쁜 모습을 칭찬해줄 수 있는 사람이라면 여성의 마음을 사로잡는 방법을 한 가지는 알게 된 것이다.

13 "예뻐서 샀어. 네가 입어." 쇼핑하고 보는 여자의 성격

예쁘면 쇼핑하는 여자의 본능, 사다 두고 지켜보는 것만도 즐겁다. 쇼핑은 자기만족이면서 다른 이들이 나를 향해 보는 시선을 즐기는 쾌락도 있다. 쇼핑하러 가면서 다른 여자들에게 기죽지 않겠다며 잘 차려입고 메이크업하는 여성들의 심리는 쇼핑하러 온 자신의 스타일을 보여줌으로써 판매사원들에게 알아서 대접하라는 무언의 메시지이다.

그런데 잘 차려입고 즐거운 쇼핑을 나섰지만 예쁜 옷이 있어서 사고 싶어도 막상 내가 입지 못하는 옷이 있다. 아동복이나 남자옷도 마찬가지이다. 여자인 자신이 입을 옷은 아닌데 그 옷이 예쁠 경우, 여자는 이럴 때 어떻게 할까?

남자라면 자기에게 해당 없는 옷은 100% 사지 않는다. 차라리 술을 마시러 가거나 게임을 하고 만다. 하지만 여자는 여자이기 때문에 예쁜 옷을 보면 사고 싶다. 예쁜 어린이옷을 보면 조카라도 사주고 싶고, 예쁜 여자 옷을 보면 자기는 못 입더라도 친한 친구에게 선물로 주고 싶은 게 여자의 마음이다.

왜 사려고 할까?

패션디자이너 빅터 리가 생각하기에도 이 문제는 항상 궁금증이 컸는데 나중에 알게 된 그 이유는 어떤 옷이 '예쁘다'는 것과 예쁜 무엇을 보고 알아낼 수 있는 '나는 여자'라는 심리가 같이 작용해서 그렇다는 결론이었다.

예쁜 옷을 보면 예쁘다는 걸 알고 있는 여자라서 '예쁜데도 안 산다는 건 여자가 아니다.'라는 일종의 나르시시즘인 셈이다. 그럼, 예쁜 옷은 반드시 여자가 스스로 찾아내야 할까? 그건 아니다. 판매사원이 제안하는 옷 스타일 중에서 발견하기도 하고, 쇼윈도에 걸려있는 옷을 보며 문득 여자는 생각한다.

어, 이 옷 누가 입으면 예쁘겠다.
어, 이 스타일은 누구 스타일인데.

이 생각이 들면 여자는 그 옷을 사야 할 의무와 책임감마저 느낀다. 기어코 그 옷을 산 뒤에 여자는 친구나 아는 사람에게 선물로 주기도 하지만, 예쁜 옷을 발견한 그 시점에 전화기를 꺼내 들고 "얘, 너한테 어울리는 옷 봤는데, 사다줄까?" 물어보기도 한다.

다른 사람에게 전하는 '나는 쇼핑 중'이라는 자기만족이 있고, 예쁜 스타일을 보고 너한테 어울린다는 느낌을 받았다는 '나는 스타일링을 안다'는 재능 소유의 만족, 그리고 상대방에게 밝히고 싶은 '내가 너를 이만큼 생각하고 있다'는 관심의 표현 등인 셈이다.

이때 선물을 받는 사람은 여자에게 반드시 대답해야 한다.

"진짜? 고마워. 생각도 못 했는데, 넌 정말 좋은 사람이야."라고 말이다. 가능하다면 정말 기쁜 척이라도 하며 들뜬 목소리로 대답하자. 여자는 당신의 반응이 궁금해서 전화를 걸었고, 당신이 기뻐한다면 자신이 잘했다는 안도감을 가진다.

여자의 지갑에서 돈이 나오는 순간이고 당신에게 옷 한 벌이 생기는 순간이다.

14 입는 옷, 옷장 속에 보관하는 옷

옷을 샀는데, 어떤 옷은 입고, 어떤 옷은 옷장 속에 보관만 한다. 여자의 옷은 다른 사람을 위해 입기도 하지만 순전히 여자 자신만을 위해 입기도 한다.

여자의 외출은 친구들과 만나거나 남자친구와 만나기 위한 외출도 있지만, 자기 혼자만을 위한 외출도 한다. 혼자 커피숍에 앉아서 커피를 마시며 책을 보거나 전공 과제 리포트를 쓰고, 스마트폰이나 노트북 컴퓨터를 꺼내 들고 친구와 수다를 떨기도 한다. 여자 혼자 살아간다는 건 외롭지 않다.

그래서 여자의 의상스타일을 보고 저 여자가 섹시한 옷을 입었으니 분명 저 여자는 자신과 놀아 줄 '남자를 찾는 여자'가 아닐까 생각하는 것은 남자만의 착각이다. 여자는 자신의 섹시한 모습을 보고 싶어서 스스로 스타일링 하는 마음도 강하다는 걸 모르는 남자 말이다.

> 여자는 옷을 산다.
> 여자는 입는다.
> 여자는 입지 않는다,
> 옷장에 보관한다.

이 차이는 무엇일까? 여자가 옷을 입는다는 것은 스타일을 연출한다는 의미이다. 스타일을 보여야 하는 자리가 있다는 뜻이다. 그럼, 여자가 옷을 입지 않고 옷장에 보관한다는 뜻은 반대로 여자가 입을 자리가 없다는 것이고, 그건 여자의 꿈의 장소라는 의미이다. 지금은 당장 입을 일이 없지만 언젠가 자신이 그리던 순간이 오면 그 순간을 위해 입으려고 미리 준비해두는 것이다.

만약 당신이 여자의 수첩을 보게 된다면 이런 상황이 이해된다. 여자는 자신이 하고 싶은 일, 자기가 이루고 싶은 일들에 대해 수첩에 적어두는 걸 좋아한다. 그래서 수첩에 적어둔다. 여자의 꿈들이, 계획들이 모인 공간이 바로 여자의 다이어리이다.

예를 들어서, 사회생활을 하면서 평소 짬이 안 나고 바쁜 여성은 나중에 한가해질 때, 여유로워질 때 꼭 해보고 싶고 배우고 싶은 것들을 정리해서 기록하는 습관이 있다. 나중에 해보고 싶은 일 등을 정리해보면서 지금의 답답한 상황, 내가 딱히 원하지 않는 상황을 견디는 것이다.

다른 설명하자면, 여자는 자신이 원하지 않는 스타일의 남성을 만나더라도 마지못해 웃어주고 대화에 응해주는 경우가 있다. 이럴 때, 여자들의 본마음은 남자를 위한 배려가 아니라 자기 자신을 위한 이미지 관리 차원에서 비롯된다.

앞에 앉은 저 남자가 마음에 들진 않지만, 혹시라도 나와 헤어지고 다른 데 가서 내 흉을 본다면 내 이미지 스타일이 망가지는 것이다. 일단 현재 상황을 잘 마무리하고 저 남자를 빨리 돌려보내야 한다는 작전 만들기가 여성의 머릿속에서 떠나지 않는다.

그래서 여성은, 아니, 여자라면 지금 입지 않는 옷도 산다.

그 이유는 여자의 꿈을 위한 준비이다.

15 남자친구 만날 때 입는 옷

여자에겐 여자친구 만날 때 입는 옷과 남자친구 만날 때 입는 옷이 따로 있다. 여자친구 만날 때 입는 옷은 고급스러운 옷, 여자친구들과 어울려도 자신이 돋보이는 옷이 선택의 기준이 된다. 그러나 남자친구를 만날 때 입는 옷은 나랑 가장 잘 어울리는 옷이 선택의 기준이 되고, 남자친구가 좋아하는 옷이 선택의 기준이 된다.

어느 날 남자 친구가 자신에게 "와! 넌 그 옷에 제일 잘 어울린다."

라던가 "그 옷 입으니까 너 진짜 예쁘다."라고 하면 여자는 그 옷에 남다른 의미를 부여하고 그 옷을 애지중지하게 된다. 물론, 여자는 자기가 관심 있는 남자가 자신에게 해주는 이야기에 집중하고 관심을 둔다. 여자가 관심을 두지 않는 남자는 그가 어떤 이야기를 해도 남의 일이라는 점은 미리 밝혀둔다.

남자친구랑 만날 때 여자는 어떤 옷을 입을까? 어떤 스타일을 보여줄까? 행복한 고민을 한다. 지금 이 글을 읽는 여자들 가운데에 자신의 남자친구랑 만나기로 했는데 가슴이 설레지 않고 어떤 스타일을 해야 할지 고민하지 않는 여성이 있다면 지금 당장 그 남자와의 관계를 다시 생각해보자. 여자를 설레게 하지 않는 남자는 여자의 상대가 아니다. 마찬가지로, 남자를 설레게 하지 않는 여자는 남자의 상대가 아니다.

다시 본론으로 돌아와서, 여자는 남자친구를 만날 때 어떤 옷을 입을까 보다는 남자친구는 어떤 옷을 좋아할까 고민한다. 그리고 예전에 남자친구가 했던 말을 다시 생각하려고 애쓴다.

> 무슨 영화를 보고 그 영화 속 여배우가 입었던 어떤 옷이 예쁘다고 했는데 길 가다가 어느 쇼윈도에서 마네킹이 입은 옷 보고 '너한테 잘 어울리겠다.' 라고 해줬는데

여자는 남자가 좋아할 만한 최선의 옷을 고르고 남자친구를 만나러 나간다. 당신이 그 여자의 남자친구라면 해줄 말은 단 한 가지.

"와, 그 옷 멋진데. 너한테 잘 어울려."

이렇게 말하면 된다.

남자는 오늘 그의 여자친구를 위해 최고의 칭찬을 했고 여자의 마음을 이해하고 배려해주는 멋진 남자가 되는 순간이다.

16 남자의 시선을 부르는 옷

　남자는 시각, 여자는 감각이다. 남자는 불이고 여자는 물이다. 남자는 눈으로 보는 즉시 몸이 반응하고 다가서지만 여자는 마음으로 느껴야 하고 그다음에 눈이 열린다. 남자의 행동과 여자의 행동이 다르다는 점을 기준으로 스타일에 대한 반응을 알아보자.

　남자는 좋아하는 사람이 나타나면 바로 고백을 해야 한다는, 선착순에 얽매이는 사랑을 고집하지만, 여자는 마음에 드는 남자를 볼 때 오히려 자신의 마음을 들키지 않게 하려고 고민하고 궁리한다.

　남자가 자기 마음을 빨리 드러내려고 하는 이유는 남자가 지닌 용기로 간주되고, 여자가 자기 마음을 드러내지 않고 숨기려고 하는 이유는 여자의 자존심을 지키려는, 여자의 이미지를 보호받으려는 마음으로 간주된다.

　그런데 자기 여자친구와 데이트 중인 남자들일지라도 주위 다른 여자가 섹시한 의상을 입고 지나가면 시선이 간다. 안 본다고 하지만 은연중에 이미 남자의 시야각에 들어온 여자를 머리부터 발까지 스캔하는 중이다. 여자는 일단 남자의 거짓말을 모른 체해준다. 남자의 거짓말을 몰라서가 아니다. 여자인 자기 마음을 달래주려고 남자가 애써 거짓말을 하고 있다는 걸 배려해주는 여자의 마음이다.

　여자들은 생각한다. 저 여자가 섹시하게 입으니까 남자들이 자꾸 쳐다보는구나.

　하지만 이것은 사실이 아니다. 남자들은 여자가 섹시하게 입으면 쳐다보고 관심 두는 존재가 아니라, 새로운 여자에게 관심을 가지는 존재다. 여자가 섹시하게 입어서 쳐다보는 남자들이라면 여름 해수

욕장에 들러 비키니 차림의 여자들이 많을 때 남자는 눈 감을 새도 없이 지켜보기만 하는가? 그건 아니다. 여자 생각에 남자들은 섹시한 여자, 어린 여자에게 관심을 둔다고 여긴다. 그러나 이 말도 100% 맞는 건 아니다.

위에서 말했듯이, 남자는 어린 여자나 섹시한 여자가 아니라 '새로운 여자'에게 관심을 갖는다. 남자가 여자친구를 사귀기 위해 고백하고 다가선 것도 새로운 여자였기 때문이다. 자신의 집에도 엄마도 있고 누나도 있다. 이모도 있고 여자 선생님도 있다. 하지만 이들 모두는 남자에게 '아는 여자'가 된다.

자기 주위에 있는 여자들 말고 새로운 여자가 나타난다면 남자들의 더듬이가 자동으로 향하게 된다. 안테나가 TV 주파수를 잡듯이 새로운 여자를 찾는 남자 주파수가 여자에게 다가가려고 한다. 여자친구가 생기고 남자가 그 여자친구를 '아는 여자'라고 느끼게 되는 순간 남자는 또 다른 여자를 향해 호기심을 갖게 된다.

이 말은 세상의 남자들이 무조건 바람둥이가 아니라는 뜻이고, 여자는 남자친구와 만나면서 자신의 모습을 다 보여주기보다는 조금씩 새로운 모습을 보여주는 게 좋다는 뜻이다. 남자는 여자가 새로움을 줄수록 그 여자 곁에서 떠나지 못하고 여자의 노예가 된다.

17 화려한 vs 평범한, 내 스타일은?

패션계에는 징크스에 빗대는, 매출에 영향을 준다는 풍문들이 있다. 가령, 경기가 안 좋을 땐 미니스커트가 유행하고, 비가 오면 쇼핑몰 매출이 적다는 말 등이다. 이따금 적용될 때도 있지만, 항상 맞아떨어지는 정확한 사실이 아닌 까닭에 풍문으로 치부한다.

그런데 패션계에서는 사실 확인은 안 된 내용이지만 아이템을 생산할 때 항상 적용하는 디자인 적용 비율이 있다. 가령, 디자인이 튀는 상품은 10%만 생산하고, 일반적인 심플한 디자인을 80% 생산하며 다소 뒤처진 느낌의 디자인을 10% 생산하라는 것이다.

이게 무슨 소리이냐 하면, 패션스타일에 민감하고 튀는 사람들은 전체 소비인구의 10%에 해당할 정도의 소수이고, 대다수 사람은 패션리더가 앞장설 때 그들의 소비 성향에 따라서 선호하는 브랜드를 찾게 된다는 것이다.

가령, 어떤 사람이 자기 주위에 A라는 패션리더가 있는데, A가 요즘 새로 유행하는 브랜드라며 B 브랜드를 쇼핑하면 그 사람은 A를 따라서 B 브랜드를 사게 된다는 논리이다. A는 자신이 인정한 패션리더이므로 A가 사는 B 브랜드는 믿고 산다는 마음이 작용한다.

요즘엔 이러한 '따라가는 쇼핑' 논리를 가장 잘 적용하고 득을 보는 분야가 바로 인터넷쇼핑몰이다. 패션리더다운 일반 모델을 대상으로 스타일을 연출해두고 다른 사람들이 와서 보고 따라서 사도록 유도한다.

그래서 인터넷쇼핑몰 첫 페이지를 만들 때에도 유행에 민감한 독특한 튀는 디자인 아이템을 상단에 10개 정도 진열하고, 내려올수록 심플한 일반 디자인 아이템을 배열해서 전체적으로 상품 가짓수가 많아 보이게 한다. 유행에 뒤처지는 고루한 스타일은 여기저기 트렌드 아이템 사이사이에 넣어놓는다.

그다음 신경 써야 할 부분이 바로 유행에 뒤처지는 10%의 아이템

비율인데, 이 뜻은 촌스런 사람들을 위한 10%란 뜻이다. 세상에는 유행에 민감하고 앞선 스타일만 쫓아가는 사람들이 있는 게 아니므로 유행에 둔감하더라도 우리 브랜드를 쇼핑할 수 있는 소비자를 배려하자는 디자인 구성인 셈이다.

당신은 쇼핑할 때 디자인이 독특하게 튀는 당신만의 스타일을 좋아하는가, 아니면 트렌드에 뒤처진 스타일이라도 막 아무거나 당신 눈에 좋다 싶으면 사는 스타일인가? 또는, 당신 주위에 옷 좀 입는다는 친구들이 앞장서면 그제야 뒤따르는 스타일의 사람인가?

당신은 상위 10%인가, 중간 80%인가, 하위 10%인가를 물어보는 질문이다.

물론, 당신이 어느 위치의 사람이더라도 중요한 건 디자인이다. 당신의 기호도를 맞춰주고 당신으로부터 호감을 끌어내야 하는 능력이 바로 디자인에 있기 때문이다. 당신이 디자인을 선택했다고 생각하지만, 디자이너들은 반대다. 디자인이 당신을 선택하고 당신이 좋아할 만한 디자인을 준비했기 때문이라고 여긴다.

디자이너의 디자인 때문에 당신이 지갑을 열어 돈을 꺼내게 되었다고 생각한다. 그럼, 디자인은 어떤 디자인이 좋은 것일까? 화려한 디자인과 평범한 스타일의 디자인 가운데 진짜 멋은 어느 쪽일까? 이에 대한 답은 외국 유명 브랜드들을 쇼핑하는 사람들과 인터넷쇼핑몰에서 쇼핑하는 사람들을 비교해 보면 찾을 수 있다.

브랜드를 쇼핑하는 사람들은 하나같이 평범한 디자인이 주류를 이루는데도 사람들은 화려한 스타일의 자기 마음에 드는 디자인보다 자신이 알고 있는 브랜드의 평범한 디자인을 구매하는 모습이지만, 동대문시장이나 인터넷쇼핑몰에는 반대로 톡톡 튀는 디자인에 화려한 컬러감이 돋보이는 디자인이 많고, 대다수 소비자는 10대, 20대

연령층이다.

다시 생각해 보자.

평범한 디자인이 좋은 건가, 톡톡 튀는 화려한 디자인이 좋은 걸까? 이에 대한 답은 소비자의 연령층과 문화의 차이 때문이다.

그 차이를 생각해볼 때, 디자인이 다양하고 복잡한 스타일은 피로감을 준다. 화려한 디자인의 아이템은 친구의 생일 파티나 모임 같은 일회성 장소에 좋고, 한 번 입었다면 쓰레기통에 처박아 버려야 한다.

화려한 디자인은 양념 고기와 같아서 처음엔 맛있고 신선한 맛이 나지만 두 번, 세 번 먹으면 질리고 입안만 얼얼할 뿐 맛도 없다는 걸 안다. 양념의 자극적 맛이 혀의 미각을 버린다는 걸 아는 사람들이 고수이기 때문이다.

반면에, 평범한 스타일은 컬러와 소재만 잘 고르면 나를 우아한 여자, 어느 곳에서나 분위기 어울리는 여자로 만들어준다. 평범한 디자인은 소재와 컬러를 강조하고, 여자의 이미지를 보완해주는 효과가 있어서 그렇다.

'강렬한 디자인'은 사람들이 쉽게 식상하게 만든다. 질린다. 10대, 20대 청소년들이 파티를 즐기고 클럽에 가지만 일상생활이 그런 것이 아닌 것과 같다. 화려한 디자인이란 당신이 매운 양념 요리를 매일 먹지 않고 싶은 것처럼, 계속 입고 싶지 않고 쉽게 질리기 때문이다.

화려한 디자인은 강렬한 만큼 지속성이 부족하여 오래지 않아 쉽게 눈과 마음을 지치게 하지만 원단과 부자재부터 품질이 좋고 브랜드의 가치가 있는 디자인은 우리의 현재와 미래까지 든든한 안정감을 줄 수 있다.

당신이 사야 할 스타일이 정해졌는가? 화려한 디자인인가? 아니면, 심플하지만 마음이 편안한 스타일인가?

이 말은 당신이 양념을 선호하는 화려한 생활을 하는지, 아니면 끈기 있게 한 가지 목표를 위해 노력하는 성실한 삶을 사는지도 구별할 수 있다. 그러나 대부분의 우리 생활은 화려함의 연속인 삶이 아닌 것처럼 평범함의 연속이다. 만약 당신이 삶에서 강렬함을 원할 때가 오듯이 생활의 악센트가 필요할 때만 양념을 뿌려주면 된다.

정리하자면, 당신에게 필요한 옷, 그리고 가끔 사야 할 옷이 된다. 화려한 옷도 필요하고, 평범한 옷도 필요하다.

18 "딱 내 스타일이야!" 라는 여자

여자는 쇼핑하러 갈 때만 스타일을 생각하진 않는다. 여자의 쇼핑을 자세히 보면 여자는 평소에 항상 자신의 스타일을 생각하며 자신에게 어울리는 아이템을 찾는 즐거움을 누린다.

TV드라마를 보면서 여자 주인공의 감정에 몰입하고 내용 전개에 따라가지만, 여자의 주된 관심사는 여자가 입고 있는 옷, 여자가 생활하는 자기 방, 여자네 집의 거실, 여자가 사는 집의 화장실부터 여자가 만나는 남자친구, 여자가 신은 하이힐, 여자가 든 핸드백, 여자가 남자친구를 만날 때 한 메이크업 색조 화장품 등등

여자는 길을 걷다가도 예쁜 옷이 있으면 자기에게 어울리는지, 안 어울리는지 순간적으로 인식하고 판단하고 결정한다.

저건 내 스타일이야.
저건 내 스타일이 아니야.

여자가 자기에게 맞는 스타일을 찾아내고 자신에게 어울리는 스타일을 결정하는 장소는 바로 텔레비전이다. 때로는 극장이기도 하다.

예를 들어, 평소 알고 지내던 여자 연예인 중에 섹시화보를 찍은 사람이 있는데 나한테 말해주기를 자신도 놀랐다고 했다. 자기가 찍은 섹시화보는 남자들이 호기심에 볼 것 같았는데, 오히려 소비자를 체크해보니 여자들이 더 많이 봤더라는 것이다.

여자들이 같은 여자가 찍은 화보를 왜 볼까?

그 이유는 '어떻게 하면 저런 몸매를 가질까?' 하는 여자들만의 호기심이라고 생각한다. 여자들은 남자들이 어떤 걸 좋아하고, 어떤 여자를 좋아하는지 그 이유를 분석하고 자신이 받아들일 만한 부분이 있으면 자신도 똑같이 하려고 하기 때문이다.

이에 대한 해답을 알게 된 경험이 있는데, 남녀 학생들이 참여하는 어떤 행사모임이었다.

전 세계 각 대학에서 모인 젊은이들이 우리나라 역사유적지와 도시를 다니며 미래의 글로벌 평화를 토론하고 우정을 쌓는 행사였는데, 나도 한국 대학생 대표로 운 좋게 참가를 했을 때의 기억이다.

행사에 참가한 남학생들과 여학생들은 서로 호감이 가는 대상과 이야기하고 함께 시간을 보내고 했는데, 행사를 시작하고 얼마 지나지 않아 남자대학생 사이에서는 어느 누가 예쁘다더라 하는 인기투표가 진행되는 반면, 여자들 사이에서는 저마다 각자의 이상형을 갖고 소문내지 않고 조용히 다가서는 모습들이 관찰되었다.

이 시기, 다른 남학생들이 필자에게 "넌 누구를 찍었니?"라고 묻기에 마침 내 옆을 지나가던 여학생을 보고 "난 일본에서 온 모리카와 요코라는 여학생이 좋더라. 예쁘잖아!"라고 했다. 아무 생각 없이 둘러댄 말이었다.

그런데 내 의도와는 다르게 일순간 남학생 사이에서 내가 요코를 좋아한다는 소문이 퍼지고 여학생 사이에서도 소문이 퍼졌다. 당시 B 그룹 리더였던 나는 친한 남학생 선후배들이 많았는데, 내가 요코를 좋아한다며 자신들도 요코를 좋아한다고 떠벌리고 다닌 것이다.

그 뒤로 얼마 후, 행사 기간 중 어느 날 여학생 중에서 가장 예쁘다고 인기를 얻던 여학생과 대화하고 있는데 그 옆에 요코가 지나가는 게 아닌가? 그러자, 그 여학생이 내게 말하길 "쟤가 남자애들이 제일 좋아하는 여자애라며? 내가 보기엔 예쁘지도 않은데."라고 말한다. 옆에서 순간 당황하던 나였지만 말이다.

이런 개인적인 경험에서도 느꼈던 바이지만 여자들만의 다른 여자 관찰하기 본능은 남자들의 상상을 초월한다. 여자 연예인의 섹시화보를 남자들보다 더 많이 보는 여자들, 남자에게 인기 있는 여자를 보며 그 이유를 분석하려는 게 바로 여자들의 이런 본능이라고 생각하게 된 것이다.

그럼 여자가 다른 여자를 평가한 이후에는 어떤 일이 벌어질까? 여자는 상대 여자에게서 자신보다 못한 부분을 하나라도 찾아내는 순간 극도의 평온 상태에 빠진다. 마치 아무 일도 없었던 것처럼 된다는 뜻이다.

> 쟤는 나보다 코가 낮네.
> 쟤는 나보다 눈도 작네.

하지만 비교해서 자신이 그 여자보다 나은 점이 없다고, 신체적인 기준에서부터 이도 저도 자기가 못하다고 생각되더라도 여자는 그 여자와 자기를 비교하면서 마지막 한 방으로 정리한다.

내가 쟤보다 어리잖아.

여자의 마음 중에 '다른 여자 관찰하기'와 '꾸미기 욕심'은 주로 다른 여자를 통해서 새로 생기거나 사라지게 되는데, TV를 보면서 남자는 액션 장면과 스토리에 빠져서 다음 장면을 기다린다면, 여자는 드라마 속에서, 또는 영화 속에서 그 여자와 다른 남자, 그 여자와 다른 여자들과의 관계에 집중하고 관계를 이어나가는 방법에 대해 집중하는 차이점도 나타난다.

여자는 TV와 영화 등의 작품 속에서도 자기만의 스타일을 찾고 자기에게 어울리는 아이템들을 정리해두는데, 어느 순간 길을 걷다가, 쇼핑몰에 들러 쇼핑을 하다가, 쇼윈도 옆을 지나다가도 예전에 드라마에서 봐두었던 아이템을 찾아내면 여자가 자신도 모르게 소리치는 경우가 있다.

와! 저거 내 스타일이야.
어떤 드라마에서 어떤 여자애가 하고 나온 거잖아.
그때 그 여자애가 남자한테 프러포즈 받을 때
남자가 저 소품 가리키면서 어울린다고 하더라고.

이 말을 듣는 순간 그 옆에 선 남자라면 조용히 지갑을 열자. 여자 친구에게 점수를 딸 기회가 생겼다. 그 아이템을 사서 여자에게 주는 순간 당신은 여자를 주인공으로 만들어주는 백마 탄 왕자가 된다. 비록 아주 잠시뿐이지만 말이다.

19 여자의 눈은 예쁜 여자

여자는 자기를 배려해주는 사람에게 끌린다. 자기를 인정해주고 자기를 다정하게 대해주는 남자에게 매력을 느낀다. 여자는 사랑을 받고, 관심을 받기를 좋아하는데, 남자들도 마찬가지이지만 여자의 경우엔 특히 더 관심을 두고 계속 지켜봐 주며 격려와 배려를 해주는 관계가 중요하다.

여자는 자신도 여자만의 이런 마음을 알기에 가능한 한 자신에게 어울리는 것, 자기에게 도움되는 것 위주로 쇼핑하게 된다. 그리고 예쁜 여자를 보면 '예쁘다!'에서 끝나지 않고, 코는 어떻고, 눈은 어떠며 입이나 귀는 어떤지 세세하게 분석한다. 하나하나 뜯어보면서 그 여자와 자신과 비교를 하게 된다.

다시 말해서, 남자들은 예쁜 여자를 보면 '그냥 예쁘다!'이지만, 여자는 '어디가 예쁘지?'를 따진다. 남자가 좋아하는 것과 방식은 다르지만, 여자도 예쁜 여자를 좋아한다. 최소한 자기가 배울 게 있을 것이고, 그것도 아니라면 예쁜 여자일지라도 자신보다 안 예쁜 구석이 하나라도 있다는 걸 찾으려고 하기 때문이다.

예쁜 옷을 보면 눈이 가는 여성들이다. 타고난 심성이 예쁜 걸 보면 좋아하고 자신에게도 어울리게 예쁜 모습을 꾸미기를 하고 싶기 때문이다. 여자를 칭찬하려는 남자라면 '넌 예뻐'라고 하는 것보다도 "넌 어디 어디가 어떻게 예뻐"라고 구체적으로 칭찬해주자.

남자의 칭찬이 여자 자신도 예쁘다고 생각하던 부분이라면 효과는 더욱 상승한다. 여자는 남자가 자신을 예쁘다고 말해줄 때도 그 말이 진실인지 거짓인지 따져보는데 자신이 생각하기에도 예쁘다고 생각하던 부분을 남자가 얘기해주면 이 남자가 나랑 일치하는 게 있다며 더욱 친밀감을 느낀다.

남자와 여자가 '예쁜 여자'를 바라보는 시각이 다르다는 건 예전에 손예진이 나온 영화를 보러 가면서 여성들이 하는 얘기와 남자들이 하는 얘기를 통해 알았다. 남자들은 어떤 남자가 손예진을 차지하는가, 그 남자가 손예진이랑 어느 단계까지 가는가를 관심에 뒀는데, 여자들은 손예진이 어떻게 남자에게 예쁨을 받는가, 손예진의 어떤 모습이나 행동이 남자들에게 인기를 얻게 하는가가 관심사였다.

남자나 여자나 예쁜 여자를 좋아한다. 그러나 여자와 남자는 예쁜 여자를 좋아하는 이유가 다르다.

20 여자는 왜 옷을 살까?

나는 패션디자이너다. 빅터 리로 활동하며 스타일에 스토리를 담는, 그래서 책도 쓰고 영화도 만들며 디자인에 이야기를 담는 작품 활동을 계속 이어나가고 있다. 사람들이 내 책을 보면서, 내 영화를 보면서 내 디자인에 대한 감성을 전달받고, 내 디자인에 담긴 이야기를 느끼게 된다면 그보다 더 소중한 감동은 없다고 믿는다.

그런데 패션디자이너 빅터 리가 지금도 궁금하게 생각하는 여러 가지 것들이 있다. 물론, 그런 궁금증들이 사라지지 않는 한 책을 쓰는 일이 멈추지 않을 것인데, 그 가운데 대표적인 궁금증 하나가 바로 이미 충분한 옷을 가진 여자들이 왜 또 옷을 사려고 하려는 지에 대한 궁금증이다.

옷장 안에 가득한 옷을 보며 '입을 옷이 없다'고 말하는 여성의 마음은 어떻게 이해할까?

여자는 왜 옷을 살까? 그 이유는 항상 스타일이 바뀌기 때문에, 그리고 여자의 마음에 새로워지고 싶은 변신의 본능이 있기 때문으로 생각한다.

여자는 10대 청소년도 여성이지만 80대 할머니도 여성이다. 예쁜 옷을 보면 사고 싶고, 입고 싶다. 그 이유는 여성으로서 항상 새로운 모습, 다시 말해서 조금 더 예뻐지고, 조금 더 달라지고 싶은 마음이 항상 있기 때문이다. 여자의 쇼핑을 보면 여자의 달라지고 싶은 모습, 예쁜 것을 좋아하는 마음을 이해할 수 있다.

가령, 여자는 쇼핑할 때 백화점에서 또는 자기가 옷을 사도 좋다고 인정하는 장소에서 옷을 사는 걸 거부하지 않는다.

그러나 남자가 여자랑 걷다가 길에서 땡처리로 나온 물건을 예쁘다며 사주려고 하면 '이 녀석(또는 놈)이 뭐하자는 거야?'라며 쳐다본다. 남자는 진짜 옷이 예뻐서 사주고 싶더라도 여자가 원하지 장소에 있는 옷이 아니면 쳐다봐서도 안 된다는 뜻이다.

여자는 예뻐지려는 마음이 있는 까닭이다. 그리고 여자가 새로운 옷을 사려는 이유는 여자의 마음을 자극하는 매스미디어 때문이기도 하다.

TV 속에서 광고와 드라마를 통해 새로운 옷, 새로운 먹거리, 새로운 디자인의 유명 장소를 보여준다. 그리고 그 속에서 예쁜 여성들이 웃고 즐거운 모습을 보여주는데, 그걸 바라보는 여성이라면 누구나

'난 뭐야? 나도 할래.' 라는 마음이 꿈틀거린다.

여자의 호기심은 쇼핑을 자극하고, 쇼핑은 중독성을 내세우며 끊임없이 여성의 마음을 자극한다. 백화점에 아무리 예쁜 물건을 가져다 놓더라도 여성들이 호기심을 갖지 않으면 구경도 안 할 것이고, 쳐다보지도 않을 것이다.

그러나 TV 속에서 예쁜 여자가 어떤 물건을 사용하고 그 방법으로 멋진 결과가 나왔다면 이내 그 백화점에 있는 물건들은 여성들이 몰려서 매진 사태가 생기게 될 것이다. 이게 바로 마케팅에선 '학습의 쇼핑' 이라고 부를 수 있다. 여자는 자기가 모르는 상품은 사지 않지만, 여자가 아는 다른 여자가 사는 상품은 산다는 뜻이다.

세상엔 합리적인 쇼핑을 하는 소비자란 없다. 본능에, 충동적으로 쇼핑하고, 학습을 통해 저 물건이 내게 필요하고, 언제 어떻게 사용할 수 있다는 관념을 갖게 되면 그때 쇼핑을 한다.

여자가 옷을 사려는 욕구도 마찬가지이다. 이미 옷장 속에 가득한 옷들을 보면서 입을 옷이 없다고 말하는 건 얼마 전 TV나 극장, 또는 거리에서 다른 여자들이 입고 있는 요즘 유행하는 새로 나온 옷들을 봤다는 뜻이다.

21 남자는 시각, 여자는 감각

남자는 눈으로 세상을 보지만 여자는 온몸으로 세상을 느낀다. 남자는 보고 여자는 느낀다는 표현은 남자가 직접 보고 달려가서 쟁취

하는 성향이고 여자는 자신에게 다가오는 상대를 마음으로 느껴가며 받아들인다는 것이다.

남자는 눈만 만족하면 몸이 움직이지만, 여자는 촉각, 시각, 미각, 청각, 후각까지 모두 만족해야 비로소 마음을 연다. 그래서 남자는 시각, 여자는 감각에 의해 움직인다고 말할 수 있다.

그렇다면, 남자의 본능으로 여자 의상을 디자인해야 하는 남자디자이너들은 어떻게 할까? 여자 의상을 하는 남자 패션디자이너들은 매우 극단적인 성향을 띠게 된다. 남자가 여자 옷을 한다는 게 말처럼 쉽지는 않기 때문인데, 남자 패션디자이너의 성향에 대해 알아보자.

산부인과 의사 중에 남자의사들이 많다는 것과는 비교할 바가 아니다. 산부인과 의사들은 병의 진단과 치료, 출산을 전문 지식에 의해서 기술적으로 행하지만, 패션디자이너는 여성의 감성과 마음, 여성들이 접하는 생활 전반에 대해 이해하고 그 안에서 여성들이 원하는 욕구를 찾아내어 디자인에 반영해야 하기 때문이다.

예를 들어, 남자 패션디자이너의 성향을 말할 때, 여자 옷을 하려면 여자 마음을 이해하고 알아야 하는 남자디자이너는 여자가 되기도 하고, 여자들과만 어울리면서 목소리나 성향 자체가 여성스러워지기도 한다는 부분을 주목해야 한다. 여성스러운 남자라서 여성 의류를 디자인하는 게 아니라 여자 옷을 하다 보니 여성스러워지는 남자들이 많다는 것이다.

세계무대에서 활동하는 남자디자이너들 가운데에 유독 게이가 많은 것도 이런 이유와 크게 무관하지 않다.

그러나 필자의 경우엔 여성스러워지기도 싫고, 여자가 되기는 더더욱 싫었던 까닭에 다행히 여자배우들과 영화를 만들면서 패션쇼영화 장르로 활동하게 되었다. 패션쇼영화라고 쓰고 줄여서 쇼 무비라고 부르는 나만의 패션쇼를 만들어가면서 내가 여자 스타들, 여자 연예인들에 대해 보고 느끼는 상황들을 패션디자인에 반영하는 것이다.

위에서 말했듯이 자연인의 남성인데 어느 날 패션디자이너 같은 여성을 상대로 하는 직업을 갖게 되면 여성의 마음을 알기 위해 감각으로 살아야 하는 순간에 돌입한다. 남성으로서 보고, 맡고, 듣고, 만지고, 맛보는 과정을 거쳐서 마음으로 이해한 뒤에 디자인해야 감성이 살아나는 디자인이 가능하기 때문이다.

그래서 여성들이 열광하는 외국 남자 디자이너들의 아이템들을 보면 여자들의 감성을 그대로 담아낸 디자인들이 많은 것도 사실이다.

하지만 그들도 단점은 있다. 예전과 다르게 젊은 층의 문화와 더불어 유럽과 미국 중심의 패션트렌드 역시 아시아권역으로 넘어오면서 더는 그들만의 감성이 효과가 효력을 발휘하지 못하고 효과도 전과 비교해서 반감된다는 것이다.

유럽여성들과 동양여성들의 감성 자체가 차이가 나는 까닭에 남자이되 유럽 여성으로 살기도 했던 유럽의 남자 패션디자이너들은 이제 점점 퇴보하는 중이며, 오히려 동양의 남자 패션디자이너들이 유럽 무대에 진출해서 유럽 여성들의 감성까지 유혹하는 시대에 접어들고 있다.

그중에서도 패션디자이너 빅터 리는 스마트폰과 태블릿PC의 확산과 더불어 세계에서 최초로 '내 손안의 패션쇼' 콘셉을 개척하며 앞장서고 있다.

여자의 패션, 제대로 알아야 스타일

이 책은 패션디자이너 빅터 리로 활동하는 필자가 1990년 후반부터 2011년까지 정리한 패션계에 대한 기록이다. 소비자를 잘 모르는 패션인의 [비밀 노트]이면서 소비자가 꼭 알아야 할 [정보 노트]이기도 하다.

패션 대기업에서 출발하여 동대문 패션 밸리를 불러온 1990년대 동대문시장 패션 SHOP 부흥기에 현장에서 겪은 패션창업 경험을 집필한 2000년 '옷장사가 최고'가 베스트셀러가 되었고, 이후 10년 만에 내놓는 또 하나의 패션계 이야기는 소비자들이 알기엔 살짝 불편한 패션계의 진실이다.

패션창업부터 일본, 중국, 홍콩, 대만, 태국 등 전 세계를 다니며 패션계 사람들과 만나고 일반적인 주문생산부터 패션상품 수출, 디자인 수출도 다루면서 2012년 본격적인 순한국어 글로벌 패션 브랜드 [콩나물]을 세계 시장에 내놓는 상황에서 새롭게 정리하는, 자기만의 개성을 존중하는 스타일링에 도전하는 우리 시대 진정한 패션인들을 위한 진실의 보고서이다.

물론, 여기 공개된 패션계의 현재 상황은 다시 바뀔 수 있고 더 나은 환경으로 재조명될 수 있다. 그러나 누군가 말하고 밝히지 않으면 개선될 시기가 더 늦어질 수도 있기에 그동안 겪은 실제 경험과 사례들을 여기에 풀어놓기로 했다.

왜일까?

첫째, 패션은 행복해야 한다.

입는 사람이 행복해야 하고, 만드는 사람, 나르는 사람, 소비자에게 판매하는 사람도 행복해야 한다. 모든 사람의 얼굴에, 입가에 웃음꽃이 펴야 한다. 그래야 패션이다.

둘째, 패션은 아름다워야 한다.

그 안에는 여자의 삶이 있고, 여자의 향기를 만들어내기 때문이다. 싸구려 여자는 싫다. 배려받지 못하는 여자는 아름답지 않다. 여자라면 이제 패션을 제대로 알고, 가꾸고, 누리고 살아야 한다.

패션이 거짓되면 여자의 아름다움은 없다. 그래서 세상의 거짓 패션을 '불편한 진실'이라고 이름 붙여서 수정해야 할 부분을 여기에 밝힌다.

셋째, 패션은 패션 그 자체로 멋지다.

우리가 살아가는 집, 먹는 음식, 입는 옷, 걷는 길, 보는 문화, 이 모든 것이 패션이다. 삶과 패션은 다른 게 아니고 따로 구분할 수도 없다. 패션디자이너는 의상디자이너보다 큰 개념이며, 가먼트디자이너, 슈즈디자이너, 액세서리 디자이너, 핸드백 디자이너 등 모든 디자이너를 포함하는 개념이다.

패션디자이너가 만드는 패션은 사람들의 의식주 생활 전반에 걸쳐 영향을 주고 한 시대의 트렌드를 만든다. 일상생활에 쓰이는 모든 제품에 디자인이 들어가듯 패션은 사람들에게서 떼래야 뗄 수 없는 필수 불가분의 존재이다. 패션디자이너가 만든 패션이 다른 사람들에게 영향을 주고 세상을 조금 더 아름답게 만들어나간다는 게 얼마나 멋진 일인가?

이제부터 달라지자.

조금이라도 싼 옷을 찾으러 인터넷쇼핑몰을 뒤적거리지 말자. 가격비교를 하고 배송료가 유료인지 무료인지 따지며 사은품과 포인트 적립에 노력하지 말자. 모든 제품에는 정당한 가격이 있다. 정당하지 못하면 누군가 그 피해를 본다.

당신에게 조금 더 싼 옷을 입히기 위해 밤새워 그 옷을 만드는 사람은 급여가 줄어들게 된다. 입는 사람은 행복할지 모르지만, 그 옷을 만드는 사람은 행복하지 않다. 자신의 실력과 재능에 대해 사회에서 제대로 보상받지 못하기 때문이다.

이게 당신이 원하는 일인가? 당신이 입은 예쁜 옷 바느질 한 땀 사이에 그 옷을 만든 사람의 한숨이 섞이길 원하는가? 싼 가격을 맞추기 위해 중국에서, 베트남에서, 캄보디아 등에서 만든다. 그들은 허리 한 번 제대로 펼 시간도 없이 정해진 수량을 맞추기 위해 밤새워 생산해내야 한다. 가격이 싸다는 건 생산자의 임금이 줄어든다는 얘기이고, 밤새워 만들어서라도 많이 만들어야 평소 가져가던 수입을 가져간다는 뜻이다.

그러나 무조건 비싼 옷을 찾으러 백화점과 명품 브랜드에 집착하지 말자. 가격이 비싼 만큼 당신을 위한 쇼핑 서비스는 나쁘지 않지만, 제품을 만드는 이들에게는 역시 그 혜택이 대부분 돌아가지 않는다. 가격이 비싼 곳의 수익은 쇼핑몰이 가져가고 유통업체가 챙긴다.

당신이 즐겁고 행복한 기분을 느낄 수 있는 그 옷을 만들기 위해 고생한 생산자에게는 혜택이 없다. 이 말이 궁금하다면 당신이 생산 현장에 방문하여 살펴봐도 좋다. 당신이 입고 있는 그 옷이 어디서 만들어지는지, 누가 만들었는지 가서 살펴보라.

화려한 패션 숨은 마케팅

패션의 진실과 진정한 가치는 그 패션을 기획하고 완성하는 모든 사람으로부터 시작된다. 필자가 [행복을 입다]라는 캐치프레이즈를 들고 순우리말 패션 브랜드 **콩나물 KONGNAMUL®** 을 세계무대에 내놓고 뛰는 이유도 같은 이유이다.

백화점과 쇼핑몰의 공손한 고객응대 서비스와 패션 SHOP의 깨끗한 인테리어가 오히려 소비자에게 안 좋은 제품을 제공할 수 있다는 것에 대해 주의하자. 겉이 화려할수록 속이 안 보인다. 패션디자이너들이 밤낮없이 뛰고 연구하며 만든 디자인에 생산자들이 수십 년 동안 갈고 닦은 기술을 거쳐 만든 제품들이다.

당신이 느낀 행복을 그들에게도 나눠주고 소통하자. 만드는 이에 대한 고마움과 가치를 존중하는 방법은 우선 정당한 가격을 주고 쇼핑하는 것이고, 옷이나 핸드백 등 패션 아이템으로 스타일을 드러낼 때 한 번이라도 만드는 이에 대한 고마운 마음을 갖는 일이다. 어렵지 않다.

마지막으론 불합리한 쇼핑마케팅에 속지 않는 일이다. 인터넷쇼핑몰에서 판매하는 무조건 싼 옷의 진실을 알고, 상품 후기와 질문답변 게시판의 가짜 글에 속지 마라.

인터넷쇼핑몰 우수 판매자들이 만드는 각종 유인책에 속지 마라. 가격비교에 속지 마라. 외국 브랜드 직수입 쇼핑몰이란 포장지에 속지 마라. 누가 붙였는지 모를 명품이란 타이틀만 보고 속지 마라. 임금 싼 국가에서 대량 생산하는 제품을 터무니없이 비싼 값 주고 수집하지 마라.

다시 한 번 더 강조하지만, 패션스타일링이란 만드는 이와 사용하는 이가 같이 행복을 나눌 때 빛을 발하고 가치가 있다.

당신의 아이에게도 만드는 이의 기쁨이 담긴 옷을 입히자. 당신과 당신 친구, 당신의 주변 사람들에게도 가치가 깃든 옷, 행복이 배인 옷을 선물하자. 그 순간 패션계의 불편한 진실은 더는 존재하지 못하고 사라질 것이다.